Isländisch stricken

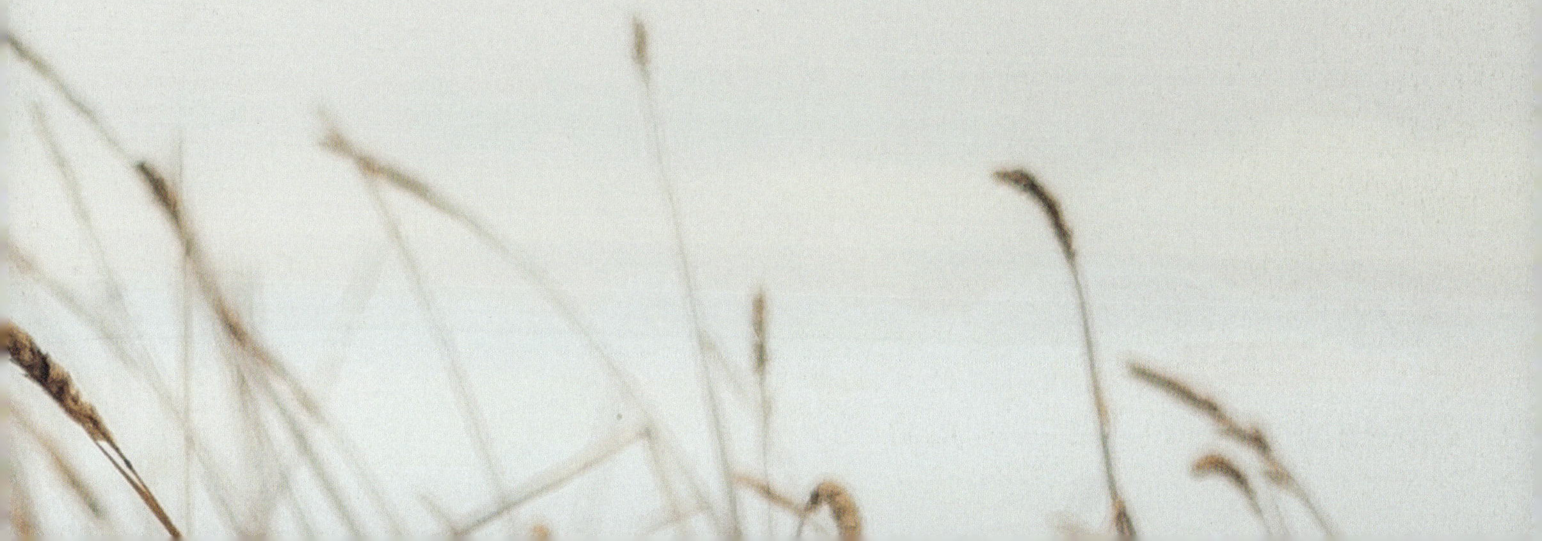

ISBN 978-3-517-10178-1
2. Auflage 2024

Das Buch ist eine Übersetzung aus dem Finnischen.
First published in 2022 by Otava Publishing Company Ltd. with the Finnish title: Minun islantilaisneuleeni.
Published in the German language by arrangement with Otava Publishing Company Ltd., Helsinki.

Bildnachweis:
Fotos: Miisa Häyrynen außer S. 105 Minttu Wikberg
Modelle und Anleitungen: Pirjo Iivonen, Tiina Kaarela, Annika Konttaniemi, Niina Laitinen,
Merja Ojanperä, Soile Pyhänniska, Anna-Karoliina Tetri und Minttu Wikberg

Projektleitung: Vanessa Silbermann, Celine Lage
Übersetzung: Elena Teuffer, Reykjavík
Redaktion: trans texas publishing services GmbH, Köln
Lektorat: Anna-Christiane Gülicher-Loll
Herstellung: Elke Cramer
Satz: Satzwerk Huber, Germering
Umschlaggestaltung für die deutschsprachige Ausgabe: Veruschkamia,
München, www.veruschkamia.de
Druck und Bindung: Alföldi Nyomda Zrt., Debrecen
Printed in Hungary

MIX
Papier | Fördert gute Waldnutzung
FSC® C010328

Penguin Random House Verlagsgruppe FSC® N001967
www.suedwest-verlag.de

Pirjo Iivonen, Tiina Kaarela, Annika Konttaniemi, Niina Laitinen,
Merja Ojanperä, Soile Pyhänniska, Anna-Karoliina Tetri & Minttu Wikberg

Isländisch stricken

Nordische Designs für einzigartige Pullover

Aus dem Finnischen von Elena Teuffer

südwest

Inhalt

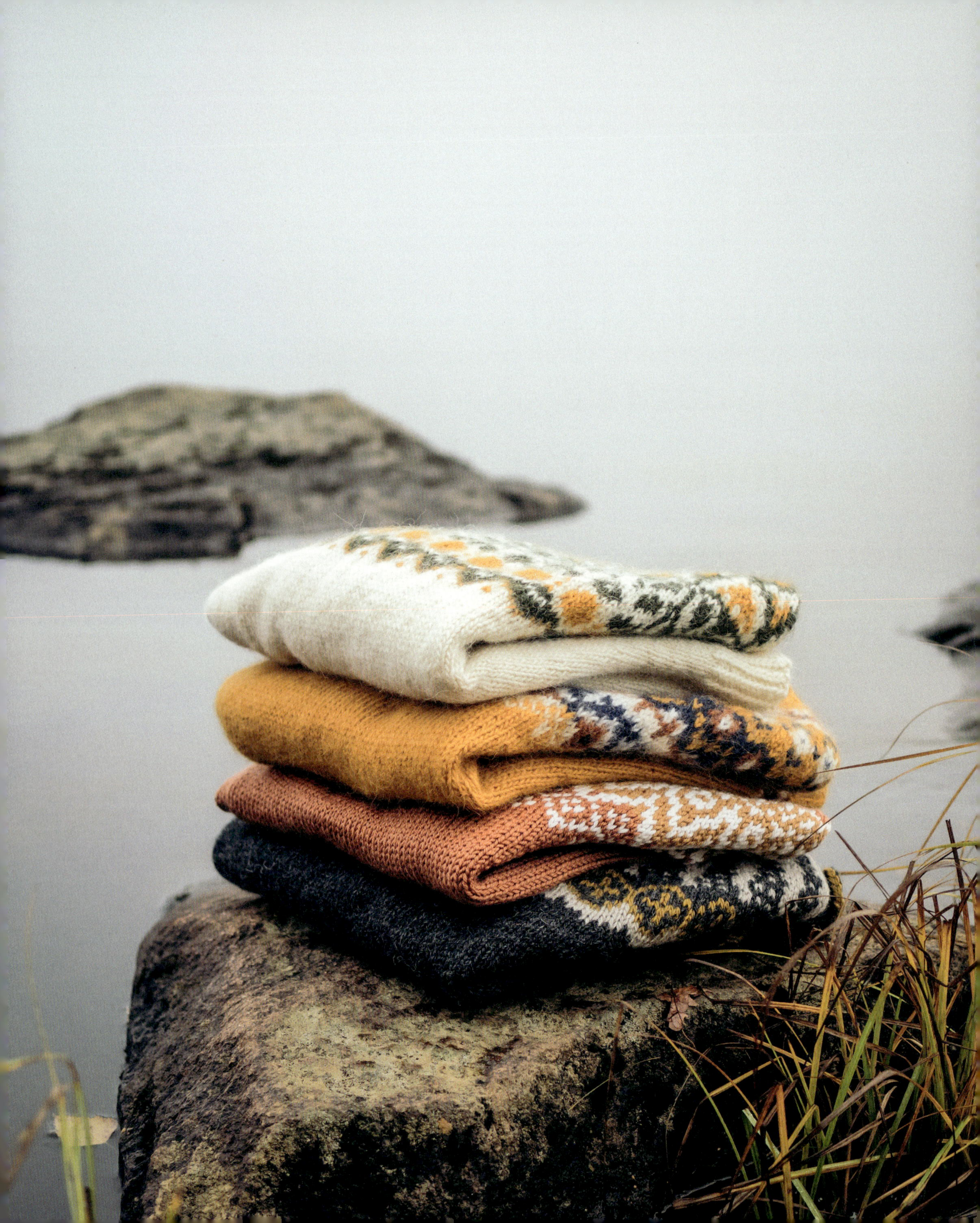

Vorwort

In den letzten Jahren hat die isländische Art zu stricken enorm an Popularität gewonnen. Die warmen, vielseitigen Rundpassenpullover aus dicken Garnen sind schnell fertiggestellt, und die farbigen Muster machen einfach gute Laune. Zudem kann man jedes einzelne Modell schier endlos abwandeln. Wenn ein Pullover beispielsweise mit anderen bzw. mehr oder weniger Farben gestrickt ist, sieht er gleich völlig anders aus.

Der authentische isländische Pullover Lopapeysa wird in Island aus heimischer Wolle gestrickt und ist ausdrücklich ein Oberbekleidungsstück für draußen – statt einer Jacke. Ähnliche Modelle werden natürlich auch in anderen nordischen Ländern gestrickt, allen voran Norwegen.

In diesem Buch präsentieren acht finnische Designerinnen ihre jeweilige Interpretation der isländischen Lopapeysa. Einige Modelle haben traditionelle isländische Muster, während andere sehr frei und kreativ gestrickt sind.

Isländische Schafwolle ist von Natur aus wasserabweisend, und durch das dicke Garn entsteht ein dichtes, warmes Gewebe. Für die hier beschriebenen Modelle ist es nicht zwingend notwendig, isländische Wolle zu verwenden, wichtig ist nur, dass das natürliche Wollfett enthalten ist. Nur damit entsteht ein wetterfestes, robustes Kleidungsstück. Wenn Sie die in diesem Buch empfohlenen Garne nicht verwenden, tauschen Sie sie einfach durch andere Wollgarne mit der gleichen Lauflänge aus. Wir hoffen, dass Sie das Stricken genießen und die fertigen Pullover Ihnen und den Beschenkten viel und lange Freude bereiten.

UND NUN VIEL SPASS BEIM STRICKEN!

Abkürzungen und Techniken

1 M zun/li	1 Masche zunehmen mit Linksneigung (= 1 Masche zugenommen)
1 M zun/re	1 Masche zunehmen mit Rechtsneigung (= 1 Masche zugenommen)
2 li zus	2 Maschen links zusammenstricken (= 1 Masche abgenommen)
2 re zus	2 Maschen rechts zusammenstricken (= 1 Masche abgenommen)
2 M re ab/zus-str	2 Maschen rechts abgehoben zusammenstricken (= 1 Masche abgenommen mit Rechtsneigung)
2 M re überz/zus-str	2 rechts überzogen zusammenstricken (= 1 Masche abgenommen mit Linksneigung)
abk	abketten
Abn/abn	Abnahme, abnehmen
abstr	abstricken
DM	Doppelmasche – Garn vor der Arbeit halten, 1 Masche wie zum Linksstricken auf die rechte Nadel heben. Das Garn über die Nadel nach hinten ziehen, sodass sich eine Doppelmasche bildet. Doppelmasche in der nächsten Runde als eine Masche abstricken.
fortf	fortfahren
GF	Grundfarbe
herausstr	herausstricken
Hin-R	Hinreihe
li	linke/links
M	Masche(n)
MDA	Mittige Doppelabnahme: 1 Masche abheben, 2 M rechts zusammenstricken, die abgehobene Masche über die zusammengestrickte Masche ziehen (= 2 M abgen, Neigung zur Mitte hin).
MF	Musterfarbe
MM	Maschenmarkierer
Nd	Nadel(n)
R	Reihe(n)
Rd	Runde(n)
re	rechte/rechts
Rück-R	Rückreihe
str	stricken
verschr	verschränkt (durch das hintere Maschenglied abstricken)
w&w	wickeln und wenden, in einer Rechtsreihe: Die nächste Masche abheben, das Garn nach vorne legen, die abgehobene Masche wieder auf die linke Nadel zurückheben, Faden nach hinten legen, Arbeit wenden.
wdh	wiederholen
weiterstr	weiterstricken
Zun/zun	Zunahme, zunehmen
zus-str	zusammenstricken

1 M ZUN/LI UND 1 M ZUN/RE

In diesem Buch wird 1 Masche mit Linksneigung oder Rechtsneigung in den Zählmustern von den Autorinnen möglicherweise etwas anders dargestellt als Sie es gewohnt sind, darum hier die genauen Beschreibungen:

1 MASCHE ZUNEHMEN MIT LINKSNEIGUNG

Das Zeichen für 1 M zun/li im Zählmuster betrifft die **Zunahmemasche im Querfaden**. Dafür wird die linke Nadel von vorn nach hinten unter den Querfaden geführt. Die rechte Nadel ins hintere Maschenglied einstechen und die Masche rechts verschränkt abstricken: in der Farbe des Zählmusterkästchen, in dem das Zunahmezeichen steht. Dann wird die nächste Masche ganz normal rechts in der Farbe des nächsten Kästchens gestrickt.

1 MASCHE ZUNEHMEN MIT RECHTSNEIGUNG

Das Zeichen für 1 M zun/re im Zählmuster betrifft die **Zunahmemasche im Querfaden**. Dafür wird die linke Nadel von hinten nach vorn unter den Querfaden geführt. Die rechte Nadel (von links nach rechts) ins vordere Maschenglied einstechen und die Masche rechts abstricken: in der Farbe des Zählmusterkästchen, in dem das Zunahmezeichen steht. Dann wird die nächste Masche ganz normal rechts in der Farbe des nächsten Kästchens gestrickt.

ABKETTEN MIT 3 NADELN

Beide Nadeln mit den abzukettenden Maschen parallel halten, die rechten Seiten der Strickstücke zeigen zueinander. Mit der dritten Nadel durch die jeweils ersten Maschen beider Nadeln stechen und zusammenstricken. *Die folgenden jeweils ersten Maschen ebenso zusammen abstricken, auf der rechten Nadel die zweite Masche über die erste ziehen (wie man normalerweise abkettet). Ab * wdh, bis alle Maschen abgekettet sind. Diese Technik bietet sich für Schulternähte an.

VERKÜRZTE REIHEN MIT DOPPELMASCHE

Nachdem die letzte Masche der verkürzten Reihe links gestrickt wurde, liegt der Faden vor der Arbeit. Faden über die Nadel legen und nach hinten/unten ziehen, sodass aus der einen Masche zwei entstehen. In der folgenden Runde/Reihe wird die DM mustergemäß als eine Masche gestrickt.

FARBDOMINANZ

Wenn man Einstrickmuster designt, ist es sinnvoll, sich über die Farbdominanz Gedanken zu machen. Beim Musterstricken sind die Maschen etwas unterschiedlich groß, wobei es darauf ankommt, welcher der beiden Farbstränge der obere oder der untere Strang ist. Der untere Strang ist der dominante, dessen Maschen ein wenig größer erscheinen. Die Hauptsache ist, dass die Stränge immer in der gleichen Position gehalten werden, damit sich die dominante Farbe nicht mitten im Muster ändert.

GLEICHMÄSSIGE FADENSPANNUNG

Wenn Sie mit zwei Farben stricken und beide Fäden auf der linken Hand halten, ist es wichtig, die Fadenspannung regelmäßig zu kontrollieren, sonst werden die Maschen unterschiedlich groß.

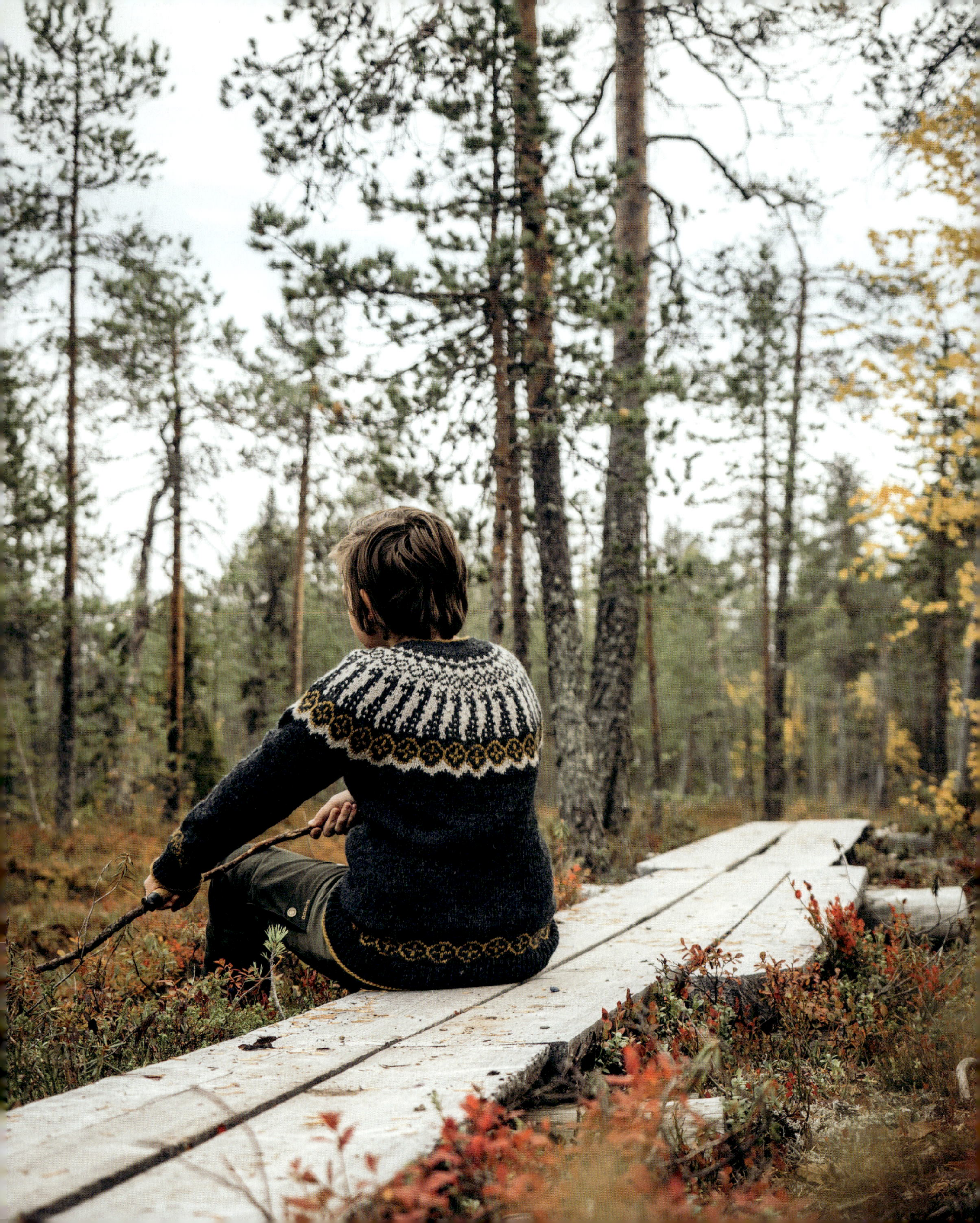

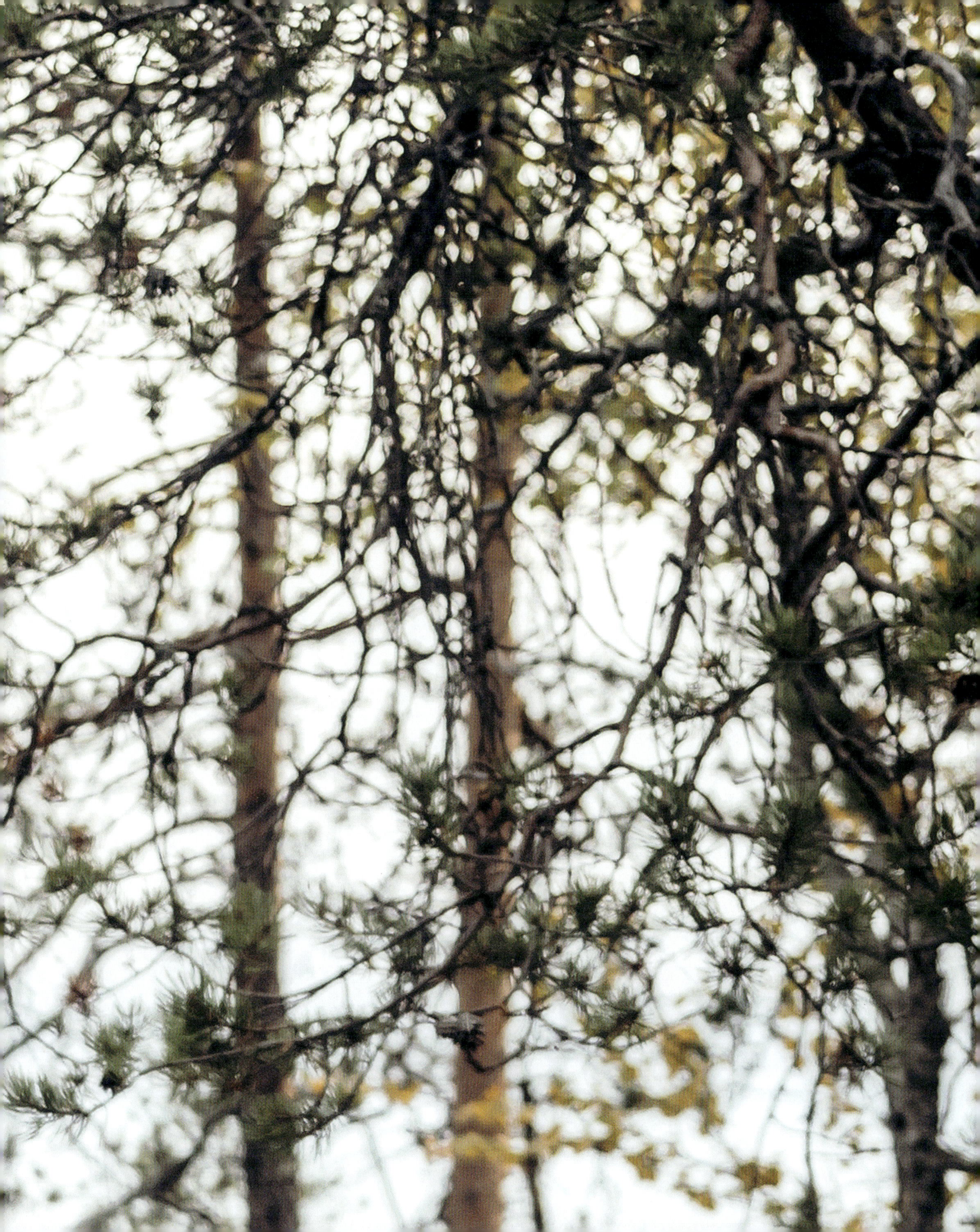

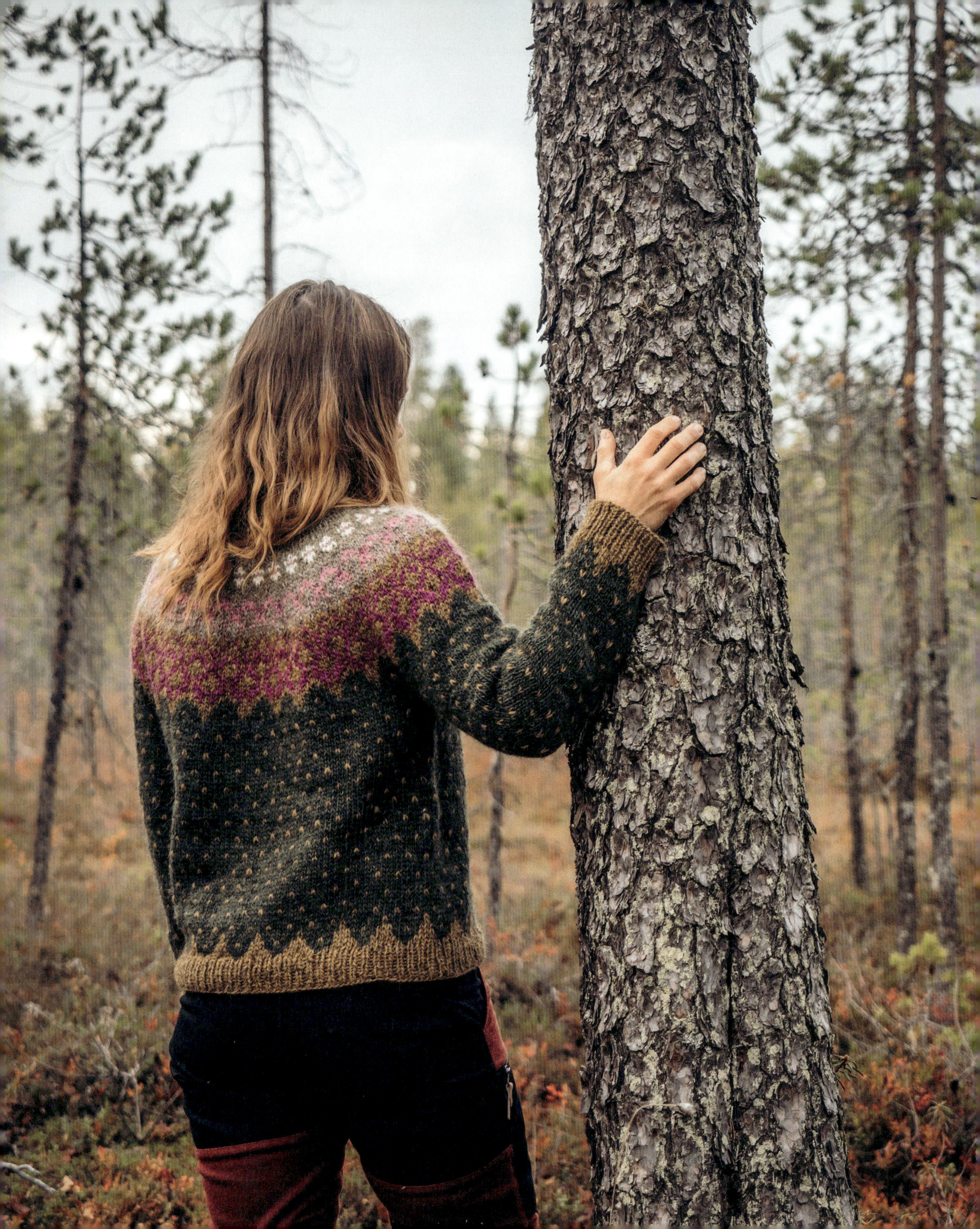

Eine kleine Orchidee, die im tiefsten Lappland wächst, hat mich zu diesem Pullover inspiriert. Das gefleckte Knabenkraut findet man in den Feucht- und Moorgebieten im Wald, die ich in unserer Landschaft am liebsten mag. Der Pullover ist besonders warm, da er komplett durchgemustert ist. Die kleinen Punkte sorgen für Abwechslung beim Stricken, da einfarbiges Glatt-rechts-Stricken etwas eintönig sein kann. Der Pullover wird von oben nach unten gearbeitet, wobei der Nacken erhöht wird. Probieren Sie auch andere Farbstellungen aus, etwa mit Grau als Grundfarbe.

Flora

Designerin: Annika Konttaniemi

Flora

UNSER MODEL TRÄGT GRÖSSE M.

Größen: S (M, L, XL)
Empfohlene Bequemlichkeitszugabe: 5 cm

Maße der fertigen Arbeit:
Brustumfang: 95 (105, 115, 125) cm
Rumpflänge (Achsel bis Bündchen):
37,5 (38,5, 39,5, 40,5) cm
Gesamtlänge (Schulter bis Bündchen):
62 (63, 68, 69) cm
Ärmelumfang Oberarm: 32,5 (35, 40, 42,5) cm
Umfang Ärmelbündchen: 25 (25, 30, 30) cm
Innere Ärmellänge (Achsel bis Bündchen):
46 (46, 46, 46) cm

Garn: Ístex Léttlopi (100 % Wolle; 100 m / 50 g) oder ein anderes Garn mit entsprechender Lauflänge
GF: 1407 Pine Green Heather (Lodengrün), 5 (5, 6, 6) Knäuel oder 500 (500, 600, 600) m
MF1: 1417 Frostbite (Flechte), 1 (1, 1, 1) Knäuel oder 100 (100, 100, 100) m
MF2: 0051 White (Weiß), 1 (1, 1, 1) Knäuel oder 100 (100, 100, 100) m
MF3: 1412 Pink Heather (Rosa), 1 (1, 1, 1) Knäuel oder 100 (100, 100, 100) m
MF4: 0085 Oatmeal Heather (Dunkelbeige), 1 (1, 1, 1) Knäuel oder 100 (100, 100, 100) m
MF5: 1705 Royal Fuchsia (Magenta), 1 (1, 1, 1) Knäuel oder 100 (100, 100, 100) m
MF6: 9426 Golden Heather (Gelbgrün), 3 (3, 3, 4) Knäuel oder 300 (300, 300, 400) m

Nadeln: Rundstricknadeln Nr. 3,5 und 4,5, 80–100 cm lang

Sonstiges: Maschenmarkierer, Hilfsfaden oder Maschenhalter, Stopfnadel

Maschenprobe: 16 M x 21 Rd = 10 cm x 10 cm glatt rechts im Muster, leicht gespannt

Achtung! *Die Maschenprobe auch in Bezug auf das Muster überprüfen und falls notwendig die Nadelstärke wechseln.*

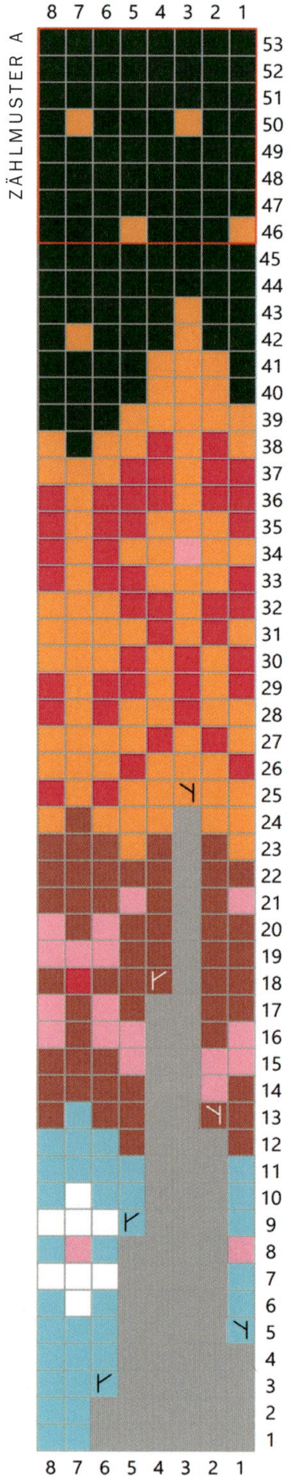

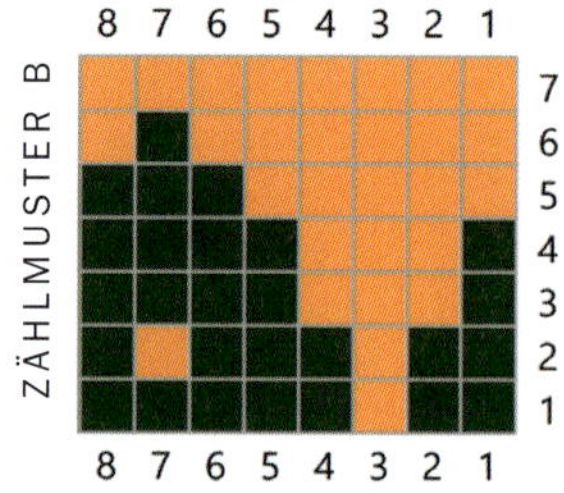

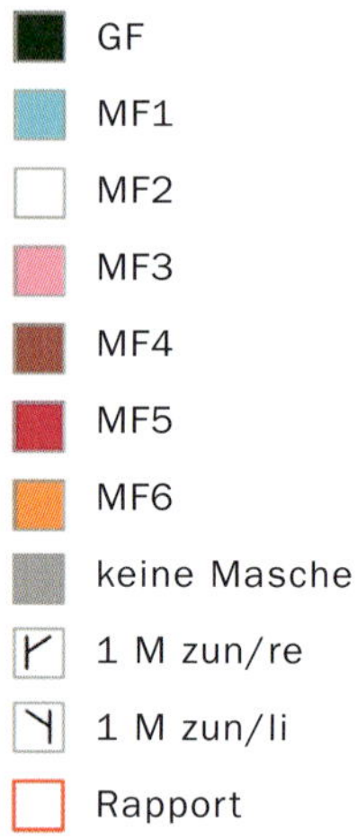

PASSE

58 (62, 66, 70) M in der MF1 mit Nadeln Nr. 4,5 anschlagen. Die 1. R im 1/1 Rippenmuster (1 re, 1 li im Wechsel) str. Die Arb zur Runde schließen, MM setzen und darauf achten, dass die Maschen nicht verdreht sind. 3 cm im 1/1 Rippenmuster str. Der Rundenanfang liegt in der Rückenmitte.

Jetzt die Erhöhung im Nacken arbeiten:

1. Rd (Hin-R): 18 (20, 22, 25) M re str, w&w.

2. Rd (Rück-R): li M bis zum MM str, MM abh, 18 (20, 22, 25) li M, w&w.

3. Rd: re M bis zum MM str, MM abh, 14 (15, 16, 17) re M, w&w.

4. Rd: li M bis zum MM str, MM abh, 14 (15, 16, 17) li M, w&w.

5. Rd: re M bis zum MM str, MM abh.

Jetzt beginnt das Muster gemäß Zählmuster A. Der Rapport wiederholt sich in jeder Rd 29 (31, 33, 35)x.

Größen S und M: 2.–45. Rd str.

Größen L und XL: 2.–53. Rd str.

Mit GF und MF6 fortf, alle anderen MF abtrennen. Die 1. Rd des Musterrapports (Zählmuster A, 46. Rd) arb.

Auf der Nd liegen jetzt 232 (248, 264, 280) M.

RUMPF

Mit GF 35 (38, 40, 43) M str, die nächsten 46 (48, 52, 54) M für den ersten Ärmel auf einem Hilfsfaden oder einem M-Halter stilllegen. 3 (4, 6, 7) M anschlagen, MM setzen, weitere 3 (4, 6, 7) M anschlagen, 70 (76, 80, 86) M für das Vorderteil str. Die folgenden 46 (48, 52, 54) M für den zweiten Ärmel stilllegen, 6 (8, 12, 14) M anschlagen, bis zum Rundenanfang str.

Auf der Nd liegen jetzt 152 (168, 184, 200) M.

Den Rumpf gemäß Zählmuster A (Rd 46–53) str, bis die Arb ab dem Ärmelloch 29 (30, 31, 32) cm misst. Dann – weiterhin mit GF und MF6 – gemäß Zählmuster B arb. GF trennen. Mit Nd Nr. 3,5 und MF6 5 cm im 1/1 Rippenmuster str. Alle M abketten.

ÄRMEL

Die stillgelegten M eines Ärmels auf die Rundstricknadel Nr. 4,5 nehmen. In der Mitte der angeschlagenen Rumpfmaschen anfangen, mit GF 3 (4, 6, 7) M aus dem Anschlag herausstr, 46 (48, 52, 54) Ärmel-M str, weitere 3 (4, 6, 7) M aus dem Anschlag herausstr, MM setzen. Auf der Nd liegen jetzt 52 (56, 64, 68) M. Gemäß Rapport in Zählmuster A 10 (7, 7, 6) Rd arb, dann mit den Ärmel-Abn beginnen.

Abn-Rd: 1 re, 2 M re ab/zus-str, weiter im Musterrapport bis zu den letzten 3 M der Rd str: 2 re zus-str, 1 M re. [= 2 M abgen]

Die Abn-Rd in jeder 11. (8., 8., 7.) Rd noch 5 (7, 7, 9)x wdh. Es liegen jetzt 40 (40, 48, 48) M auf der Nd. Wenn die Ärmellänge ab Achsel 37,5 (37,5, 37,5, 37,5) cm misst, Zählmuster B arb. Danach mit Nadel Nr. 3,5 und MF6 5 cm im 1/1 Rippenmuster str. Alle M abketten.

Den zweiten Ärmel ebenso str.

FERTIGSTELLUNG

Alle Fadenenden vernähen und den Pullover befeuchten oder dämpfen.

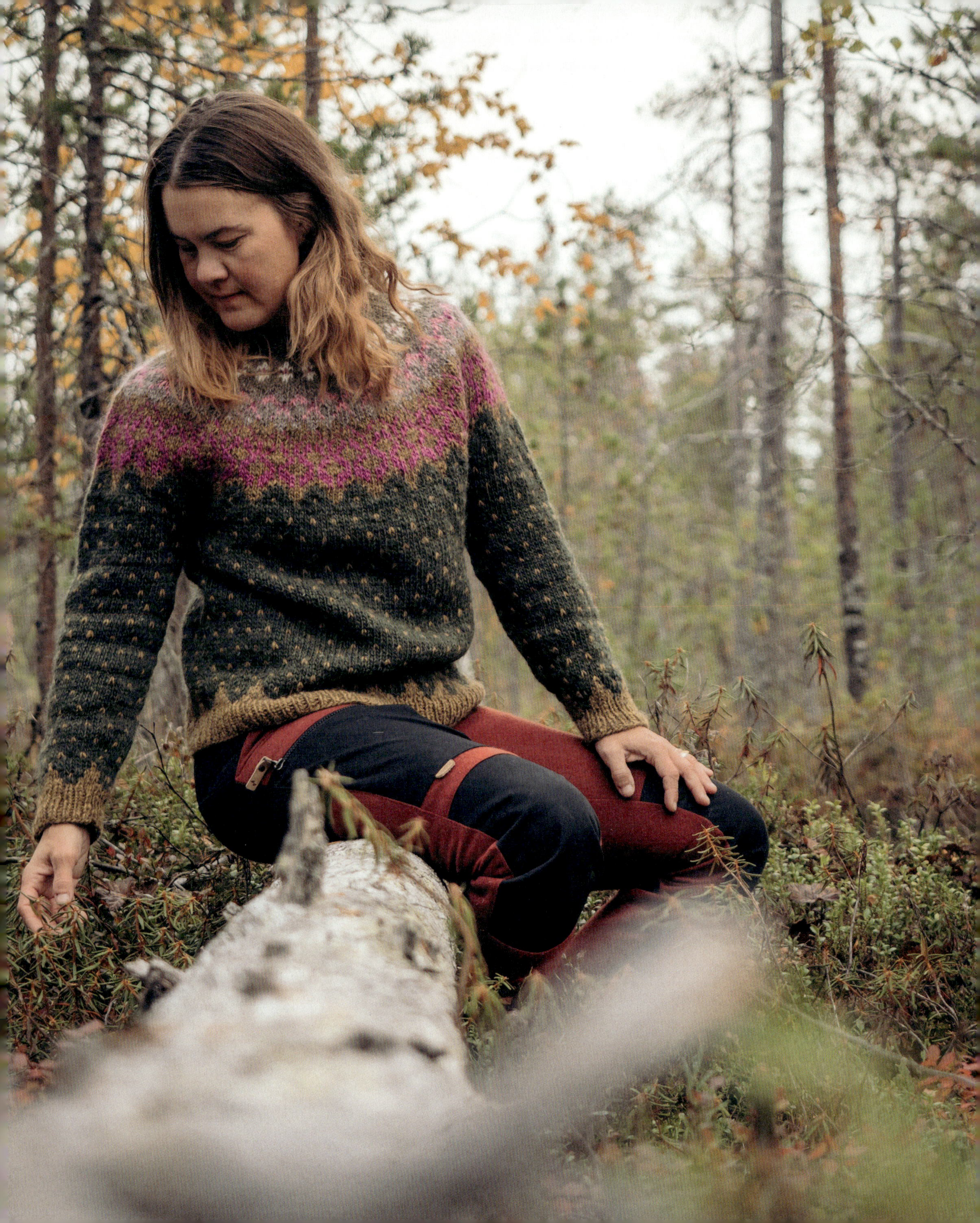

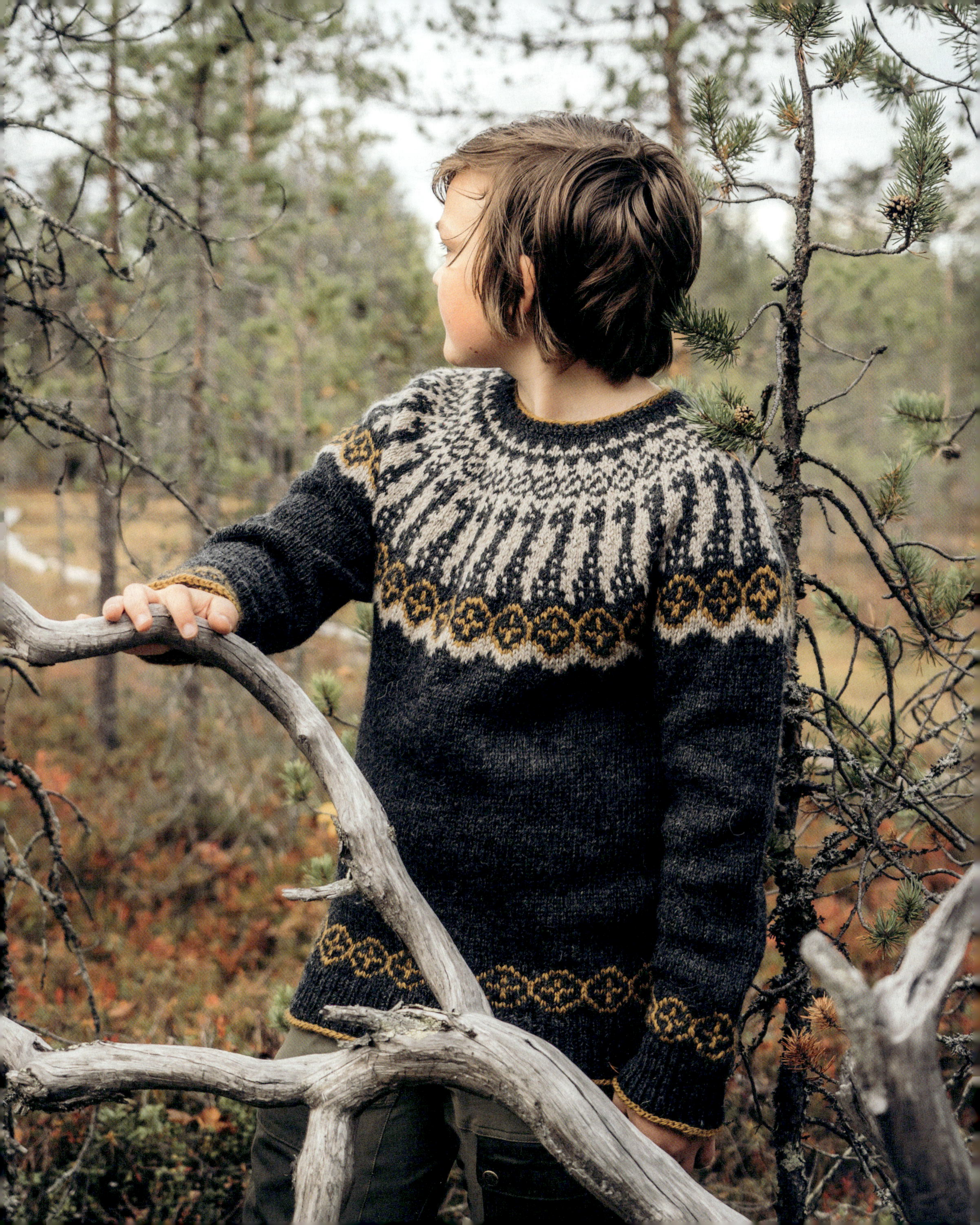

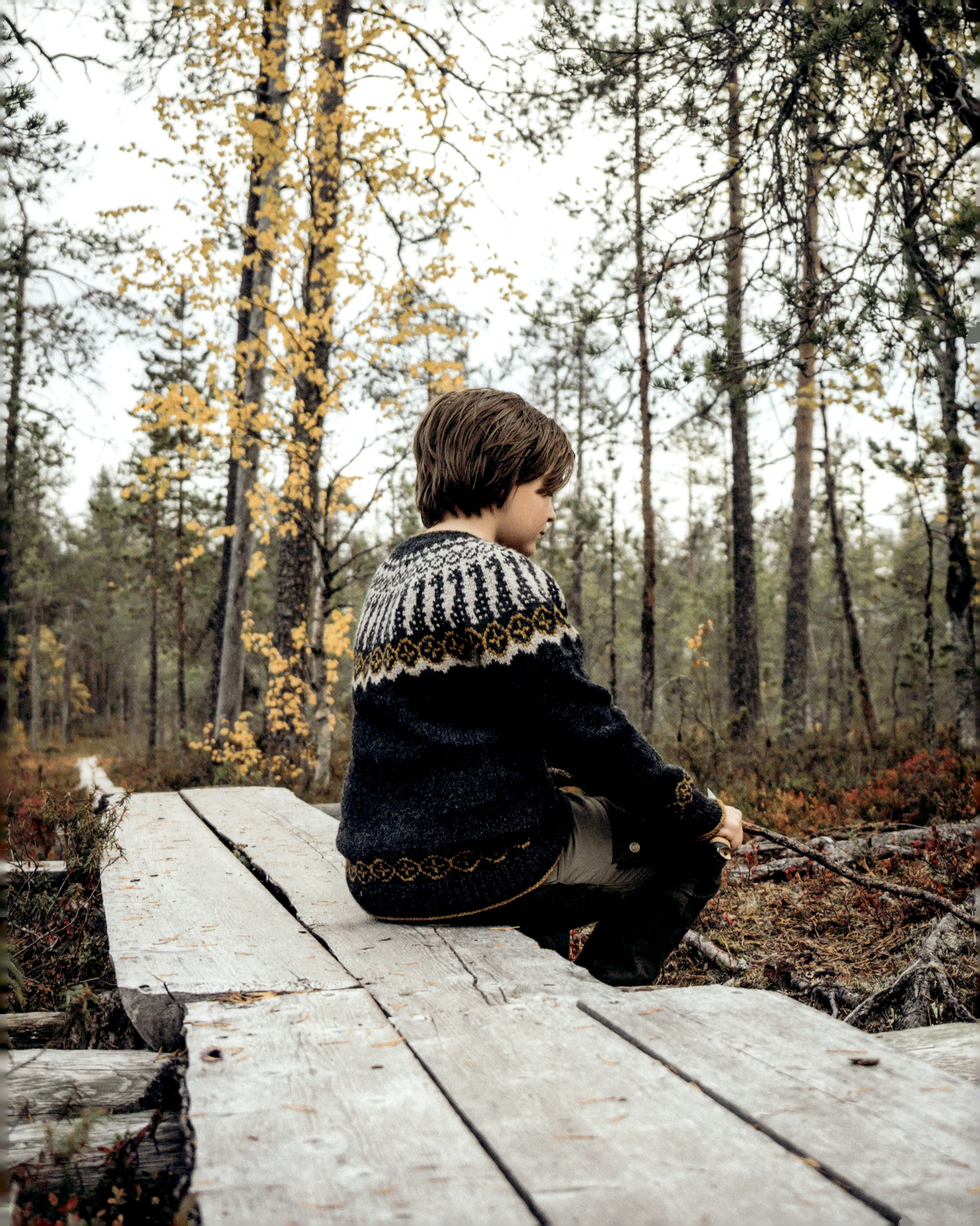

«

Floti bedeutet Flotte.
Schnelle Wikingerschiffe
mit hohem Drachenhals
erscheinen am Horizont!
Die Sonne wird
von den Seitenschilden
golden reflektiert.
Der Pullover wird
ohne Nähte von oben
nach unten gestrickt.

Floti

DESIGNERIN: SOILE PYHÄNNISKA

Floti

UNSER MODEL TRÄGT GRÖSSE S

Größen: S (M, L, XL)
Empfohlene Bequemlichkeitszugabe: 5–10 cm

Maße der fertigen Arbeit:
Brustumfang: 90 (100, 110, 120) cm
Rumpflänge (Achsel bis Bündchen): 37 (38, 39, 40) cm
Gesamtlänge (Schulter bis Bündchen):
59,5 (61, 62,5, 64) cm
Ärmelumfang Oberarm: 38 (41, 44, 48,5) cm
Umfang Ärmelbündchen: 25,5 (25,5, 25,5, 29,5) cm
Innere Ärmellänge (Achsel bis Bündchen):
46 (46, 46, 46) cm

Garn: Paksupirkka (100 % Wolle; 175 m / 100 g) oder ein anderes Garn mit entsprechender Lauflänge. Paksupirkka-Wolle ist in 50-g-Knäueln oder 100-g-Strängen erhältlich.
GF: 501 Graphit, 5 (5, 6, 6) Stränge oder ca. 800 (875, 900, 990) m
MF1: 210 Naava, 1 (1, 1, 1) Strang oder ca. 110 (130, 150, 170) m
MF2: 222 Curry, 1 (1, 1, 1) Strang oder ca. 100 (110, 120, 130) m

Strickadeln: Rundstricknadel Nr. 4 und 4,5, 40–100 cm lang
Rundstricknadel Nr. 3,5, 80 cm lang
Nadelspiele Nr. 3,5, 4 und 4,5 für die Ärmel, falls nicht mit Magic Loop gearbeitet wird

Sonstiges: Maschenmarkierer, Hilfsfaden, Stopfnadel

Maschenproben: 20 M x 22 Rd = 10 cm x 10 cm im Jaquardmuster, mit Nd Nr. 4,5 leicht gespannt
19 M x 27 Rd = 10 cm x 10 cm, glatt rechts mit Nd Nr. 4

Achtung! *Die Maschenprobe auch in Bezug auf das Muster überprüfen und falls notwendig die Nadelstärke wechseln.*

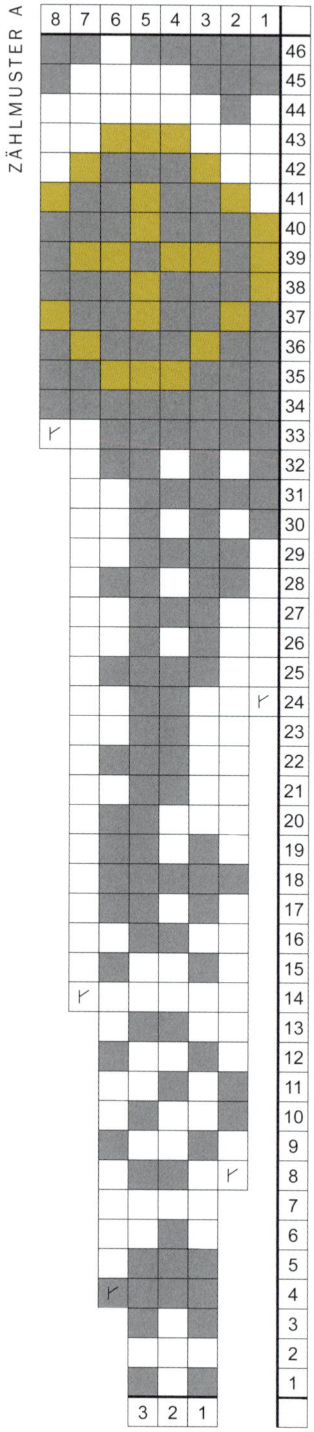

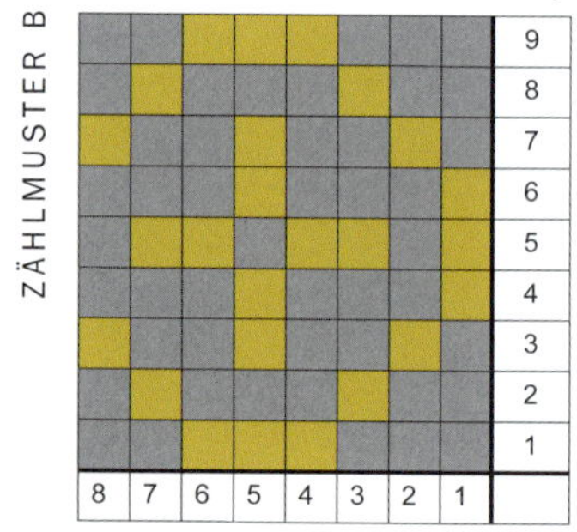

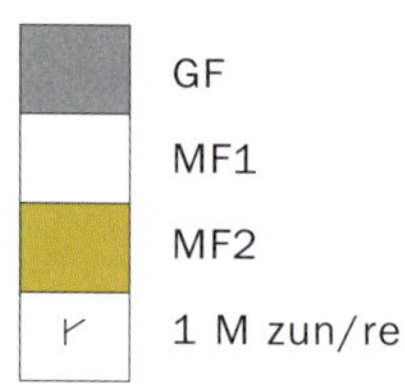

PASSE

72 (78, 82, 86) M in der MF2 mit Nadel Nr. 4 anschlagen. Zur Runde schließen und einen MM für den Anfang der Rd setzen. 1 Rd re M str. MF2 trennen und mit GF fortfahren. 1 Rd re M str und 3 Rd im 1/1-Rippenmuster (1 M re, 1 M li im Wechsel), dann noch 1 Rd re M str.

Alle Größen:

Zun-Rd 1: *2 M re, 1 M zun/re*. Von * bis * wdh bis zum Rundenanfang. Auf der Nadel liegen jetzt 108 (117, 123, 129) M.

1 Rd re M str.

Größe M:

Zun-Rd 2: *39 M re, 1 M zun/re*. Von * bis * wdh bis zum Rundenanfang. *[3 M zugen = 120 M]*

1 Rd re M str.

Größe L:

Zun-Rd 2: *(14 M re, 1 M zun/re) x2, 13 M re, 1 M zun/re*. Von * bis * wdh bis zum Rundenanfang. *[9 M zugen = 132 M]*

2 Rd re M str.

Größe XL:

Zun-Rd 2: *(11 M re, 1 M zun/re) x3, 10 M re, 1 M zun/re*. Von * bis * wdh bis zum Rundenanfang. *[12 M zugen = 141 M]*

3 Rd re M str.

Weiter für alle Größen:

Erhöhung im Nacken:

1. R (Hin-R): 27 (30, 33, 35) M re, Arbeit wenden.

2. R (Rück-R): 1 DM, li M bis zum Rundenanfang, MM abheben, 27 (30, 33, 35) M li, wenden.

3. R: 1 DM, re M bis zum Rundenanfang, MM abheben, 22 (25, 28, 30) M re, wenden.

4. R: 1 DM, li M bis zum Rundenanfang, MM abheben, 22 (25, 28, 30) M li, wenden.

5. R: 1 DM, re M bis zum Rundenanfang, MM abheben, 17 (20, 23, 25) M re, wenden.

6. R: 1 DM, li M bis zum Rundenanfang, MM abheben, 17 (20, 23, 25) M li, wenden.

7. R: 1 DM, re M bis zum Rundenanfang, MM abh. 1 Rd re M str und dabei die Doppelmaschen jeweils wie eine Masche abstr.

Zu Rundnadel Nr. 4,5 wechseln und gemäß Zählmuster A mit der Passe beginnen. Der Rapport wiederholt sich 36 (40, 44, 47)x pro Rd. Auf der Nadel liegen nach Beenden von Zählmuster A 288 (320, 352, 376) M. Die Musterfarben trennen und mit GF fortf.

Abteilen der Ärmel:

Zu Rundstricknadel Nr. 4 wechseln. Mit GF 40 (45, 50, 53) M str. Die folgenden 64 (70, 76, 82) M für den ersten Ärmel auf einen Hilfsfaden legen und für das Ärmelloch 6 (6, 5, 8) M anschlagen. 80 (90, 100, 106) M str. Die folgenden 64 (70, 76, 82) M für den zweiten Ärmel auf einen Hilfsfaden legen und für das Ärmelloch 6 (6, 5, 8) M anschlagen. 40 (45, 50, 53) M str. Es liegen nun 172 (192, 210, 228) M für den Rumpf auf der Nadel.

RUMPF

26 (27, 28, 29) cm glatt rechts str ODER so lang bis zur gewünschten Länge noch 11 cm fehlen. 1 Rd str, dabei in gleichmäßigen Abständen 4 (0, 2, 4) M abn. Auf der Nadel liegen jetzt 168 (192, 208, 224) M. Zu Nadel Nr. 4,5 wechseln und Zählmuster B str. MF trennen und mit GF fortf. Zu Nadel Nr. 3,5 wechseln und 3 Rd re M str. Dann 6 cm im 1/1-Rippenmuster (1 M re, 1 M li* im Wechsel) arb. GF trennen und mit MF2 1 Rd re M str. Alle M abketten.

ÄRMEL

In der GF mit Nadeln Nr. 4 in der Mitte der Ärmelloch-M beginnen. Aus den M des Ärmellochs 4 (4, 4, 5) M re herausstr, vom Hilfsfaden 64 (70, 76, 82) M str. Weitere 4 (4, 4, 5) M re herausstr. MM setzen für den Rundenanfang. Auf der Nadel liegen jetzt 72 (78, 84, 92) M.
3 M re, 2 M re zus-str, re M str bis zu den letzten 4 M der Runde: 2 M re ab/zus-str, 2 M re.
6 (5, 4, 4) Rd str.
Abn-Rd: 1 M re, 2 M re zus-str, re M str bis zu den letzten 3 M der Runde: 2 M re abn/zus-str. 1 M re.
Die Abn-Rd in jeder 7. (6., 5., 5.) Rd arb, bis noch 48 (48, 48, 56) Ärmel-M übrig sind. Glatt re fortf, bis die Ärmellänge ab Ärmelloch 35 cm beträgt ODER bis noch 11 cm bis zur gewünschten Länge fehlen. Zu Nadel Nr. 4,5 wechseln und Zählmuster B str. MF trennen und mit GF fortfahren. Zu Nadel Nr. 3,5 wechseln und 3 Rd re M str. Dann 6 cm im 1/1-Rippenmuster (1 M re, 1 M li im Wechsel) arb. GF trennen und mit MF2 1 Rd re M str. Alle M abketten.
Den zweiten Ärmel ebenso arb.

FERTIGSTELLUNG

Alle Fadenenden vernähen. Den Pullover in lauwarmes Wasser legen und sich vollständig vollsaugen lassen. Das Wasser mit den Händen ausdrücken, die Arbeit in Form ziehen und liegend trocknen lassen.

Durch das Verlängern (oder Verkürzen) der Ärmel und des Rumpfes kann man den Floti-Pullover ganz leicht an seine eigenen Maße anpassen.

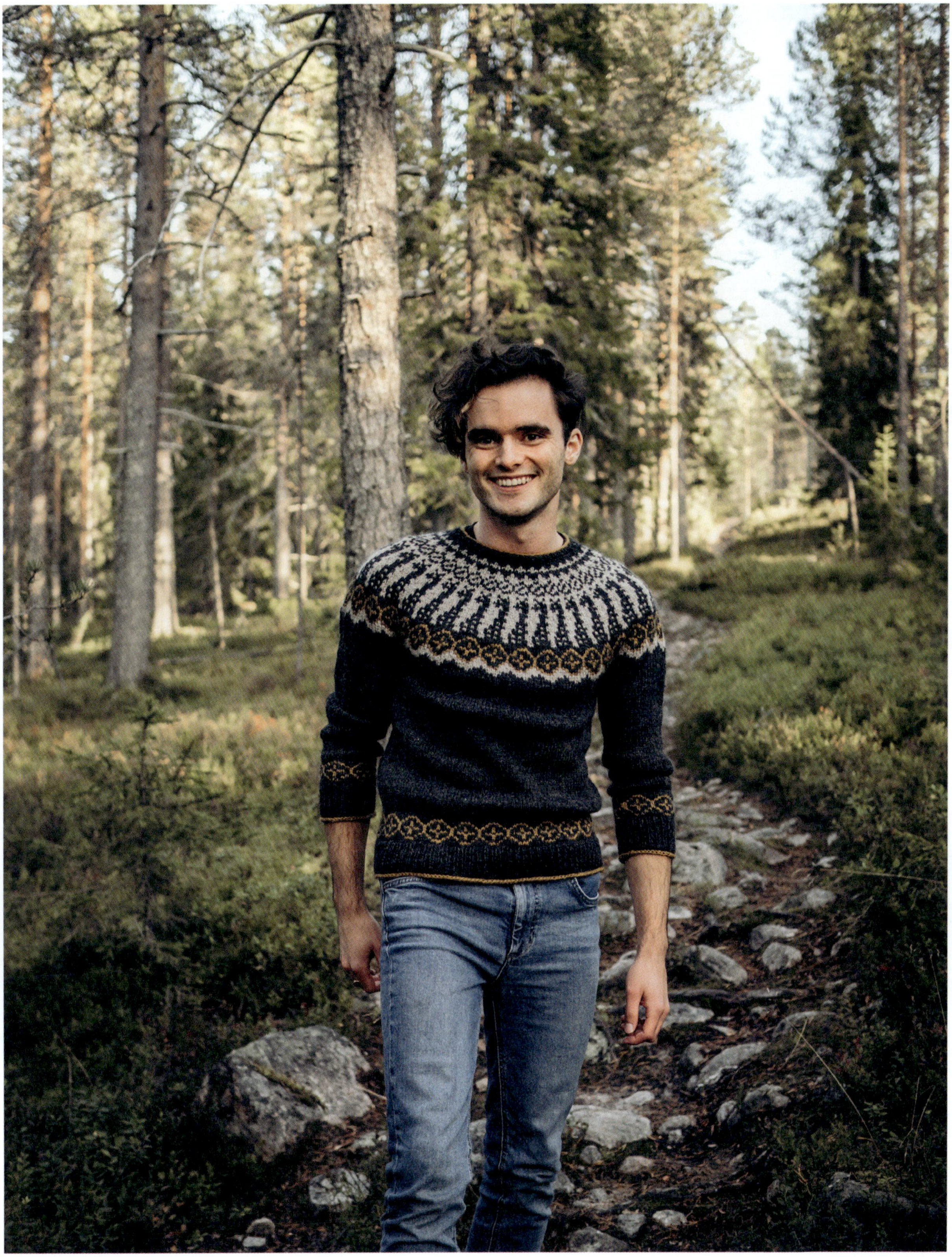

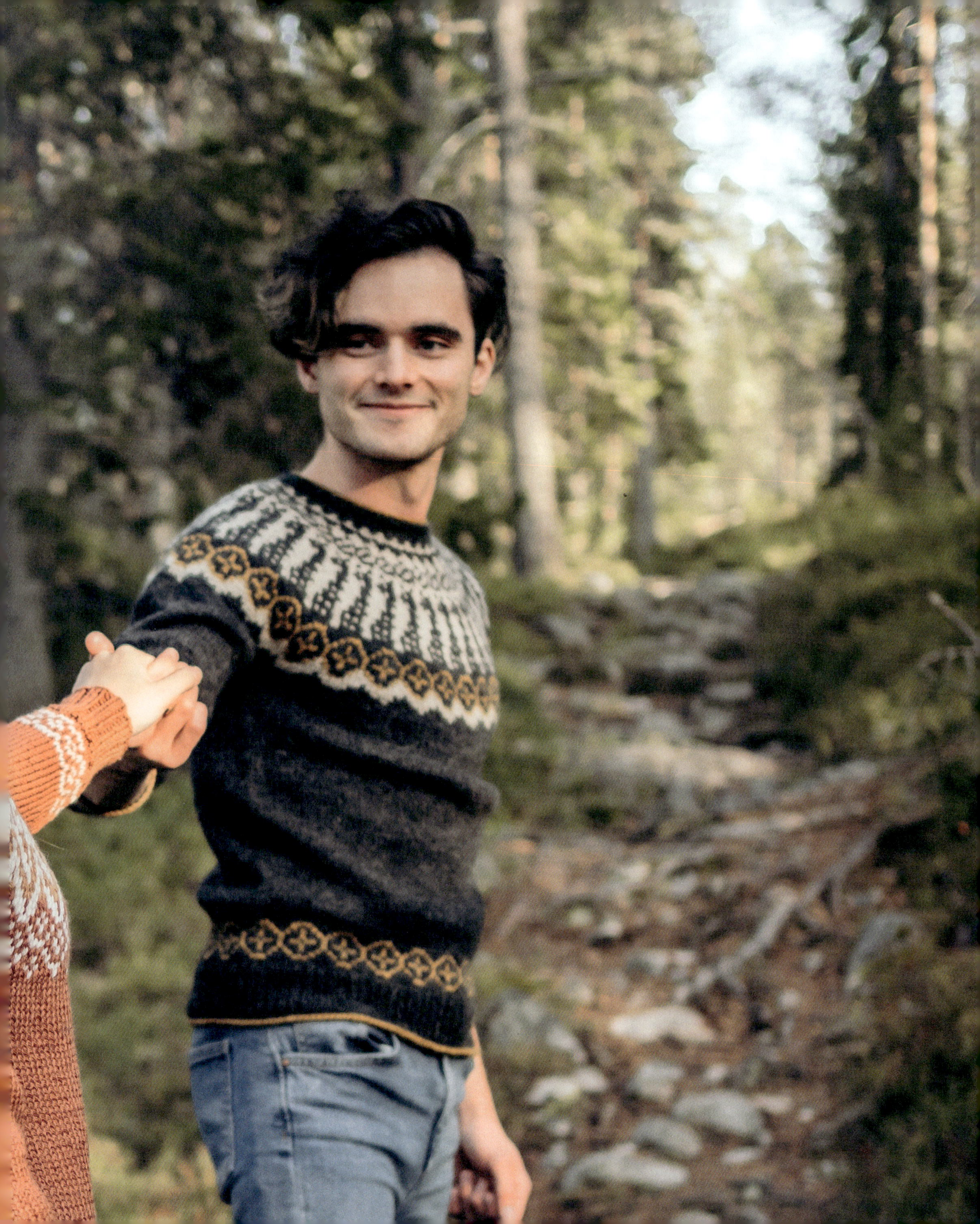

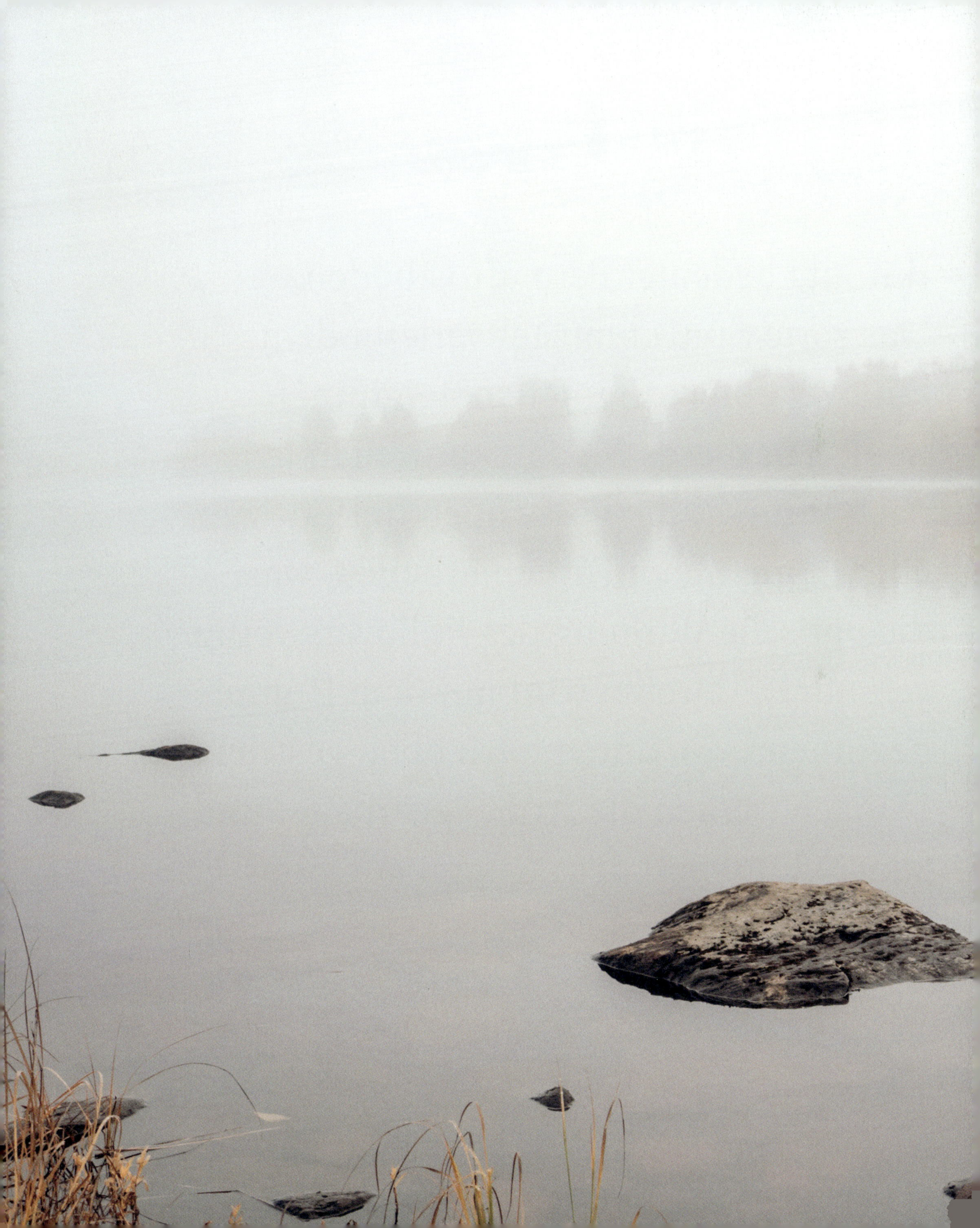

Ikirouta

»

Ikirouta bedeutet Permafrostboden. Das zarte Spitzenmuster verleiht dem Pullover einen originellen, femininen Look. Für dieses Modell kann man je nach Wunsch die Passe auch in kräftigen oder in mehreren Farben arbeiten, was die optische Wirkung des Pullovers völlig verändert. Ikirouta wird mit dem Rumpf beginnend von unten nach oben gestrickt. Danach werden die Ärmel gearbeitet und zum Schluss mit dem Rumpf auf einer Nadel für die Passe vereint.

DESIGNERIN: PIRJO IIVONEN

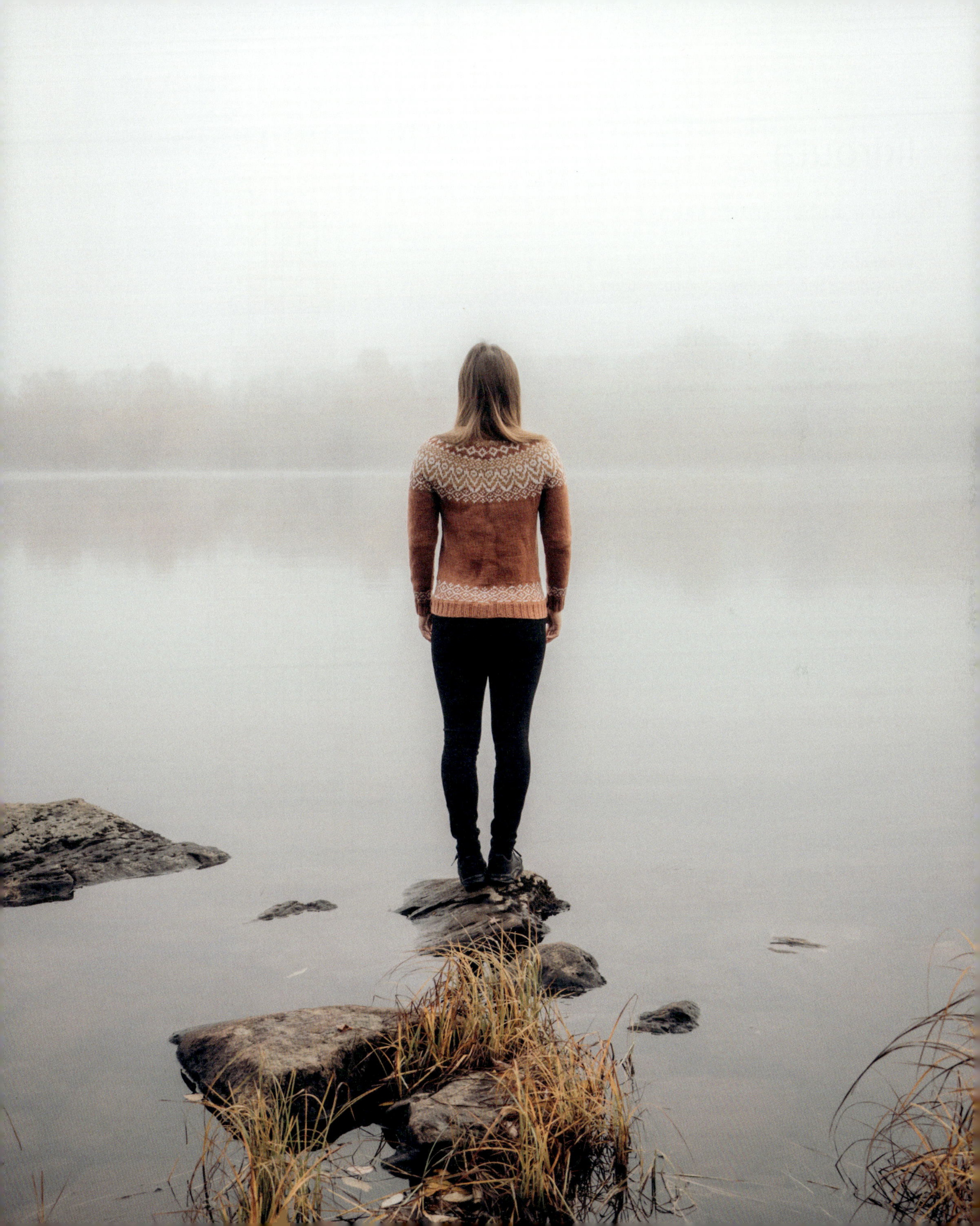

Ikirouta

UNSER MODEL TRÄGT GRÖSSE S.

Größen: S (M, L, XL)
Empfohlene Bequemlichkeitszugabe: 4–5 cm

Maße der fertigen Arbeit:
Brustumfang: 89 (94,5, 100, 105,5) cm
Rumpflänge (Achsel bis Bündchen): 40 (42, 45, 48) cm
Gesamtlänge (Schulter bis Bündchen): 63,5 (69, 73,5, 78,5) cm
Ärmelumfang Oberarm: 34,5 (36,5, 39, 41) cm
Umfang Ärmelbündchen: 22 (24,5, 26,5, 26,5) cm
Innere Ärmellänge (Achsel bis Bündchen): 45 (48, 51, 53) cm

Garn: Sandnes Garn Smart (100 % Wolle; 100 m / 50 g) oder ein anderes Garn mit entsprechender Lauflänge
GF: 3544 Terrakotta, 7 (9, 11, 13) Knäuel oder 700 (900, 1100, 1300) m
MF1: 1015 Kitti (Kitt), 2 (2, 3, 3) Knäuel oder 200 (200, 300, 300) m
MF2: 2544 Kullanruskea (Gelbbraun), 2 (2, 2, 3) Knäuel oder 200 (200, 200, 300) m

Nadeln: Rundstricknadeln Nr. 3,5 und 4, 80–100 cm lang
Nadelspiele Nr. 3,5 und 4

Sonstiges: Maschenmarkierer, Hilfsfaden oder Maschenhalter, Stopfnadel

Maschenprobe: 18 M x 23 Rd = 10 cm x 10 cm glatt rechts, leicht gespannt

Achtung! *Die Maschenprobe auch in Bezug auf das Muster (mit der dickeren Nadel) überprüfen und falls notwendig die Nadelstärke wechseln.*

- GF
- MF1
- MF2
- re M
- 2 M re zus-str
- 2 M re ab/ zus-str

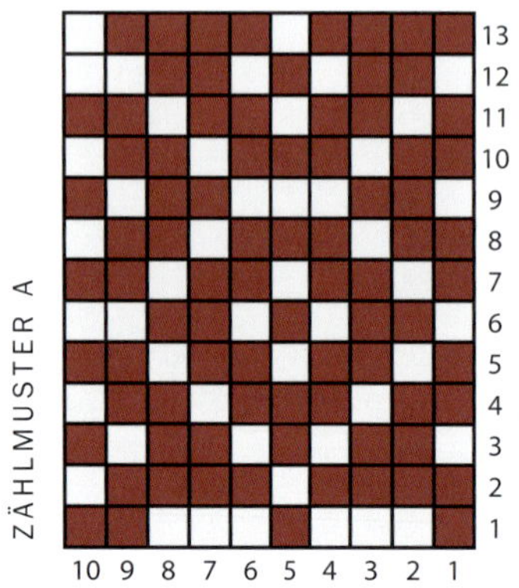

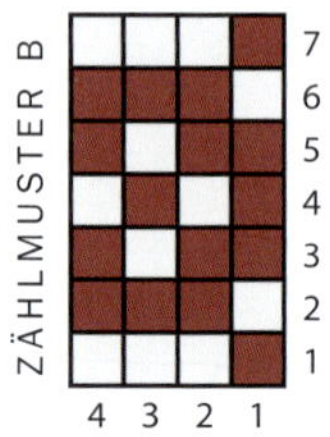

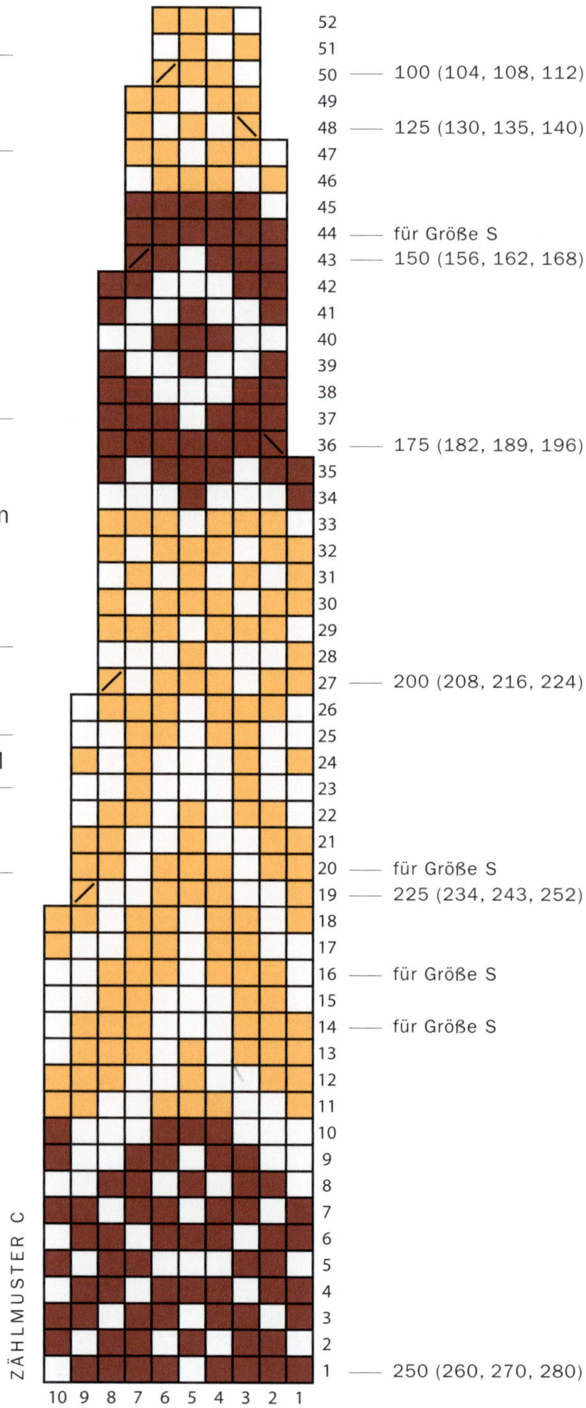

RUMPF

160 (168, 180, 188) M in GF mit Nadel Nr. 3,5 anschlagen. Zur Rd schließen, dabei darauf achten, dass sich die M nicht verdrehen. Der Rundenanfang befindet sich in Rückenmitte; mit einem MM oder einem Stück Faden markieren. 5 cm im 2/2-Rippenmuster (2 M re, 2 M li im Wechsel) arb. Zu Nadel Nr. 4 wechseln und 1 Rd re M str.
Achtung! *Nur Größen M und XL:*
1 Anpassungsrunde arb: 42 (47) M re, 1 M zun, 85 (95) M re, 1 M zun.
Auf der Nadel liegen jetzt 160 (170, 180, 190) M. MF1 dazunehmen und gemäß Zählmuster A arbeiten. Es ist einfacher, dem Rapport zu folgen, wenn man nach jeder 10. M einen MM setzt. Der Rapport von Zählmuster A wird 16 (17, 18, 19)x pro Rd wiederholt. Wenn alle 13 Rd des Zählmusters fertig sind, MF1 trennen und alle MM bis auf den am Rundenanfang entfernen. Zu Nadel Nr. 3,5 wechseln und in der GF fortf, bis der Rumpf ab Bündchen 40 (42, 45, 48) cm misst; die letzte Rd am MM beenden. Den Rumpf zur Seite legen und als Nächstes die Ärmel str.

ÄRMEL

40 (44, 48, 48) M in der GF mit Nadelspiel Nr. 3,5 anschlagen. Zur Rd schließen, dabei darauf achten, dass sich die M nicht verdrehen. Den Rundenanfang mit einem MM oder einem Stück Faden markieren. Der Rundenanfang befindet sich auf der Unterseite des Ärmels und wandert dort mit bis unter die Achsel. 5 cm im 2/2-Rippenmuster (2 M re, 2 M li im Wechsel) arb. Zu Nadeln Nr. 4 wechseln und 1 Rd re M str. MF1 dazunehmen und gemäß Zählmuster B arb. Wenn alle 7 Rd des Musters gestrickt wurden, MF1 trennen. Zu Nadel Nr. 3,5 wechseln und in der GF fortf. 2 Rd str, dann mit den Zun beginnen.

Zun-Rd: 1 M re, 1 M zun/li, re M str, bis 1 M vor dem Rundenende: 1 M zun/re, 1 m re. *[= 2 M zugen]*
Die Zun-Rd alle 3 (3, 2,5, 2,5) cm insgesamt 11 (11, 11, 13)x wdh. Auf der Nadel liegen danach 62 (66, 70, 74) M. Gerade weiterstr, bis der Ärmel ab Bündchen 45 (48, 51, 53) cm misst. Am Anfang und Ende der Rd jeweils 4 (5, 6, 7) M auf einem Hilfsfaden stilllegen, also insgesamt 8 (10, 12, 14) M für das Ärmelloch. Den zweiten Ärmel ebenso arb.

PASSE

Jetzt werden Ärmel und Rumpf auf einer Nd vereint: In der GF mit Nadel Nr. 3,5 weiterarbeiten. Ab Rundenanfang des Rumpfes 36 (37, 39, 40) M re str, die nächsten 8 (10, 12, 14) M auf einen Hilfsfaden legen, die 54 (56, 58, 60) M des ersten Ärmels str. 72 (76, 78, 82) M vom Vorderteil des Rumpfes str, die nächsten 8 (10, 12, 14) M auf einen Hilfsfaden legen, 54 (56, 58, 60) M des zweiten Ärmels str. Bis zum Rundenanfang 36 (37, 39, 40) M str.
Auf der Nadel liegen jetzt 252 (262, 272, 282) M. 1 Rd re M str, dabei 2 M wie folgt abn: Re M str, bis zur letzten M vom linken Ärmel: 2 M re zus-str (letzte M vom Ärmel und erste M vom Rumpf), re M str, bis zur letzten M vom rechten Ärmel: 2 re zus-str. Bis Rundenanfang str. Auf der Nadel liegen jetzt 250 (260, 270, 280) M. Mit GF weitere 0 (4, 8, 12) Rd str.
Zu Nadel Nr. 4 wechseln und gemäß Zählmuster C arb. Der Rapport von Zählmuster C wieder-

holt sich 25 (26, 27, 28)x pro Rd. Es ist einfacher, dem Muster zu folgen, wenn man nach jedem Rapport einen MM setzt. Rd 1–52 von Zählmuster C arbeiten. (Achtung bei Größe S: Rd 14, 16, 20 und 44 nicht str.) GF und MF1 trennen. Auf der Nadel liegen jetzt 100 (104, 108, 112) M und die Höhe der Passe beträgt gemessen ab Achsel 21,5 (25, 26,5, 28,5) cm.

HALSAUSSCHNITT

Zu Nadel Nr. 3,5 wechseln. Nun mit MF2 fortf. Alle MM bis auf den Markierer am Rundenanfang entfernen.

Um den Nacken etwas zu erhöhen, werden verkürzte Reihen gearbeitet:

1. R (Hin-R): 10 (10, 10, 10) M re, Arbeit wenden.

2. R (Rück-R): 1 DM, li M bis zum Rundenanfang str, MM abheben, 10 (10, 10, 10) M li, Arbeit wenden.

3. R: 1 DM, re M bis zum MM str, MM abheben, re M bis zur DM str, DM re zus abstr, 7 (7, 7, 7) M re, Arbeit wenden.

4. R: 1 DM, li M bis zum MM str, MM abheben, li M bis zur DM str, DM li zus abstr, 7 (7, 7, 7) M li, Arbeit wenden.

5. R: 1 DM, re M bis zum MM str, MM abheben, re M bis zur DM str, DM re zus abstr, 7 (7, 7, 7) M re, Arbeit wenden.

6. R: 1 DM, li M bis zum MM str, MM abheben, li M bis zur DM str, DM li zus abstr, 7 (7, 7, 7) M li, Arbeit wenden.

7. R: 1 DM, re M bis zum MM str, MM abheben.

1 Rd re M bis zum Rundenanfang str, dabei DM re zus abstr.

Abn-Rd:

Größe S: 3 M re, [2 M re zus-str, 2 M re] stets wdh, bis noch 5 M übrig sind: 2 M re zus-str, 3 M re. *[24 M abgen = 76 M]*

Größe M: 1 M re, [2 M re zus-str, 2 M re] x10, [2 M re zus-str, 1 re] x7, [2 M re zus-str, 2 M re] x10, 2 M re zus-str. *[28 M abgen = 76 M]*

Größe L: 1 M re, [2 M re zus-str, 2 M re] x12, [2 M re zus-str, 1 re] x3, [2 M re zus-str, 2 M re] x12, 2 M re zus-str. *[28 M abgen = 80 M]*

Größe XL: 1 M re, [2 M re zus-str, 2 M re] stets wdh, bis noch 3 M übrig sind: 2 M re zus-str, 1 M re. *[28 M abgen = 84 M]*

2 cm im 2/2-Rippemuster (2 re, 2 li im Wechsel) arb.

Wie folgt abketten: 1 M re *1 M re, 1. M überziehen, 1 M li, vorherige M überziehen, 1 M re, vorherige M überziehen*. Von * bis * wdh, bis alle M abgekettet sind.

FERTIGSTELLUNG

Die Ärmellöcher im Maschenstich schließen und alle Fäden auf der Innenseite der Arbeit vernähen. Die Arbeit in lauwarmem Wasser waschen, das Wasser mit den Händen, dann in einem Frotteehandtuch ausdrücken, den Pullover in Form ziehen und liegend trocknen lassen.

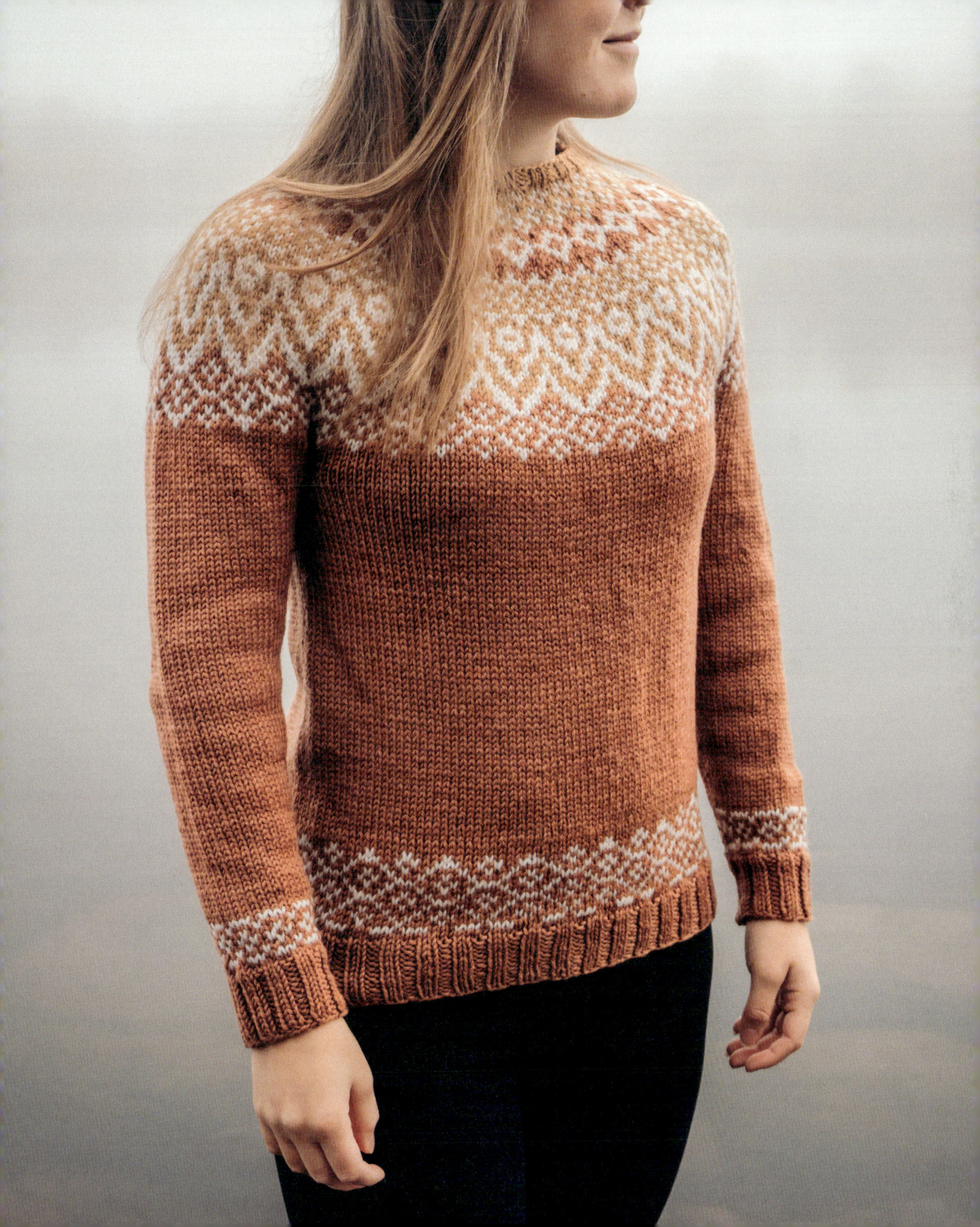

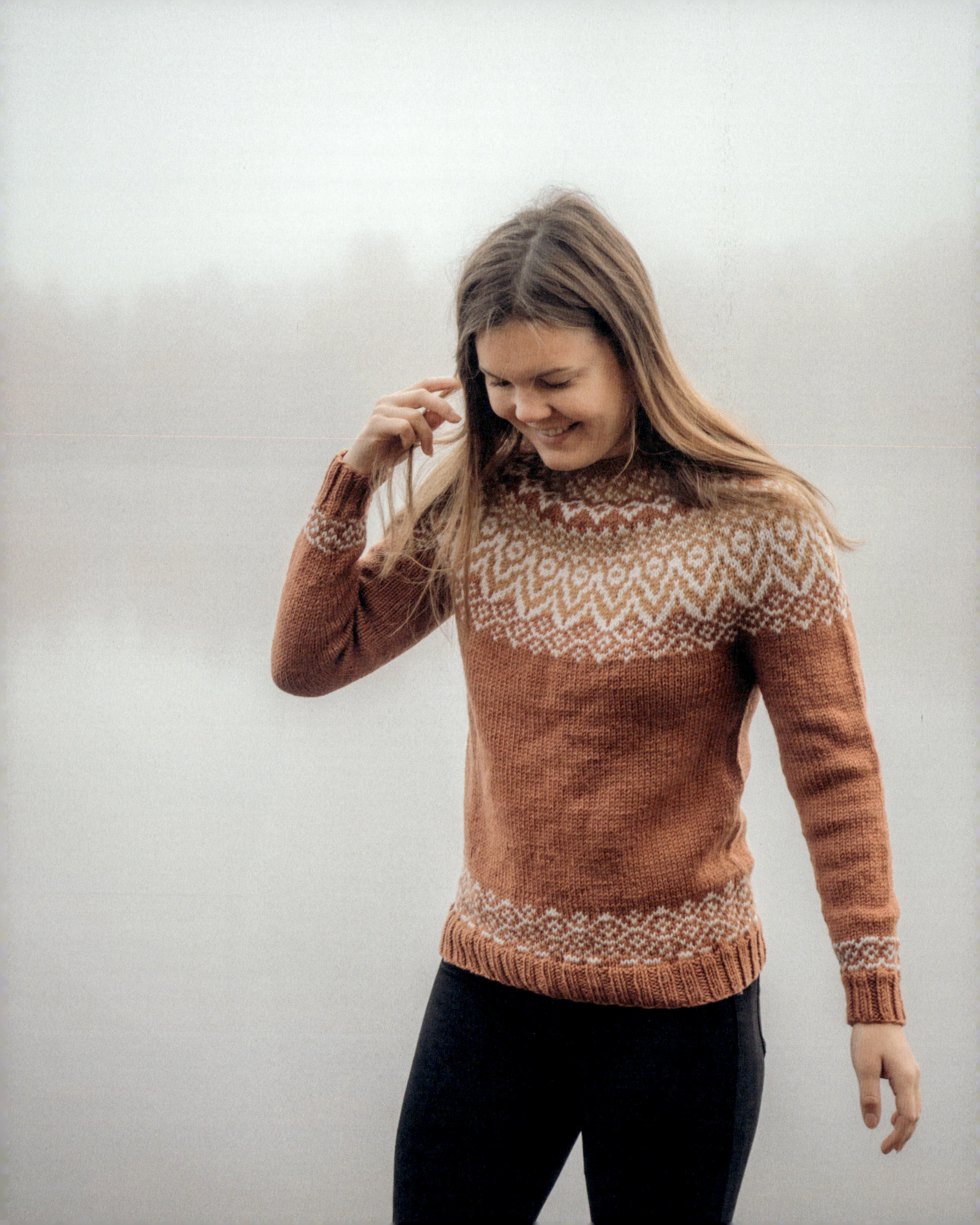

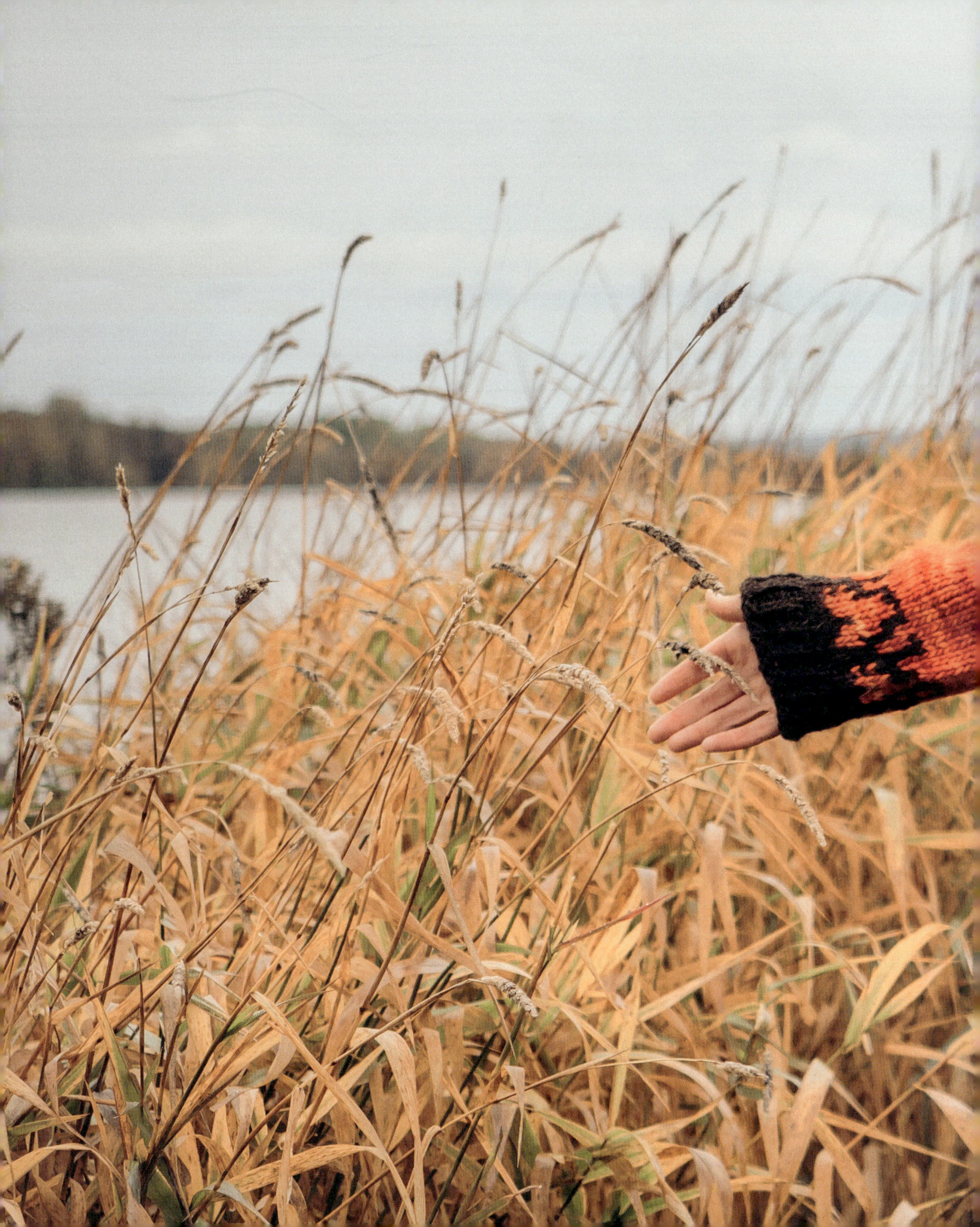

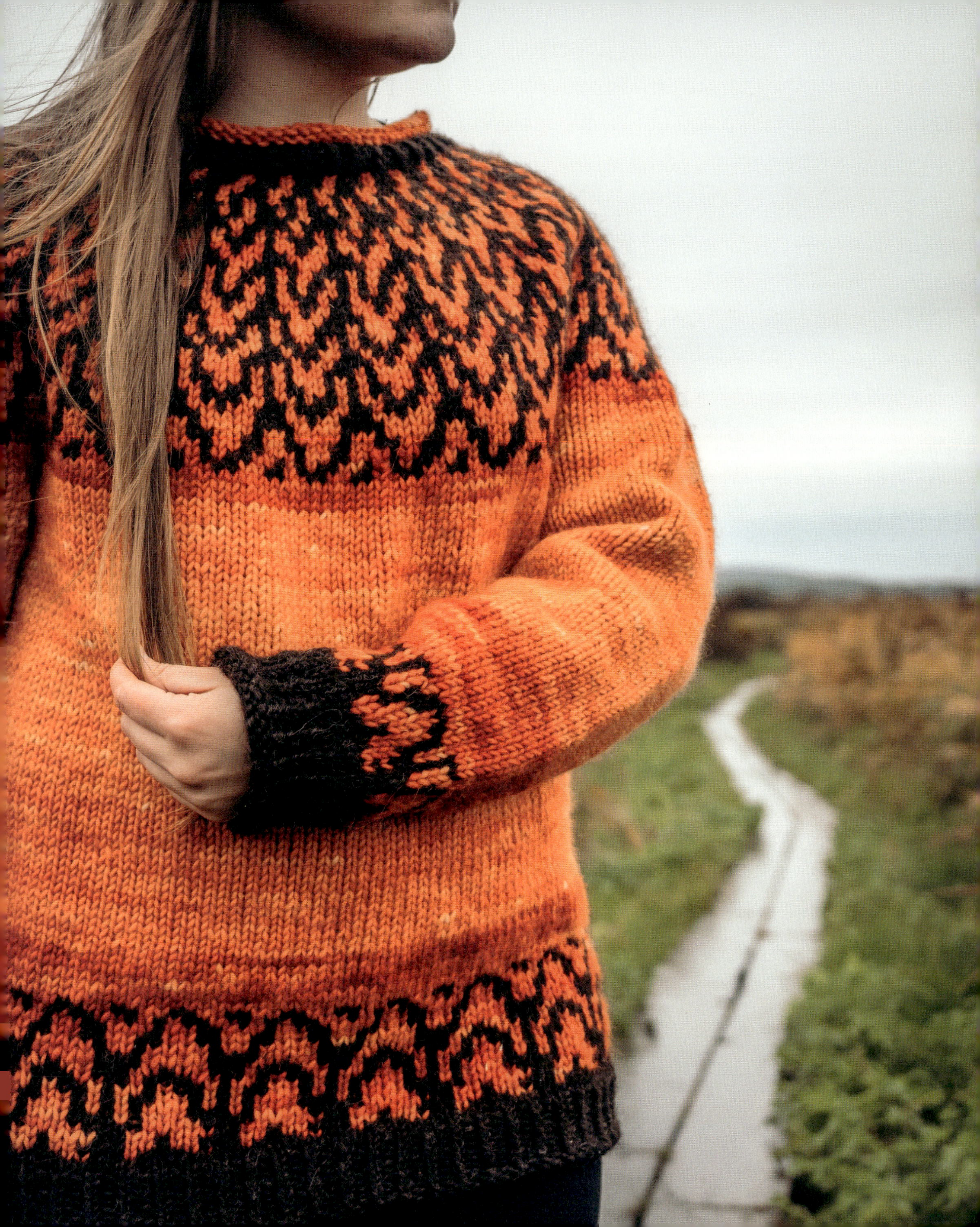

«

Juurakko bedeutet Krappwurzel und so spielt das Passenmuster dieses Pullovers auf die sich kreuzenden unterirdischen Wurzeln der Pflanze an. Krapp, oder Färberröte, ist einer der wichtigsten Lieferanten für natürliche Farbstoffe. Aus der Wurzel dieser Pflanze erhält man mit ein wenig Übung für seine Wolle eine vielfältige Skala an Rot-, Orange- und Gelbtönen.

Juurakko

DESIGNERIN: ANNA-KAROLIINA TETRI

Juurakko

UNSER MODEL TRÄGT GRÖSSE L.

Größen: S (M, L, XL)
Empfohlene Bequemlichkeitszugabe: 6 cm

Maße der fertigen Arbeit:
Brustumfang: 86 (98,5, 111, 123) cm
Rumpflänge (Achsel bis Bündchen):
44 (44, 44, 44) cm
Gesamtlänge (Schulter bis Bündchen):
65,6 (66, 67, 68) cm
Ärmelumfang Oberarm: 37 (40, 43, 46) cm
Umfang Ärmelbündchen: 23 (23, 27,5, 27,5) cm
Innere Ärmellänge (Achsel bis Bündchen):
48 (48, 48, 48) cm

Garn: Vuonue Unelma (100 % finnische Lammwolle; 110 m / 100 g) oder ein anderes Garn mit entsprechender Lauflänge
GF: Luonnonmusta (naturschwarz), 3 (3, 3, 4) Stränge oder 260 (290, 320, 380) m
MF1: Krappwurzel 1 *(Rezept I)*, 2 (3, 3, 3) Stränge oder 220 (260, 290, 310) m
MF2: Krappwurzel 2 *(Rezept II)*, 1 (2, 2, 2) Strang/Stränge oder 110 (120, 135, 150) m
MF3: Krappwurzel 3 *(Rezept III)*, 2 (2, 3, 3) Stränge oder 190 (210, 225, 250) m

Nadeln: Rundstricknadeln Nr. 4,5 und 6, 40 und 80 cm lang
Nadelspiele Nr. 4,5 und 6

Sonstiges: Maschenmarkierer (davon 1 besonderer für den Anfang der Runde), Stopfnadel

Maschenprobe: 13 M x 18 Rd = 10 cm x 10 cm glatt rechts mit Nadel Nr. 6, leicht gespannt

Achtung! *Die Maschenprobe auch in Bezug auf das Muster überprüfen und falls notwendig die Nadelstärke wechseln.*

RUMPF

106 (122, 138, 152) M in der GF mit Nadel Nr. 4,5 anschlagen. Zur Rd schließen, MM am Anfang der Rd setzen und 3 Rd li M str. 4 cm im 1/1-Rippenmuster (1 re, 1 li im Wechsel) arb. In der letzten Rd des Bündchens in regelmäßigen Abständen 6 (6, 6, 8) M zunehmen. Auf der Nadel liegen jetzt 112 (128, 144, 160) M.
Zu Nadel Nr. 6 wechseln und 3 Rd glatt re str.
Mit Zählmuster A beginnen. Alle 16 Rd des Zählmusters arbeiten, dann GF trennen. Mit MF1 fortfahren, bis der Rumpf ab Bündchen 13 cm misst. Zu MF2 wechseln und 8 cm str. Zu MF3 wechseln und 13 cm str. Zu MF2 wechseln und 4 cm str. Die Länge des Rumpfes beträgt nun 44 (44, 44, 44) cm inklusive Bündchen.
In der letzten Rd die letzten 3 (4, 5, 6) abgestr M auf einen Hilfsfaden legen, MM setzen, die nächsten 3 (4, 5, 6) M auf den gleichen Hilfsfaden legen. Garnfarbe trennen.

ZÄHLMUSTER A

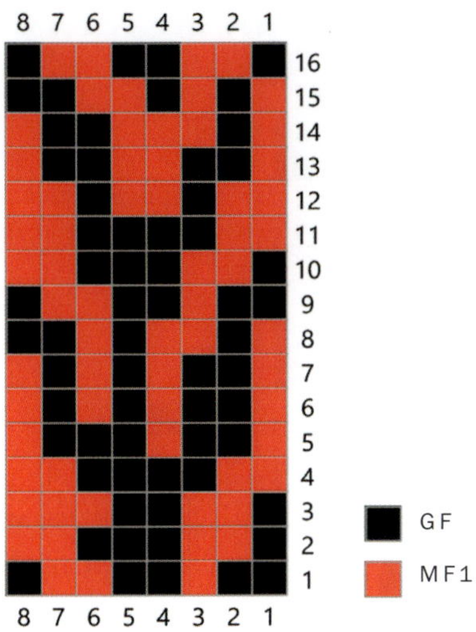

ÄRMEL

30 (30, 36, 36) M in der GF mit Nadelspiel Nr. 4,5 anschlagen. Zur Rd schließen, MM am Anfang der Rd setzen und 3 Rd li M str. 4 cm im 1/1-Rippenmuster (1 re, 1 li im Wechsel) arb. In der letzten Rd des Bündchens in regelmäßigen Abständen 2 (2, 4, 4) M zun. Es liegen jetzt 34 (34, 40, 40) M auf der Nd.
Zu Nadelspiel Nr. 6 wechseln. 1 Rd glatt re str.
Zun-Rd: Nach der 1. M der Rd 1 M zun/re, vor der letzten M 1 M zun/li arb. 1 weitere Rd glatt re str.
Mit Zählmuster A beginnen. MM am Rundenanfang setzen und falls gewünscht – zur besseren Orientierung – nach jedem Rapport. 1.-9. Rd von Zählmuster A arb. Die 2. Zun-Rd in der 10. Rd arbeiten.
Achtung! Das Ärmelmuster geht aufgrund der Zun nicht immer auf. Immer an der gleichen Stelle des Rapportes gemäß der MM beginnen.
Die Zun-Rd in jeder 9. (8., 9., 8.) Rd insgesamt 8 (10, 8, 10)x wdh = 48 (52, 56, 60) M.

BORDÜRE AM ÄRMELBÜNDCHEN

Mit MF1 fortfahren, bis der glatt rechte Teil des Ärmels 13 cm misst. Zu MF2 wechseln und 4 cm str. Zu MF3 wechseln und 21 cm str. Zu MF2 wechseln und 4 cm str. Die Ärmellänge beträgt jetzt 48 (48, 48, 48) cm inklusive Bündchen.
Mit MF2 fortfahren und bis 3 (4, 5, 6) M vor dem MM am Rundenanfang str, 3 (4, 5, 6) M auf einen Hilfsfaden legen, MM entfernen, die folgenden 3 (4, 5, 6) M ebenfalls auf den Hilfsfaden legen = 6 (8, 10, 12) M für das Ärmelloch.
Den zweiten Ärmel ebenso arb.

PASSE

Mit MF1 werden nun Rumpf und Ärmel auf der langen Rundstricknadel Nr. 6 vereint: Direkt an den Rumpf die 42 (44, 46, 48) M des ersten Ärmels str, MM setzen. 50 (56, 62, 68) M des Vorderteils str. Die folgenden 6 (8, 10, 12) M auf einen Hilfsfaden legen, MM setzen. 42 (44, 46, 48) M des zweiten Ärmels str, MM setzen, 50 (56, 62, 68) M des Rückenteils str, MM setzen. Auf der Nd liegen jetzt 184 (200, 216, 232) M. 2 Rd glatt re str.

Das Passenmuster gemäß Zählmuster B str, die Abnahmen an den dort angegebenen Stellen arb. Wenn Zählmuster B beendet ist, liegen noch 69 (75, 81, 87) M auf der Nadel. Zur kürzeren Rundstricknadel wechseln, wenn die M weniger werden.

Achtung! Für Größe S werden die 32. und 36. Rd nicht gestr, für Größe M nur die 32. Rd. Für die Größe XL werden nach Beenden des Zählmusters zusätzlich 2 Rd glatt rechts gestr.

Zu Nadel Nr. 4,5 wechseln. Mit GF 1 Rd str und dabei in regelmäßigen Abständen 3 (5, 7, 7) M abn = 66 (70, 74, 80) M. 2 cm im 1/1-Rippenmuster (1 re, 1 li im Wechsel) arb. Zu MF1 wechseln. 2 cm glatt re str. Alle M locker abketten.

FERTIGSTELLUNG

Die Ärmellöcher im Maschenstich schließen. Alle Fadenenden vernähen. Den Pullover anfeuchten, in Form ziehen und liegend trocknen lassen.

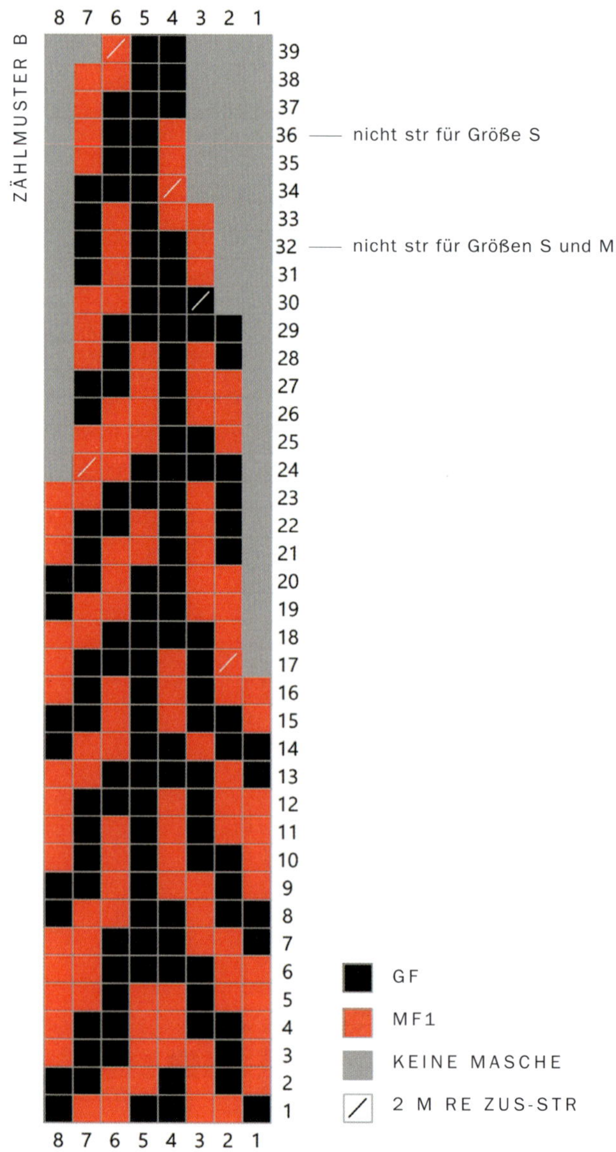

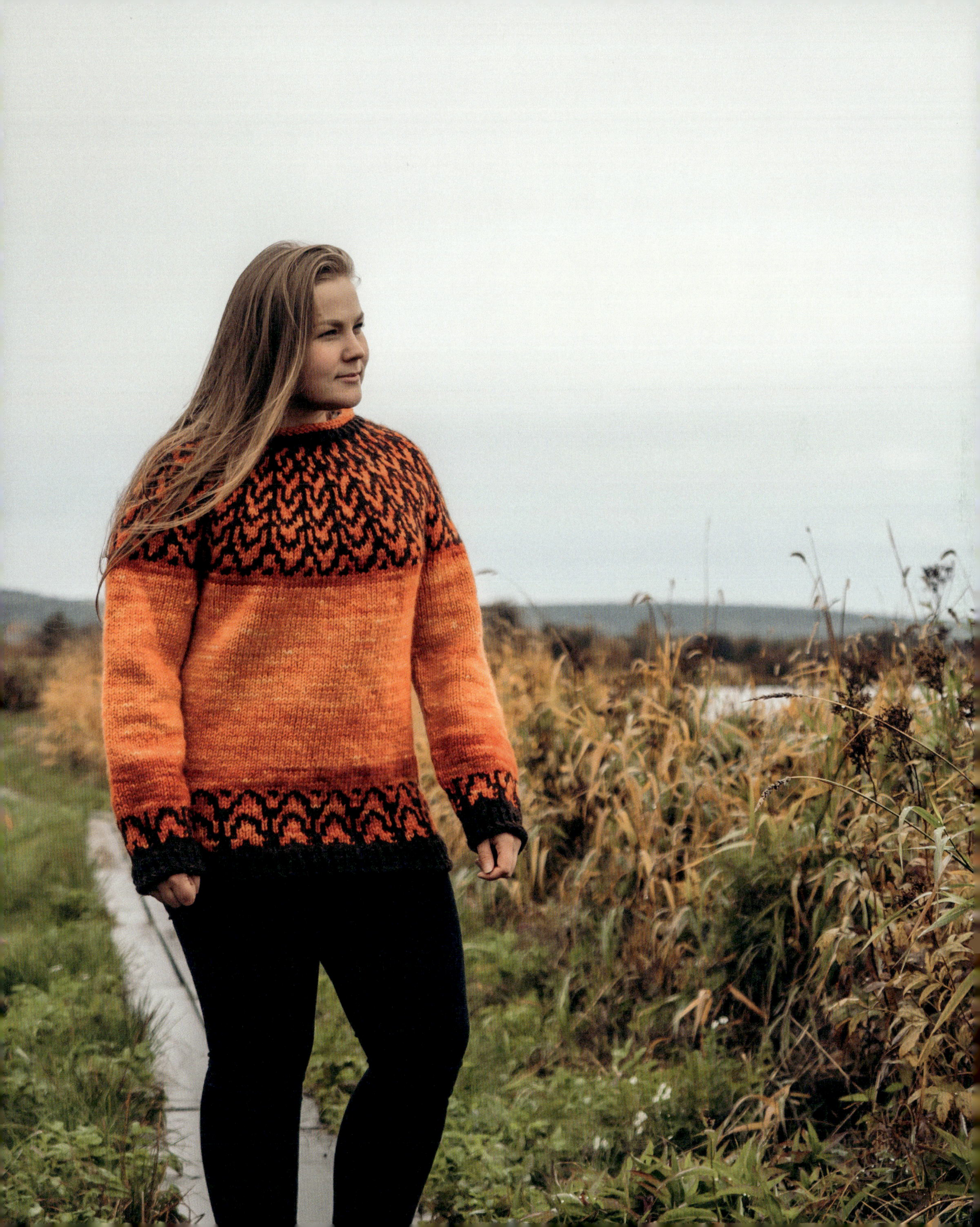

«

Das Garn für den Juurakko-Pullover wird – wie der Name schon sagt – mit Krappwurzel gefärbt. Die von der Wurzel abgegebene Farbe ist sehr intensiv, sodass 300 g Krapp genügen, um das gesamte Material für den Pullover zu färben. Das traditionelle Naturfärbemittel ergibt angenehme, harmonisch aufeinander abgestimmte Farbtöne, die äußerst licht- und farbecht sind, sodass die Farben des Pullovers jahrelang leuchten.

Das Beizen und Färben der Wolle

GRUNDSÄTZLICHES ZUR BEHANDLUNG VON WOLLE

Es gibt beim Färben mit Naturfarben viele Variablen, etwa die Beschaffenheit des Farbstoffes, die Qualität der Wolle und des Wassers. Ein identisches, reproduzierbares Färbeergebnis verschiedener Chargen wird man auch mit präziser Arbeit kaum erhalten.

Eine Wollfaser ist wie menschliches Haar aus Proteinen aufgebaut, es ist geschuppt und mit einem leichten Fettfilm überzogen. Rohwolle direkt vom Schaf enthält das Fett Lanolin, das vor maschineller Verarbeitung und Färben entfernt wird, da die Farben sonst nicht gleichmäßig in die Faser eindringen. Wer sein Garn selber spinnt, bevorzugt Wolle, die noch Lanolin enthält.

Wolle muss beim Färben mehrfach (aus-)gewaschen werden. Damit sie nicht verfilzt oder einläuft, müssen zwei Faktoren beachtet werden.

1.) Wärme, damit sich das Fett löst, die Haarschuppen sich öffnen und Farbe aufnehmen können. Die Temperatur kann die Farbnuance beeinflussen. *Achtung: Wolle verträgt keine Temperaturschocks! Farbsud und Spülwasser müssen langsam erhitzt und abgekühlt werden. Bei abrupten Temperaturänderungen »erschrickt« sie sich und zieht sich zusammen: Sie läuft ein.*

2.) Bewegung erzeugt Reibung, die die Wolle verfilzen lässt. Die Wolle darum ganz sanft mit einem ausrangierten Kochlöffel im Topf hin- und herbewegen. Wolle nie aneinanderreiben, kräftig wringen oder rubbeln!

Wolle braucht im Färbetopf reichlich Flüssigkeit, damit die Fäden fast einzeln frei schwimmen können. Das Färben in zu wenig Flüssigkeit führt zu ungleichmäßigen Ergebnissen.

Natürlich gefärbte Wollstränge müssen vor dem Färben gebeizt werden, sonst haftet die Farbe nicht dauerhaft. Die folgenden Beiz- und Färbeanleitungen bezieht sich auf 100 g Färbegut. Die Rezepte reichen, um die gesamte Wollmenge eines Projektes zu färben. Hat man keinen riesigen Topf zur Verfügung, muss das Beizen und Färben für die Grundfarbe in mehreren Durchgängen vorgenommen werden. Um möglichst ähnliche Ergebnisse zu erzielen, ist es sinnvoll, sich alle Arbeitsschritte mit Temperaturen und Zeitabständen zu notieren.

VORBEREITEN UND BEIZEN VON GARN

1. Garn auf Knäueln muss zunächst zu Strängen gewunden und an 4 Stellen mit Baumwollgarn abgebunden werden. Die Knoten in Achterform liegen sehr locker um das Garn, zu feste Knoten führen zu einem Batikeffekt. Ein Knoten bekommt eine zusätzliche Schlaufe, an der der Strang aufgehängt und bewegt werden kann.
2. Das Trockengewicht des zu färbenden Garnes ermitteln und notieren. In Relation zum Gewicht 10% Alaun (Kalialaun) und 5% Weinstein abwiegen.
3. Die Wolle vor dem Färben mit einem milden Shampoo bei niedriger Temperatur waschen, um Schmutz (z. B. Maschinenöl aus der Spinnerei) und Fett zu entfernen.
4. In einen großen Topf 5 l Wasser / 100 g Wolle geben. Die Wolle muss vollständig mit Wasser bedeckt sein und leicht zu bewegen sein, ohne dass die Fäden durch Reibung verfilzen. Das Wasser auf ca. 30 °C erwärmen.
5. Die feuchten Stränge an den Schlaufen an einen Stock hängen, dann ins warme Wasser absenken, den Stock quer über den Topf ablegen. Das Wasser langsam auf 40 °C erwärmen.

6. Das Beizmittel in einem Becher mit ein wenig kochendem Wasser auflösen.
Die Stränge kurz aus dem Topf herausheben und die Beizmittellösung ins heiße Wasser gießen, gut umrühren. Die Stränge wieder absenken.
7. Die Temperatur ganz langsam auf 80 bis 90 °C erhöhen, aber nicht kochen. Die Wolle für eine Stunde bei konstanten 80 bis 90 °C beizen. Die Stränge zwischendurch sanft bewegen.
8. Vom Herd nehmen, einen Deckel auflegen und die Stränge über Nacht im Beizbad abkühlen lassen.
9. Die abgekühlten Stränge aus dem Topf heben und vor dem Färben mehrmals gründlich auswaschen, sonst binden sich die Farbmoleküle an die gelöste Beize im Topf und nicht an die Wolle.
10. Die Wolle komplett trocknen lassen und an einem trockenen, dunklen Ort für später aufbewahren oder noch feucht mit dem Färben fortfahren.

REZEPT I
MUSTERFARBE 1 (MF1), 1. FARBZUG DER KRAPPWURZEL (ROT)

Mischungsverhältnis 1:1 (100 g Krappwurzeln auf 100 g Wolle)

1. Die Krappwurzelstückchen in einen Topf geben und Wasser hinzufügen (3 l / 100 g Krapp). Mindestens eine Nacht lang einweichen lassen.
2. Die feuchten gebeizten Garne in das Krappwasser geben. Die Fasern, die direkt mit den Feststoffen in Berührung kommen, erhalten eine intensivere Färbung, darum müssen Wolle und Krappwurzel immer wieder etwas bewegt werden, denn das Ziel ist eine gleichmäßige Färbung.
3. Die Temperatur langsam auf 50–60 °C erhöhen und für 3 Stunden beibehalten, dann den Topf vom Herd ziehen.
4. Die Wolle über Nacht im Topf liegen lassen.
5. Die Stränge aus dem Topf heben.
6. Alle Krappwurzelstücke aus den Strängen pflücken und zurück in den Topf geben.
7. Die gefärbten Stränge in lauwarmem Wasser ausspülen. Dem letzten Spülgang ein wenig Essig beigeben. Die Stränge flach liegend auf einem Wäscheständer trocknen lassen.

REZEPT II
MUSTERFARBE 2 (MF2), 2. FARBZUG DER KRAPPWURZEL (ORANGE)

Mischungsverhältnis 1:1 (100 g einmal benutzte Krappwurzel auf 100 g Wolle). Das Färbebad nach Rezept I verwenden.

1. Das abgekühlte Färbebad im gleichen Topf noch einmal benutzen, jedoch die Flüssigkeitsmenge überprüfen. Bei Bedarf Wasser auffüllen.
2. Die feuchten gebeizten Garne in das Krappwasser geben. Die Fasern, die direkt mit den Feststoffen in Berührung kommen, erhalten eine intensivere Färbung, darum müssen Wolle und Krappwurzel immer wieder etwas bewegt werden, denn das Ziel ist eine gleichmäßige Färbung.
3. Die Temperatur langsam auf 45–55 °C erhöhen und für 3 Stunden beibehalten, dann den Topf vom Herd ziehen.
4. Die Wolle über Nacht im Topf liegen lassen.
5. Die Stränge aus dem Topf heben.
6. Alle Krappwurzelstücke aus den Strängen pflücken und zurück in den Topf geben.
7. Die gefärbten Stränge in lauwarmem Wasser ausspülen. Dem letzten Spülgang ein wenig Essig beigeben. Die Stränge flach liegend auf einem Wäscheständer trocknen lassen.

REZEPT III
MUSTERFARBE 3 (MF3), 3. FARBZUG DER KRAPPWURZEL (HELLES ORANGE)

Mischungsverhältnis 1:1 (100 g zweimal benutzte Krappwurzel auf 100 g Wolle). Das Färbebad nach Rezept II verwenden.

1. Das abgekühlte Färbebad im gleichen Topf ein drittes Mal benutzen, jedoch die Flüssigkeitsmenge überprüfen. Bei Bedarf Wasser auffüllen.
2. Die feuchten gebeizten Garne in das Krappwasser geben. Die Fasern, die direkt mit den Feststoffen in Berührung kommen, erhalten eine intensivere Färbung, darum müssen Wolle und Krappwurzel immer wieder etwas bewegt werden, denn das Ziel ist eine gleichmäßige Färbung.
3. Die Temperatur langsam auf 45–55 °C erhöhen und für 3 Stunden beibehalten, dann den Topf vom Herd ziehen.
4. Die Wolle über Nacht im Topf liegen lassen.
5. Die Stränge aus dem Topf heben.
6. Alle Krappwurzelstücke aus den Strängen pflücken.
7. Die gefärbten Stränge in lauwarmem Wasser ausspülen. Dem letzten Spülgang ein wenig Essig beigeben. Die Stränge flach liegend auf einem Wäscheständer trocknen lassen.

Hinweis! *Die Unterfarben ergeben naturgemäß immer etwas schwächere Farbnuancen als die Hauptfarbe. Da von MF2 nicht genauso viel gebraucht wird wie von MF1, kann problemlos eine kleinere Menge Wolle gefärbt werden. Man erhält für den Pullover auf jeden Fall Farbschattierungen, die wunderbar ineinander übergehen. Beim Färben mit der Krappwurzel erhält man bei niedrigen Temperaturen satte rote und orange Farbtöne. Bei höherer Färbetemperatur schlägt der Farbton in bräunliches rot um.*

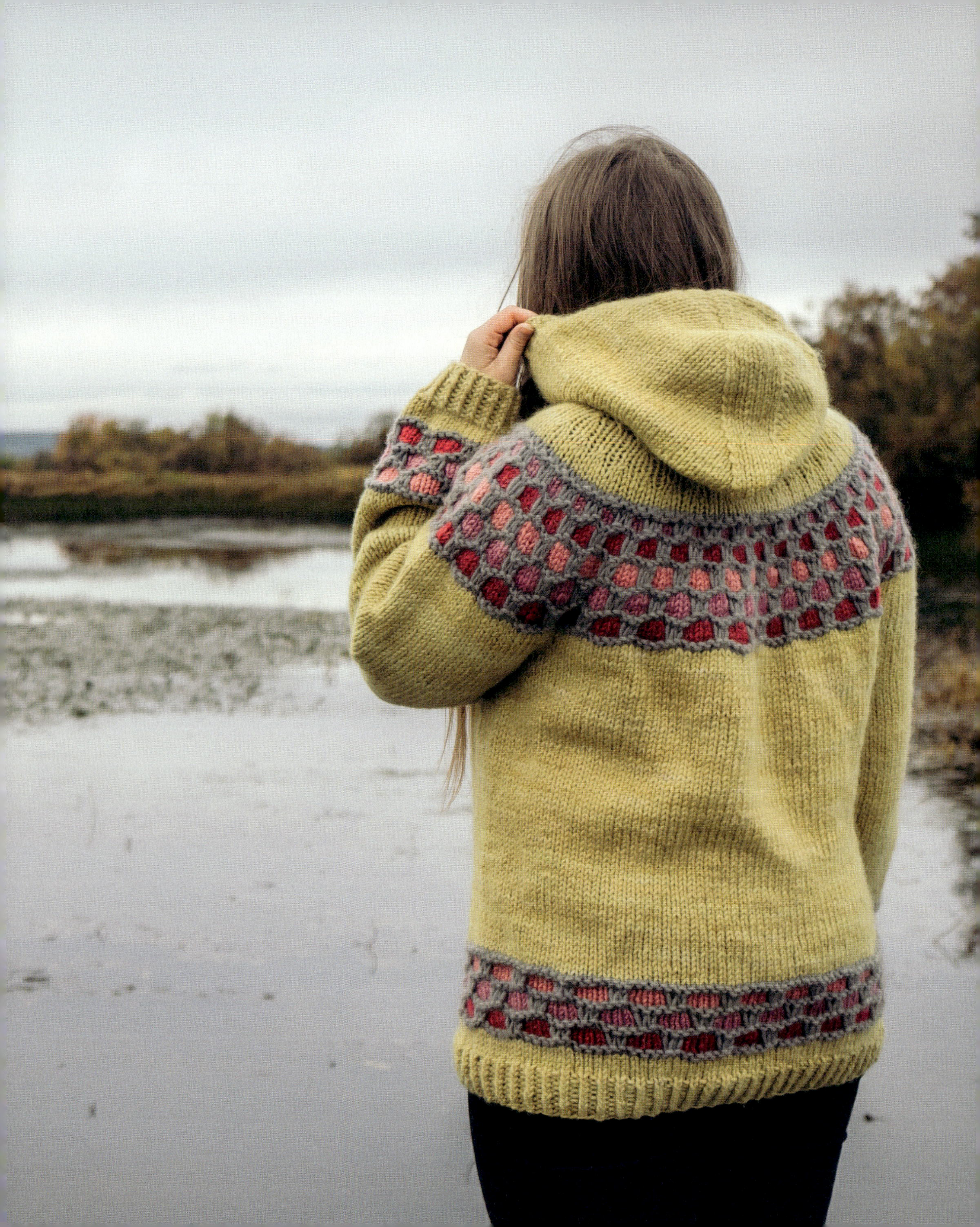

Keltainen kukkula

«

Keltainen Kukkula bedeutet gelber Hügel. Die Machart dieses Pullovers basiert auf traditioneller isländischer Strickart, das Passenmuster ist finnischen Ursprungs. Es geht zurück ins 19. Jahrhundert und war in ganz Finnland verbreitet, insbesondere für Fäustlinge und Socken. Zum Schutz vor Wind und Kälte hat dieser Pullover auch eine Kapuze.

DESIGNERIN: ANNA-KAROLIINA TETRI

Keltainen kukkula

UNSER MODEL TRÄGT GRÖSSE L.

Größen: S (M, L, XL)
Empfohlene Bequemlichkeitszugabe: 6 cm

Maße der fertigen Arbeit:
Brustumfang: 92,5 (101,5, 111, 120) cm
Rumpflänge (Achsel bis Bündchen):
43 (43, 43, 43) cm
Gesamtlänge (Schulter bis Bündchen):
64,5 (65,5, 66,5, 67,5) cm
Ärmelumfang Oberarm: 37 (38,5, 43, 44,5) cm
Umfang Ärmelbündchen: 24,5 (24,5, 29, 29) cm
Innere Ärmellänge (Achsel bis Bündchen):
48 (48, 48, 48) cm

Garn: Vuonue Unelma (100 % finnische Lammwolle; 110 m / 100 g) oder ein anderes Garn mit entsprechender Lauflänge
GF: Gelb, Färber-Wau *(Rezept I)*, 6 (7, 7, 8) Stränge oder 645 (690, 750, 795) m
MF1: Grau, Gallapfel *(Rezept II)*, 2 (2, 2, 2) Stränge oder 170 (180, 195, 205) m
MF2: Karminrot, Cochenille *(Rezept III)*, 1 (1, 1, 1) Strang oder 45 (50, 50, 55) m
MF3: Rotviolett, Cochenille *(Rezept IV)*, 1 (1, 1, 1) Strang oder 40 (45, 45, 50) m
MF4: Orange, Cochenille *(Rezept V)*, 1 (1, 1, 1) Strang oder 35 (35, 40, 40) m

Nadeln: Rundstricknadeln Nr. 4,5 und 6, 40 und 80 cm lang, Nadelspiele Nr. 4,5 und 6

Sonstiges: Maschenmarkierer (davon 1 besonderer für den Rundenanfang), Sicherheitsnadel, Stopfnadel

Maschenprobe: 13 M x 18 Rd = 10 cm x 10 cm glatt rechts mit Nadeln Nr. 6 und 13 M x 24 Rd = 10 cm x 10 cm im Muster mit Nadeln Nr. 6, leicht gespannt.

Achtung! *Die Maschenprobe auch in Bezug auf das Muster überprüfen und falls notwendig die Nadelstärke wechseln.*

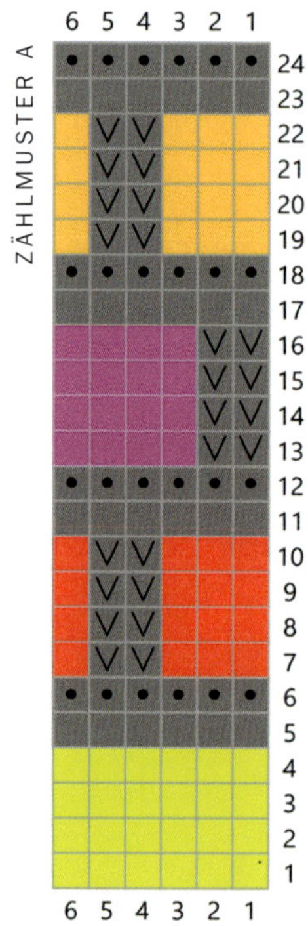

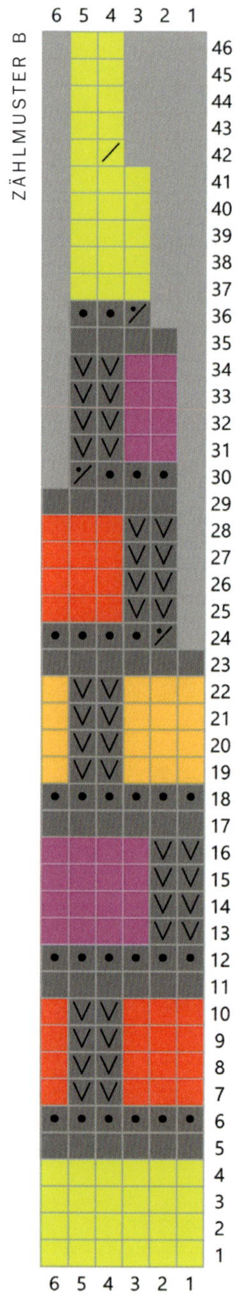

- GF
- MF1
- MF2
- MF3
- MF4
- keine Masche
- re M
- li M
- Masche abheben
- 2 re zus-str
- 2 li zus-str

RUMPF

114 (126, 138, 148) M in der GF mit Nadel Nr. 4,5 anschlagen. Zur Runde schließen, MM als Rundenanfang setzen und 5 cm im 1/1-Rippenmuster (1 M re, 1 M li im Wechsel) str. In der letzten Rd des Bündchens in regelmäßigen Abständen 6 (6, 6, 8) M zunehmen. Auf der Nadel liegen jetzt 120 (132, 144, 156) M.
Zu Nadel Nr. 6 wechseln. Mit der 1. R des unteren Rumpfmusters gemäß Zählmuster A beginnen. Alle 24 Rd des Zählmusters arbeiten, dann alle MF trennen. Mit der GF glatt re arbeiten, bis der Rumpf 43 (43, 43, 43) cm hoch ist.
In der letzten Rd die letzten 2 (3, 4, 5) abgestr M auf einen Hilfsfaden legen, MM setzen, die nächsten 2 (3, 4, 5) M auf den gleichen Hilfsfaden legen. Die Arbeit zur Seite legen und zunächst die Ärmel str.

ÄRMEL

32 (32, 38, 38) M in der GF mit Nadel Nr. 4,5 anschlagen. Zur Runde schließen, MM für den Rundenanfang setzen und 5 cm im 1/1-Rippenmuster (1 M re, 1 M li im Wechsel) str. In der letzten Rd des Bündchens in regelmäßigen Abständen 4 (4, 4, 4) M zunehmen. Auf der Nadel liegen jetzt 36 (36, 42, 42) M.
Zu Nadel Nr. 6 wechseln. Mit der 1. Rd von Zählmuster A beginnen; MM am Rundenanfang setzen und eventuell einen MM nach jedem Rapport. Zun-Rd: Nach der 1. M der Rd wird 1 M zun/re, vor der letzten M 1 M zun/li gearbeitet. Diese ersten beiden Zun gleich in der 2. Rd des Zählmusters arbeiten. Weitere Zun in jeder 10. (8., 8., 8.) Rd, insgesamt 6 (7, 7, 8)x = 48 (50, 56, 58) M.
Nach den 24 Rd von Zählmuster A alle MF trennen. Mit GF den Ärmel glatt rechts str, bis er eine Länge von 48 (48, 48, 48) M erreicht hat.
Achtung! Das Ärmelmuster geht aufgrund der Zunahmen nicht immer auf. Immer an der gleichen Stelle des Rapportes gemäß der MM beginnen.
GF trennen. Die 3 (3, 5, 5) M vor dem MM und die 2 (2, 4, 4) M nach dem MM auf einen Hilfsfaden legen, den MM dabei entfernen. Auf dem Hilfsfaden liegen insgesamt 5 (5, 9, 9) M für das Ärmelloch.
Den zweiten Ärmel ebenso arb.

PASSE

Mit GF werden Rumpf und Ärmel nun auf der langen Rundstricknadel Nr. 6 vereint. Direkt an die Rumpfmaschen die 43 (45, 47, 49) M vom ersten Ärmel str, MM setzen (re hinten). 56 (60, 64, 68) M des Rückenteils str. Die nächsten 4 (6, 8, 10) M für das Ärmelloch auf einen Hilfsfaden legen, MM setzen (links hinten). Die 43 (45, 47, 49) M des zweiten Ärmel str, MM setzen (links vorne). 56 (60, 64, 68) M re für das Vorderteil, MM setzen (Rundenanfang). Auf der Nadel liegen jetzt 198 (210, 222, 234) M.
Das Passenmuster gemäß Zählmuster B str. Die Abnahmen an den dort angegebenen Stellen arb. Wenn Zählmuster B beendet ist, liegen noch 66 (70, 74, 78) M auf der Nadel. Zur kürzeren Rundstricknadel wechseln, wenn die M weniger werden. Nach dem Passenmuster alle MF trennen. Mit der GF noch 3 (5, 7, 9) Rd glatt re str.

HALSAUSSCHNITT UND KAPUZE

1 Rd re M str, dabei gleichmäßig verteilt 10 M abn (je 2 M im Bereich der Ärmel und je 3 M von Vorder- und Rückenteil) = 56 (60, 64, 68) M.
MM in die Mitte des Vorderteils setzen und re M bis dorthin str.
Jetzt beginnt die Kapuze. Zu Rundstricknadel Nr. 4,5 wechseln. 3 cm im 1/1-Rippenmuster (1 M re, 1 M li im Wechsel) arb. Zu Nadel Nr. 6 wechseln. 1 Rd glatt re str. Aus den 3 zuletzt gestr M (vom Ende der Rd) 3 M re herausstr und an den Anfang der Rd heben (die Überlappung der Kapuzenöffnung). Die M-Anzahl für die Kapuze beträgt 59 (63, 67, 71) M. Mit einer Sicherheitsnadel die M in der hinteren Mitte (30. (32., 34., 36.) M) markieren.
Die Kapuze wird komplett glatt re in Reihen gearbeitet, die Rand-M wird immer re gestr, sowohl in der Hin-R als auch in der Rück-R.
Die Zu- und Abnahmen am Hinterkopf werden auf beiden Seiten der Mittel-M gearbeitet. In der 1. R (Hin-R) mit den Zun beginnen. *Bis vor die Mittel-M str, 1 M zun/re, die Mittel-M re str, 1 M zun/li, bis zum Ende der R str.* In den Hin-R von * bis * noch 5x wdh. Auf der Nadel liegen jetzt 71 (75, 79, 83) M.
Glatt re weiterstr, bis die Kapuze 22 cm hoch ist. Jetzt wird mit den Abn begonnen. Die Abn werden in Hin-R auf beiden Seiten der Mittel-M gearb. Bis 4 M vor der Mittel-M str, 2 M re zus-str, 5 M re, 2 M re ab/zus-str, bis zum Ende der R str. Alle Rück-R li M str.* Von * bis * noch 15x wdh. Auf der Nadel liegen jetzt 39 (43, 47, 51) M.
Die Kapuzen-M in zwei Teile teilen. Die Innenseite der Kapuze nach außen wenden, sodass die rechten Seiten aufeinanderliegen. Die letzte gearbeitete M liegt auf der hinteren Nd. Abketten mit 3 Nadeln oder die M im M-Stich zusammennähen. Weil die M-Anzahl ungerade ist, werden die letzten beiden M zusammen abgekettet.

Die Farben für den Pullover »Keltainen kukkula« stammen allesamt aus der Natur. Färber-Wau, Gallapfel und Cochenille sind bewährte Färbemittel, die seit hunderten von Jahren verwendet werden, weil sie sich als farbecht beim Waschen und als lichtbeständig erwiesen haben.

Mit Nadel Nr. 4,5 aus den Rand-M der Kapuze 68 M herausstr. Ca. 2 cm im 1/1-Rippenmuster (1 M re, 1 M li im Wechsel) arb. Alle M abketten.

FERTIGSTELLUNG

Die Ärmellöcher im Maschenstich schließen. Alle Fadenenden vernähen. Den Pullover befeuchten, in Form ziehen und liegend trocken lassen.

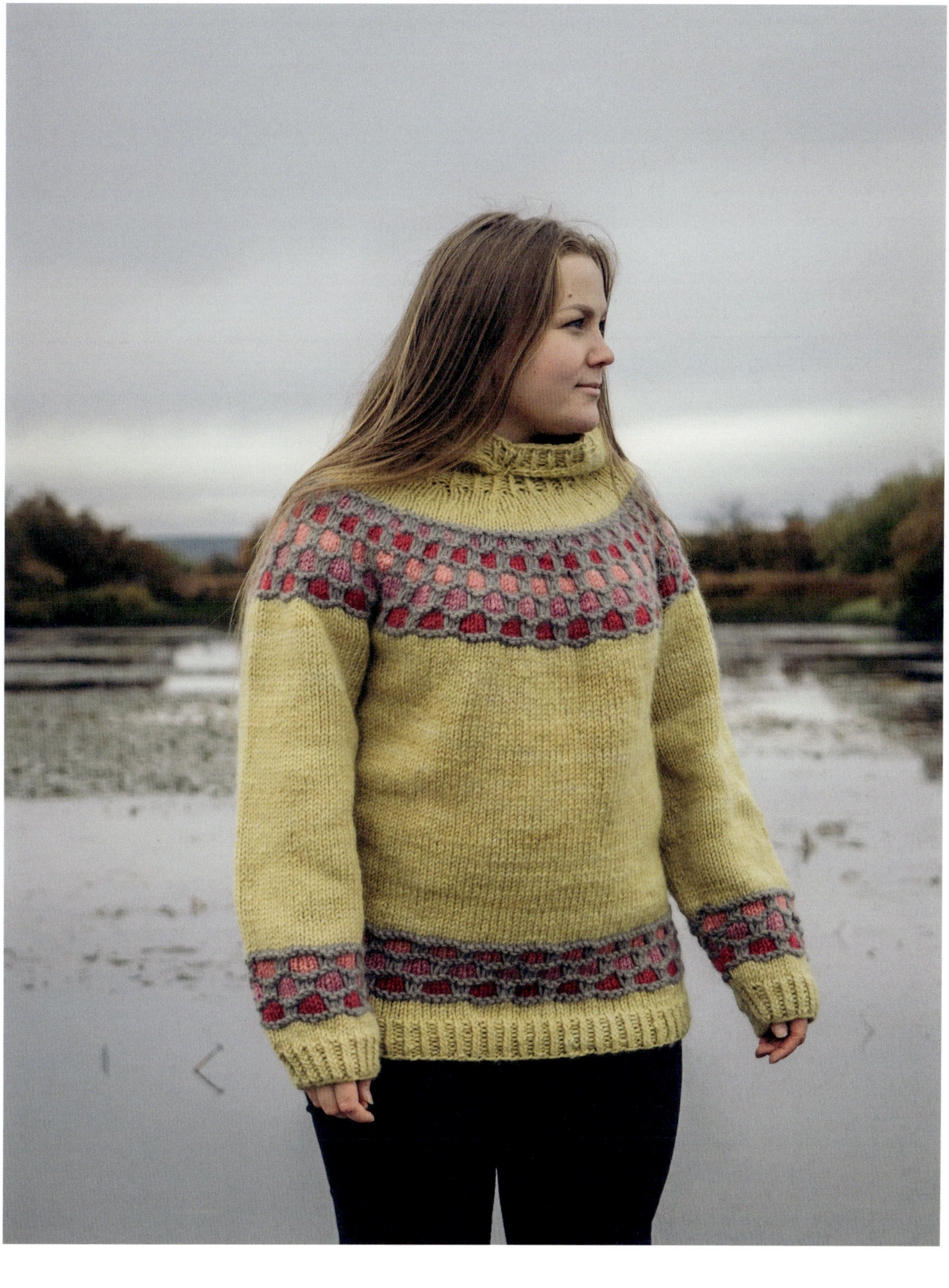

REZEPT I
GRUNDFARBE (GF), GELB, FÄRBER-WAU *(RESEDA LUTEOLA)*

Mischungsverhältnis 1:2 (50 g Färber-Wau auf 100 g Wolle, Hilfsmittel Soda)

1. Den Färber-Wau in einen Topf geben und 3 l Wasser auf 100 g Wolle zufügen. Über Nacht einweichen lassen.
2. Die Mischung 30 Minuten köcheln lassen. 1 EL Soda zufügen, um die Farbe zu lösen.
3. Den Farbsud weitere 2 Stunden köcheln lassen.
4. Den Farbsud durch ein Sieb abseihen.
5. Den Farbsud mit Wasser auf 5 l / 100 g Wolle auffüllen und auf 30 °C erwärmen.
6. Die feuchte gebeizte Wolle in das Farbbad tauchen.
7. Die Temperatur langsam auf 80–90 °C erhöhen und 2 Stunden beibehalten. Den Topf vom Herd ziehen und die Stränge über Nacht im Farbbad liegen lassen.
8. Die Stränge aus dem Topf heben und mehrmals ausspülen, bis das Wasser klar bleibt.
9. Das restliche Farbbad aufbewahren. Wenn Färber-Wau zum Färben für mehrere Partien benutzt wird (weil der Topf für die Gesamtwollmenge zu klein ist), alle Farbflotten aufbewahren und zum späteren Färben weiterer Musterfarben verwenden.

REZEPT II
MUSTERFARBE 1 (MF1), GRAU, GALLAPFEL

Mischungsverhältnis 1:5 (20 g Gallapfel auf 100 g Wolle, für die Nachbeize 5% Eisensulfat (5 g auf 100 g Wolle)

1. Gallapfelpulver in einen Topf geben und 3 l Wasser auf 20 g zufügen. 1 Stunde kochen.
2. Den Farbsud durch ein Sieb abseihen.
3. Den Farbsud mit Wasser auf 5 l / 100 g Wolle auffüllen und auf 30 °C erwärmen.
4. Die feuchte gebeizte Wolle in das Farbbad tauchen. (Zu Beginn sehen die Farbflotte und die Stränge sehr nichtssagend aus, was kein Anlass zur Sorge ist.)
5. Die Temperatur langsam auf 80–90 °C erhöhen und 1 Stunde beibehalten.
6. Die Stränge kurz herausheben. Zum Nachbeizen 5% Eisensulfat (5 g / 100 g Wolle) ins Farbbad geben und gründlich umrühren. Die Stränge wieder in den Topf tauchen und weitere 15 Minuten färben.
7. Die Stränge aus dem Topf zum Abkühlen in einen Eimer heben. Die abgekühlten Stränge mehrmals ausspülen.

REZEPT III
MUSTERFARBE 2 (MF2), KARMINROT, COCHENILLE

Mischungsverhältnis 1:14 (7 g Cochenillepulver auf 100 g Wolle)

1. Cochenillepulver in einen Topf geben und 3 l Wasser auf 7 g zufügen. 1 Stunde kochen.
2. Den Farbsud mit Hilfe eines Passiertuchs abseihen.
3. Den Farbsud mit Wasser auf 5 l / 100 g Wolle auffüllen und auf 30 °C erwärmen.
4. Die feuchte gebeizte Wolle in das Farbbad tauchen.
5. Die Temperatur langsam auf 80–90 °C erhöhen und 1 Stunde beibehalten. Den Topf vom Herd ziehen.
6. Die Stränge im Farbbad abkühlen lassen, herausnehmen und mehrmals ausspülen.
7. Den verbliebenen Cochenillesud halbieren. Zum Nachfärben die beiden folgenden Rezepte anwenden.

REZEPT IV
MUSTERFARBE 3 (MF3), ROTVIOLETT, COCHENILLE

Hälfte der Cochenilleflotte, für das Nuancieren 5% Eisensulfat (5 g auf 100 g Wolle)

1. Die Hälfte der Cochenilleflotte mit Wasser auf 5 l / 100 g Wolle auffüllen und auf 30 °C erwärmen. Die feuchte gebeizte Wolle in den Farbsud tauchen.
2. Die Temperatur langsam auf 80–90 °C erhöhen und 1 Stunde beibehalten.
3. Die Stränge kurz herausheben. Zum Nuancieren Eisensulfat (5 g auf 100 g Wolle) ins Farbbad geben und gründlich umrühren. Die Stränge wieder eintauchen und weitere 15 Minuten färben. Den Topf vom Herd nehmen.
4. Die Stränge zum Abkühlen in einen Eimer heben. Die abgekühlten Stränge mehrmals ausspülen.

REZEPT V
MUSTERFARBE 4 (MF4), ROTORANGE, COCHENILLE

Hälfte der Cochenilleflotte und die verbliebene Färber-Wau-Flotte

1. Die zweite Hälfte der Cochenilleflotte mit der ganzen Färber-Wau-Flotte mischen, um eine neue Farbnuance zu erhalten.
2. Auf 5 l / 100 g Wolle auffüllen und auf 30 °C erwärmen. Die feuchte gebeizte Wolle in den Farbsud tauchen.
3. Die Temperatur auf 80–90 °C erhöhen und 1 Stunde beibehalten. Den Topf vom Herd ziehen und die Stränge über Nacht im Topf abkühlen lassen.
4. Die abgekühlten Stränge mehrmals ausspülen.

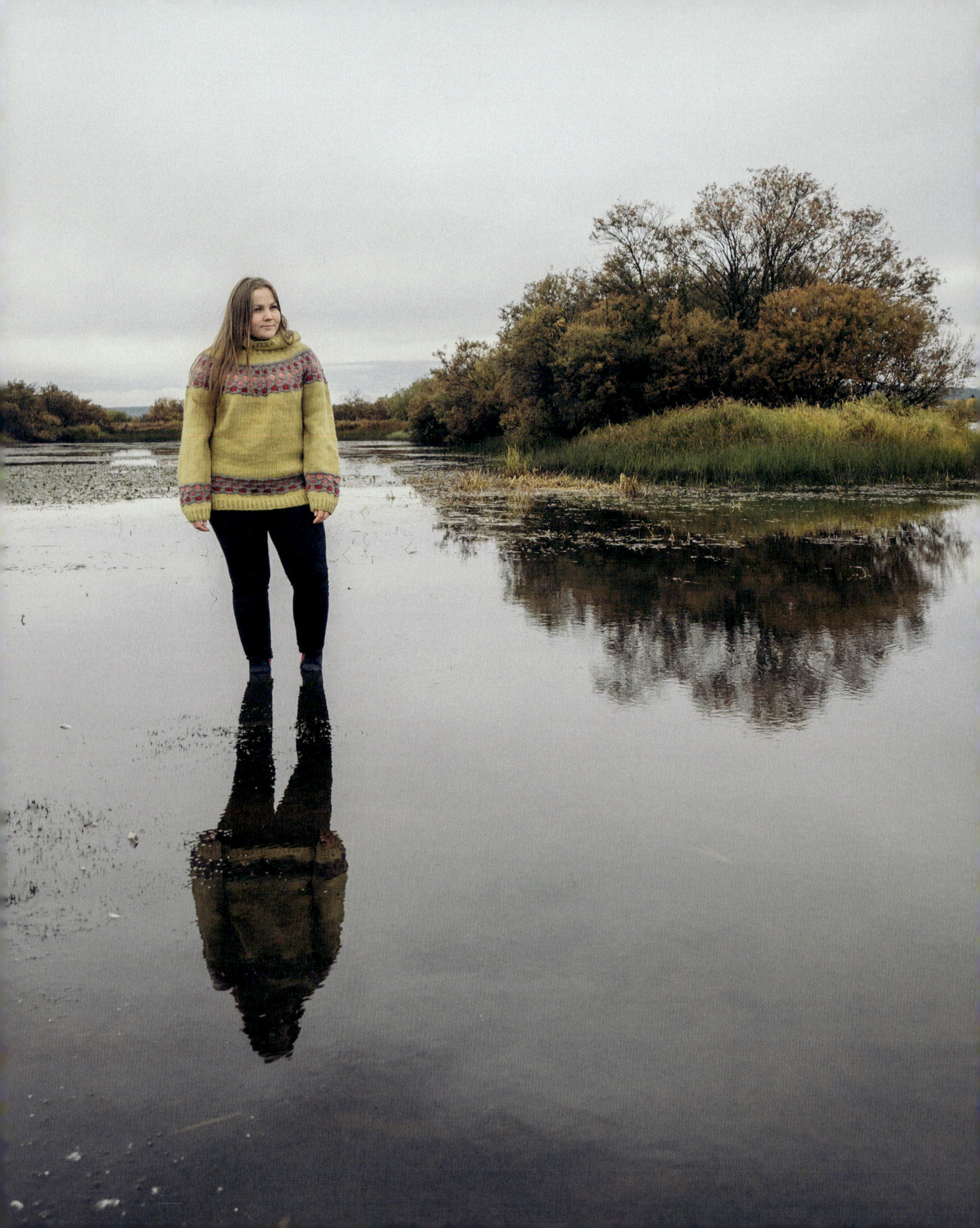

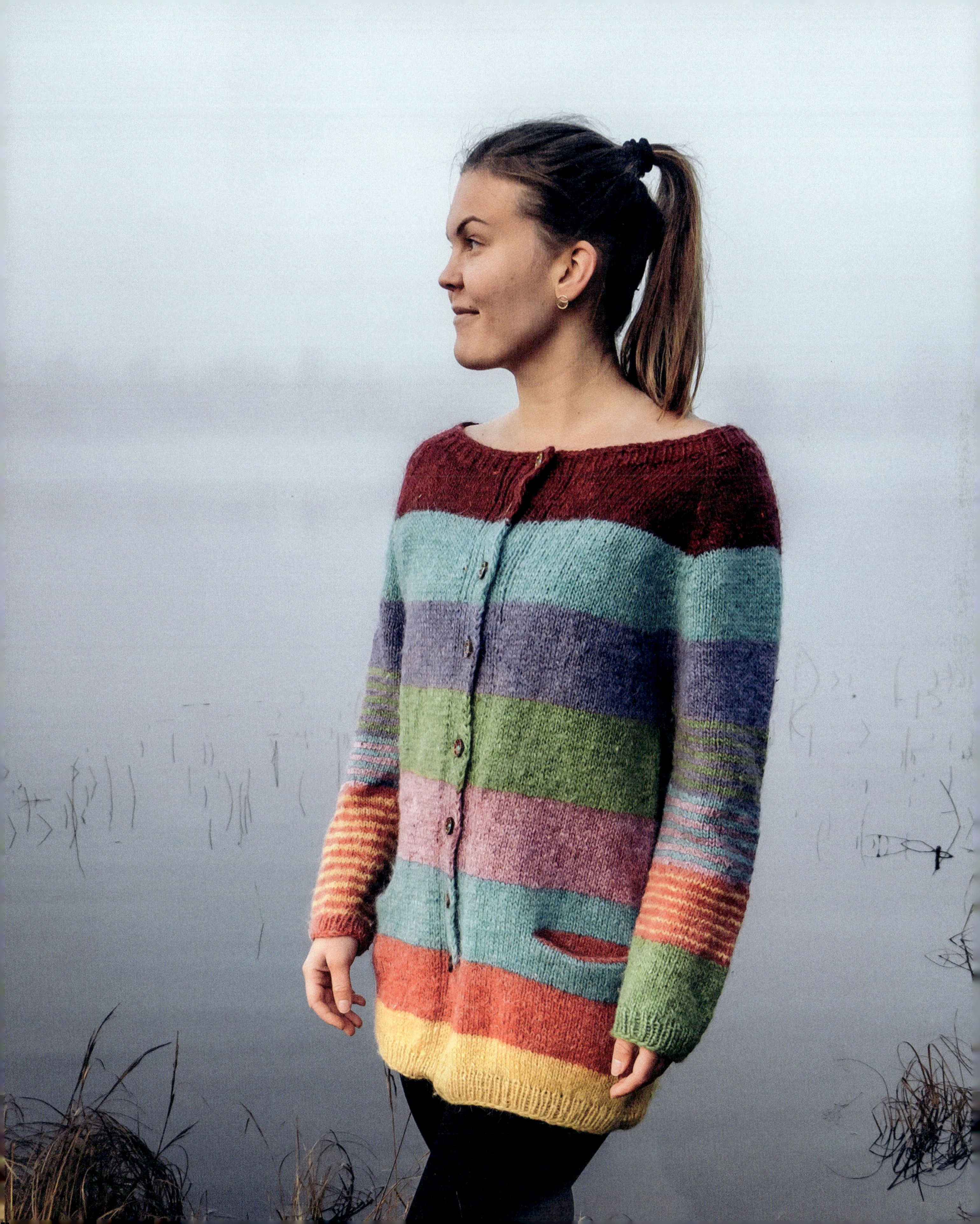

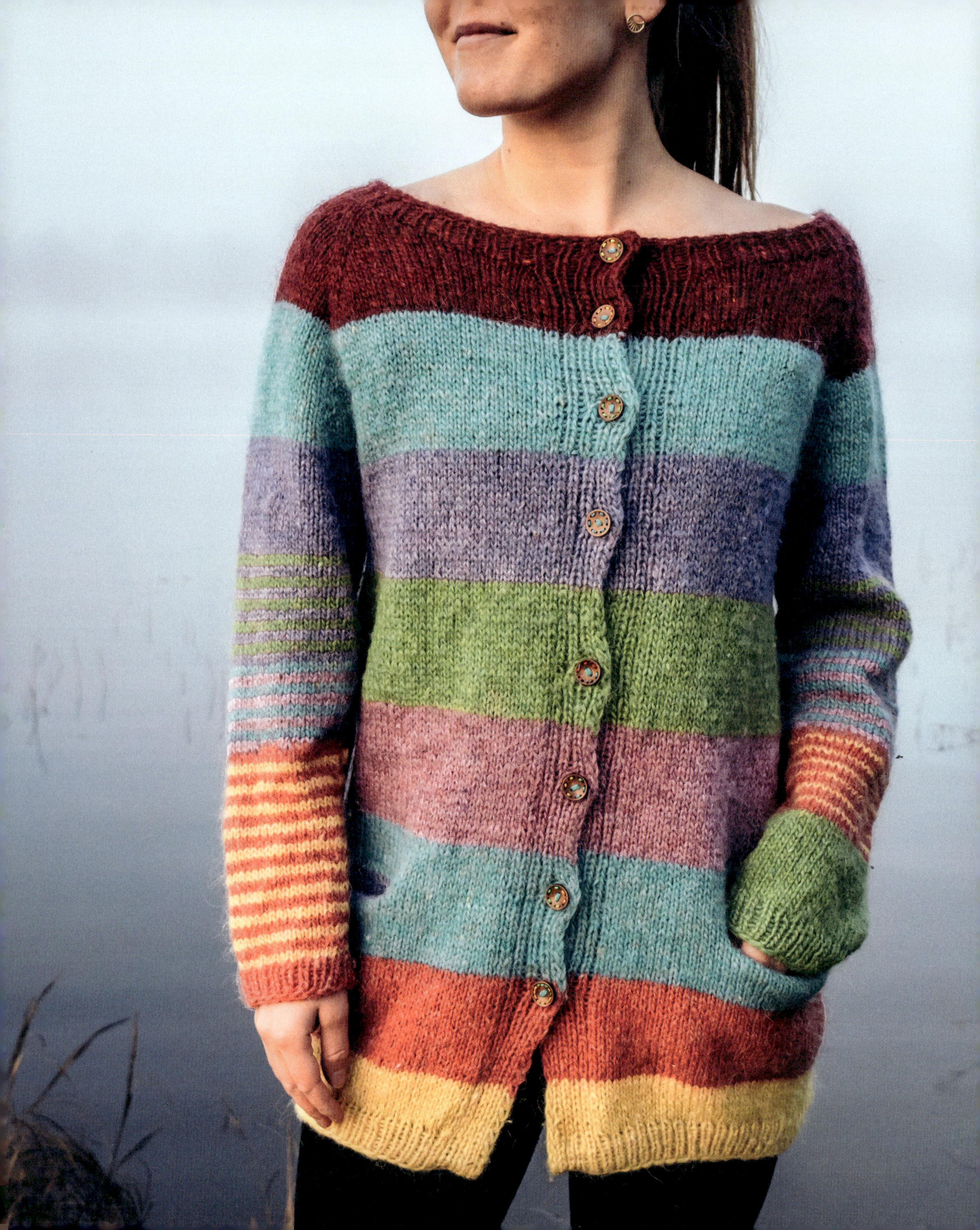

«

Lempi bedeutet Favorit und der Name ist hier Programm. Meine Lieblingswolljacke ist leicht und warm. Zum Stricken habe ich zusätzliches Garn von Lettlopi gekauft und damit Reste aus meinem Fundus ergänzt. Die Jacke wird in Reihen gearbeitet und ist auch für Strickanfänger gut geeignet. Das Komplizierteste sind die Knopfleiste, der Ausschnitt und das Bündchen. Wem die Streifen nicht abwechslungsreich genug sind, kann noch Muster einstricken – in diesem Buch gibt es genug Anregungen.

Lempi

DESIGNERIN: TIINA KAARELA (@PUIKKOMAISTERI)

Lempi

UNSER MODEL TRÄGT GRÖSSE L.

Größen: XS (S, M, L, XL, XXL)
Empfohlene Bequemlichkeitszugabe: 6 cm

Maße der fertigen Arbeit:
Brustumfang: 99 (104, 109, 114, 119, 124) cm
Rumpflänge (Achsel bis Bündchen):
54 (54, 54, 54, 54, 54) cm, oder nach Wunsch
Ärmelumfang Oberarm:
37,5 (39,5, 41,5, 43, 45, 47) cm
Umfang Ärmelbündchen:
24 (24, 25, 25, 26,5, 26,5) cm
Innere Ärmellänge (Achsel bis Bündchen):
42 (42, 43, 43, 44, 44) cm

Garn: Ístex Léttlopi (100 % Wolle, 100 m / 50 g) oder ein anderes Garn mit entsprechender Lauflänge 700–900 m je nach Größe, Länge, Farben; jeweilige Mengen nach Belieben

Nadeln: Rundstricknadeln Nr. 3,5 und 5, 80–100 cm lang
Nadelspiele Nr. 3,5 und 5, falls nicht mit Magic Loop gearbeitet wird

Sonstiges: Maschenmarkierer, Hilfsfaden oder Maschenhalter, Stopfnadel

Maschenprobe: 16 M x 26 Rd = 10 cm x 10 cm glatt rechts mit Nadeln Nr. 5, leicht gespannt

In dieser Anleitung werden keine bestimmten Farben genannt. Wähle sie frei nach Wunsch.

HALSAUSSCHNITT/PASSE

87 (93, 99, 105, 111, 117) M mit Nadel Nr. 3,5 anschlagen.

1. R (Hin-R): 1 M li abheben, 1 M li, re M str bis zu den letzten 2 M: 1 M li, 1 M re.

2. R (Rück-R): 1 M li abheben, 1 M re, li M str bis zu den letzten 2 M: 2 M re.

3. R: 1 M li abh, 1 M li, [1 M li, 1 M re] 4x (= Knopfleiste) str, MM setzen, 12 (13, 14, 15, 16, 17) M li (= linkes Vorderteil) str, MM setzen, 8 (9, 10, 11, 12, 13) M li (= linker Ärmel) str, MM setzen, 27 (29, 31, 33, 35, 37) M li (= Rückenteil) str, MM setzen, 8 (9, 10, 11, 12, 13) M li (= rechter Ärmel) str, MM setzen, 12 (13, 14, 15, 16, 17) M li (= rechtes Vorderteil) str, MM setzen, [1 M li, 1 M re] str bis zum Ende der R.

4. R: 1 M li abh, 1 M re, [1 M li, 1 M re] (die MM abheben, wenn sie erscheinen), bis zur letzten M: 1 M re str. Für das Bündchen über weitere 4 R die M str, wie sie erscheinen.
Jetzt das erste Knopfloch arbeiten.

KNOPFLOCH

1. Knopfloch-R (Hin-R): Bis zum letzten MM die M str, wie sie erscheinen, MM abh, [1 M li, 1 M re] 2x, 2 M re zus-str, 2 U, 2 M re zus-str, 1 M li, 1 M re.

2. Knopfloch-R (Rück-R): 1 M li abh, 1 M re, 1 M li, [1 M re, 1 M li verschr] in die Umschläge str, [1 M li, 1 M re] bis zum MM str, bis zum Ende der R die M str, wie sie erscheinen.
Die weiteren Knopflöcher im Abstand von 8 cm am Ende einer Hin-R arb.
Wird in der Nähe eines Farbwechsels ein Knopfloch gestrickt, auf jeden Fall in der Hin- und Rück-R die gleiche Farbe verwenden, damit das Knopfloch nicht zweifarbig wird. Das Halsbündchen für weitere 4 R fortsetzen (1. und 2. R der Passe wdh). Zu Nadel Nr. 5 wechseln. Jetzt wird der Nacken mit verkürzten R erhöht und gleichzeitig werden Raglanzunahmen gearbeitet.
Die Knopfleisten werden die ganze Zeit als Bündchen mitgestr. Die M str, wie sie erscheinen.

1. R (Hin-R): Knopfleiste str, MM abh, *re M str bis 1 M vor den nächsten MM: 1 M zun/re, 1 M re, MM abh, 1 M zun/li*, von * bis * noch 3x wdh, 4 M re, Arbeit wenden.
2. R (Rück-R): 1 DM, *li M str bis zum MM, MM abh*, von * bis * noch 3x wdh, 6 M li, Arbeit wenden.
3. R: 1 DM, *re M str bis 1 M vor den nächsten MM: 1 M zun/re, 1 M re, MM abh, 1 M zun/li*, von * bis * noch 3x wdh, re M bis zur DM str, diese zus re abstr, 3 M re, Arbeit wenden.
4. R: 1 DM, bis zur vorigen DM li M str, diese li abstr, 3 li, Arbeit wenden.
3. und 4. R noch 1x wdh.
7. R: 1 DM, *re M str bis 1 M vor den nächsten MM: 1 M zun/re, 1 M re, MM abh, 1 M zun/li*, von * bis * noch 3x wdh, re M bis zur DM str, diese zus re abstr, bis zum letzten MM re M str, Arbeit wenden.
8. R: 1 DM, bis zur vorigen DM li M str, diese zus li abstr, bis zum letzten MM li M str, Arbeit wenden.
9. R: 1 DM, *re M str bis 1 M vor den nächsten MM: 1 M zun/re, 1 M re, MM abh, 1 M zun/li*, von * bis * noch 3x wdh, re M bis zur DM str, diese zus re abstr, 3 M re, MM abh, die Knopfleiste bis zum Ende der R str.
10. R: Knopfleiste str, MM abh, li M bis zur DM str, diese zus li abstr, MM abh, die Knopfleiste bis zum Ende der R str.
Ab jetzt die Raglanzunahmen in jeder 2. R arbeiten:
1. R (Hin-R): Knopfleiste str, MM abh, *re M str bis 1 M vor den nächsten MM: 1 M zun/re, 1 M re, MM abh, 1 M zun/li*, von * bis * noch 3x wdh, re bis zum MM, MM abh, Knopfleiste str.
2. R (Rück-R): Knopfleiste str, MM abh, *li M bis zum MM, MM abh*, von * bis * noch 4x wdh, Knopfleiste str.

Die 1. und 2. R 16 (17, 17, 18, 19, 19)x wdh.
Die Maschenaufteilung ist nach den Raglan-Zun wie folgt: Je 10 M pro Knopfleiste, je 34 (36, 37, 39, 41, 42) M pro Vorderteil, je 52 (55, 56, 59, 62, 63) M pro Ärmel und 71 (75, 77, 81, 85, 87) M für das Rückenteil. Auf der Nadel liegen insgesamt 263 (277, 283, 297, 311, 317) M.
Ohne weitere Zun fortf. Die M str, wie sie erscheinen, bis die Passe ab Anschlag 21 (23, 25, 27, 29, 31) cm hoch ist.
Nächste R (Hin-R): Knopfleiste str, MM abh, re M bis zum nächsten MM str, MM entfernen, die nächsten 52 (55, 56, 59, 62, 63) Ärmel-M stilllegen, 4 (4, 5, 5, 5, 6) M anschlagen, MM setzen, 4 (4, 5, 5, 5, 6) M anschlagen, MM entfernen. Re M bis zum nächsten MM str, MM entfernen, die nächsten 52 (55, 56, 59, 62, 63) Ärmel-M stilllegen, 4 (4, 5, 5, 5, 6) M anschlagen, MM setzen, 4 (4, 5, 5, 5, 6) M anschlagen, MM entfernen, re M bis zum nächsten MM str, MM abh, Knopfleiste str. Auf der Nadel liegen jetzt 175 (183, 191, 199, 207, 215) Rumpf-M.

RUMPF

Weitere 6 R str: Die Rumpf-M glatt rechts str, die Knopfleisten wie gehabt. *Anschließend Zun an den Seiten arb:*
Zun-R: Knopfleiste str, MM abh, *re M str bis 1 M vor den nächsten MM: 1 M zun/re, 1 M re, MM abh, 1 M zun/li*, von * bis * noch 1x wdh, re M bis zum MM str, MM abh, Knopfleiste str.
7 R glatt re str, Knopfleiste arb wie gehabt.
Die Zun-R in jeder 8. R noch 7x str (oder bis die gewünschte Länge erreicht ist. Wenn eine sehr lange Jacke gearb wird, die Zun mindestens bis zur Hüfte fortsetzen).

Auf der Nadel liegen jetzt 207 (215, 223, 231, 239, 247) M.
Wenn der Rumpf ab Achsel 38 cm misst, wird die Öffnung der Taschen in der folgenden Hin-R wie folgt gekennzeichnet: Knopfleiste arb, MM abh, re M str, bis 28 (30, 31, 32, 34, 34) M zum nächsten MM übrig sind. Die folgenden 20 (20, 21, 22, 23, 23) M mit einem Garn in einer Kontrastfarbe abstr und den Faden abschneiden. Dann diese (bunten) M zurück auf die linke Nd heben und mit dem Arb-Faden erneut abstr. Bis zum nächsten MM re M str, MM abh. Die nächsten 8 (10, 10, 10, 11, 11) M str, für die zweite Taschenöffnung mit einem Garn in Kontrastfarbe 20 (20, 21, 22, 23, 23) M re abstr, diese M zurück auf die linke Nd heben und mit dem Arb-Faden darüber hinweg bis zum nächsten MM str, MM abh, Knopfleiste arb.
Wenn die Jacke die gewünschte Länge (ohne Bündchen) hat (mindestens 18 cm ab Taschenoberkante, damit die Taschenbeutel später nicht unter der Jacke hervorschauen), noch 10 R im 1/1-Rippenmuster (1 M re, 1 M li im Wechsel) str, dann locker abketten.

ÄRMEL

In der Mitte der angeschlagenen Achsel-M beginnen und aus ihnen 4 (4, 5, 5, 5, 6) M herausstr, die stillgelegten 52 (55, 56, 59, 62, 63) Ärmel-M re str und erneut 4 (4, 5, 5, 5, 6) M unter der Achsel herausstr, MM setzen. Auf der Nadel liegen jetzt 60 (63, 66, 69, 72, 75) M.
Glatt re in Rd str, bis der Ärmel ab Achsel eine Länge von 17 (17, 17, 17, 15, 15) cm erreicht hat. Dann mit den Abn beginnen.
Abn-Rd: 1 M re, 2 M re zus-str, re M str bis 3 M vor Rundenanfang: 2 M re ab/zus-str, 1 M re.
Die Abn-Rd in jeder 6. (6., 5., 5., 5., 5.) Rd arb.
So fortf, bis der Ärmel eine Länge von 38 (38, 39, 39, 40, 40) cm oder ein individuelles Maß erreicht hat. In der letzten Rd in regelmäßigen Abständen so viele M abn, dass 38 (38, 40, 40, 42, 42) M übrig sind.
10 Rd im 1/1-Rippenmuster (1 M re, 1 M li im Wechsel) mit Nadeln Nr. 3,5 str, dann locker abketten.

TASCHENBEUTEL

Den Hilfsfaden sehr behutsam herauszupfen, dazu bei Bedarf an einigen Stellen aufschneiden und die Teilstücke herauszupfen. Die nun freiliegenden M ober- und unterhalb auf vier Nadeln eines Nadelspiels Nr. 5 gleichmäßig verteilen. Mit dem Nadelspiel den Taschenbeutel in Runden str, bis er 16 cm lang ist. Den Boden des Taschenbeutels im M-Stich schließen oder mit 3 Nd abketten.

FERTIGSTELLUNG

Alle Fadenenden auf der Innenseite vernähen, Knöpfe annähen, die Jacke befeuchten oder mit Wollwaschmittel schonend waschen und liegend trocknen lassen.

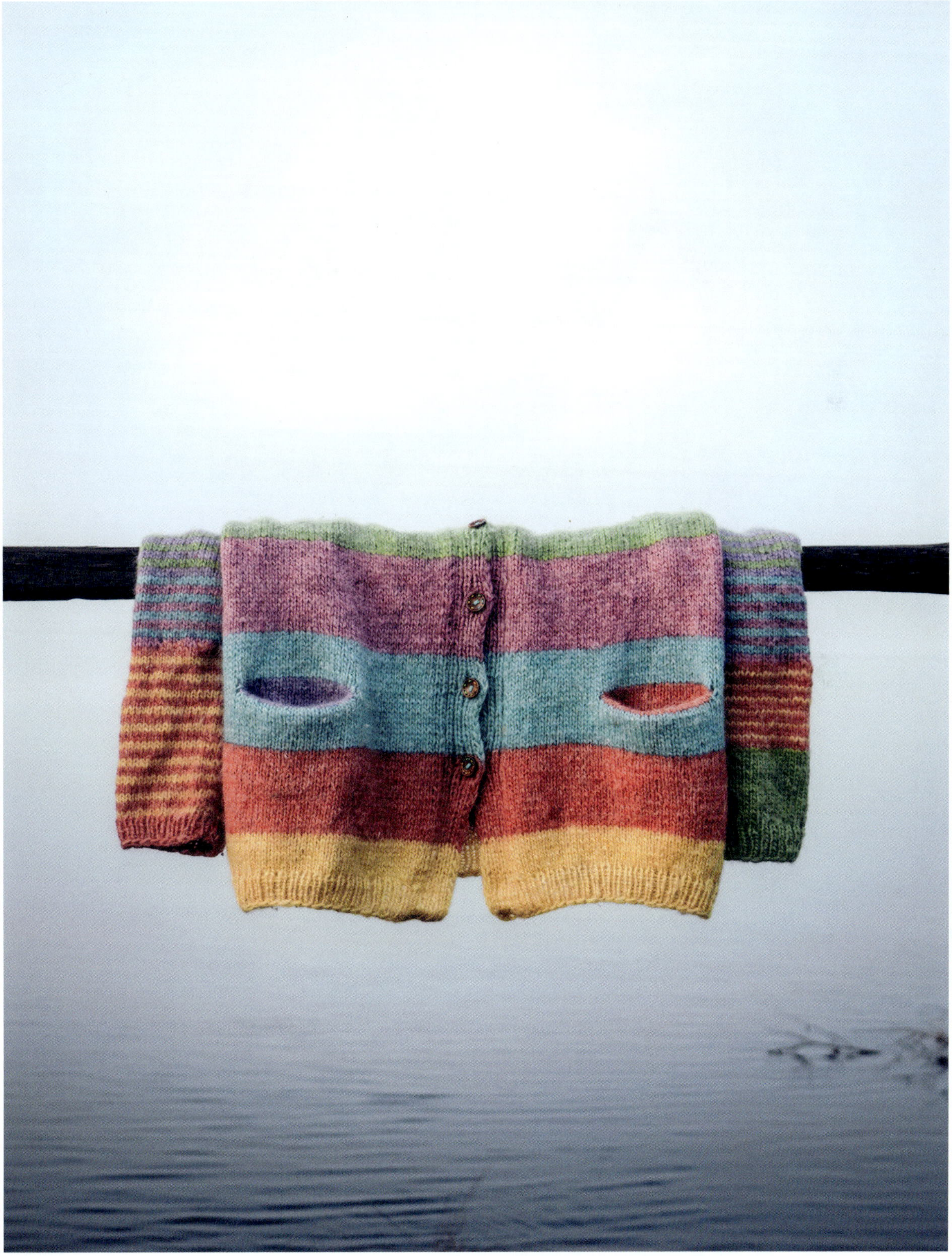

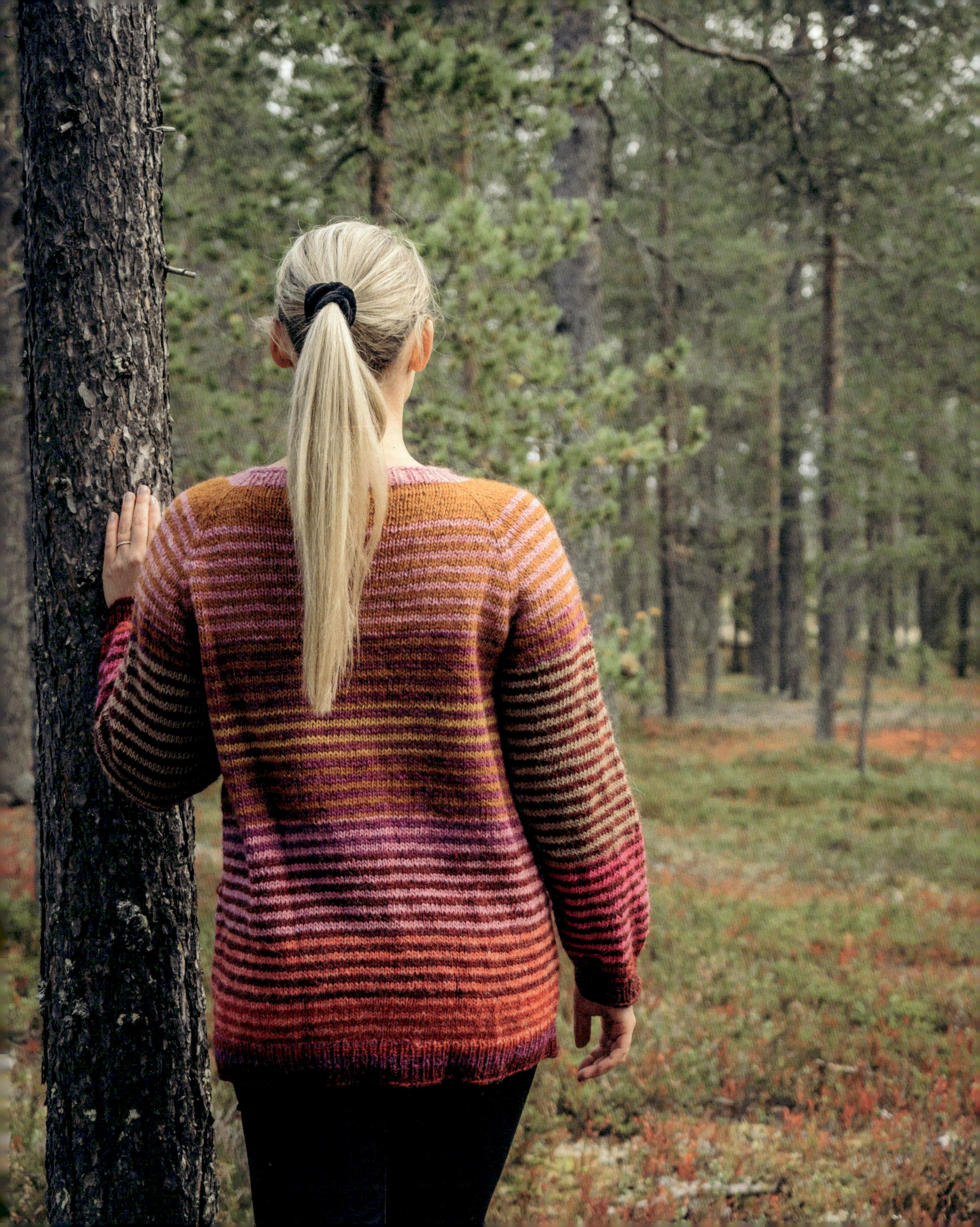

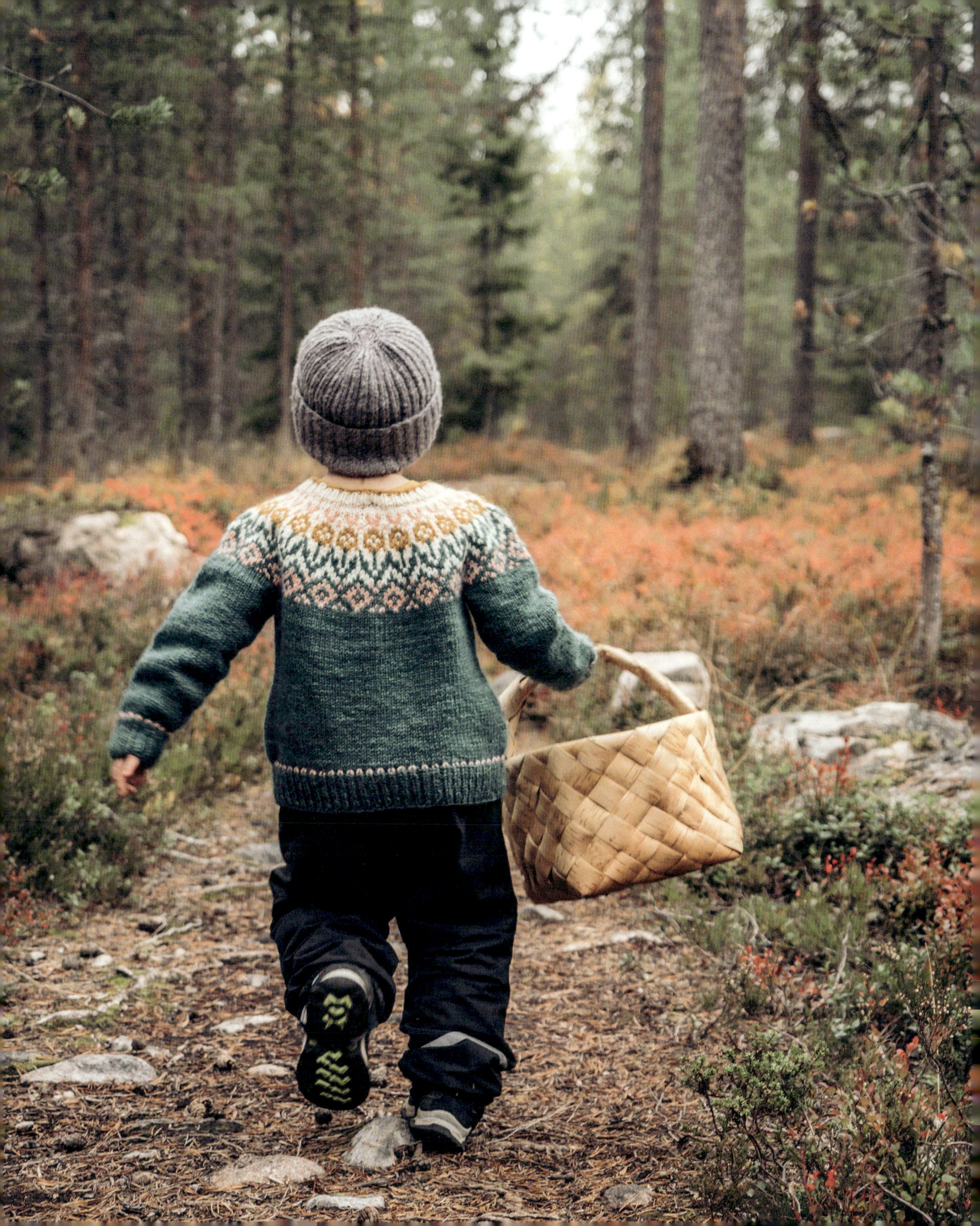

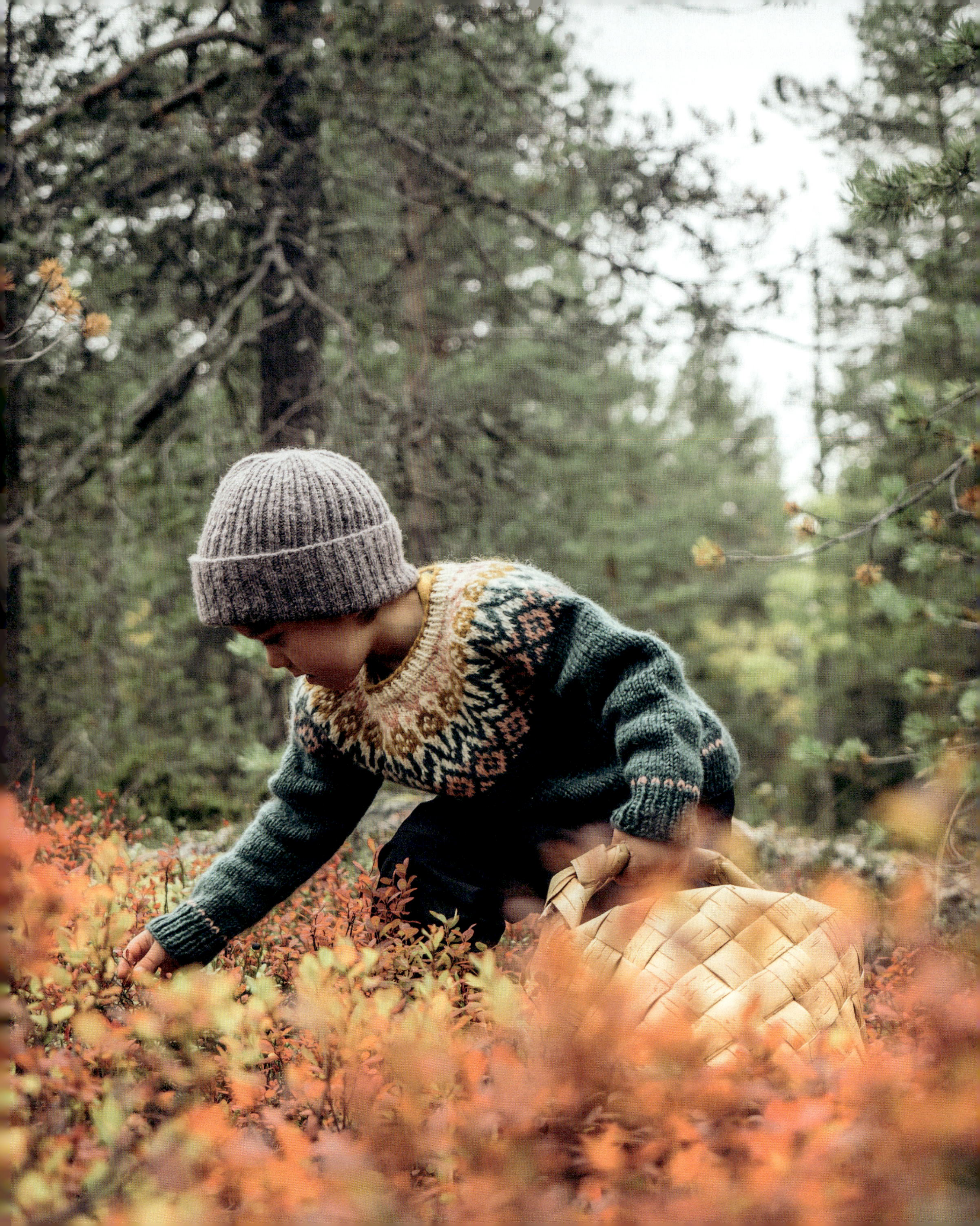

«

Dieses Modell wird aus weicher finnischer Schafwolle gestrickt, die sich wunderbar für Kinderkleidung eignet. Wenn Vorder- und Rückenteil identisch sind, ist es für Kinder leichter, den Pullover immer richtig herum anzuziehen, aber die Passform ist etwas besser, wenn der Nacken durch verkürzte Reihen erhöht wird. Der Pullover wird von oben nach unten gestrickt, sodass man, wenn das Kind rausgewachsen ist, die Lebensdauer des Pullovers verlängern kann: Dafür die Bündchen abtrennen, Rumpf und Ärmel verlängern und neue Bündchen anstricken.

Nuppunen

DESIGNERIN: MINTTU WIKBERG

Nuppunen

UNSER MODEL TRÄGT GRÖSSE 100 CM.

Größen: 100 (120, 140, 160) cm
Empfohlene Bequemlichkeitszugabe: 12 cm

Maße der fertigen Arbeit:
Brustumfang: 69 (75,5, 84,5, 93,5) cm
Rumpflänge (Achsel bis Bündchen):
25 (29, 33, 38) cm
Gesamtlänge (Schulter bis Bündchen):
40 (45, 51, 57) cm
Ärmelumfang Oberarm: 26,5 (28, 32, 34,5) cm
Umfang Ärmelbündchen: 18 (18, 20, 22) cm
Innere Ärmellänge (Achsel bis Bündchen):
30 (35, 42, 51) cm

Garn: Kaarama Tenho (100% Wolle; 100 m / 50 g) oder ein anderes Garn mit entsprechender Lauflänge
GF: Honka (Blaugrün) 4 (6, 7, 8) Stränge oder 330 (600, 700, 800) m
MF1: Luonnonvalkoinen (Naturweiß) 1 (1, 1, 2) Strang / Stränge oder 65 (80, 100, 125) m
MF2: Sarastus (Hellbraun/Rosé) 1 (1, 1, 1) Strang oder 35 (50, 65, 80) m
MF3: Olki (Senfgelb) 1 (1, 1, 1) Strang oder 10 (30, 40, 50) m

---

Nadeln: Rundstricknadeln Nr. 3,5 und 4, 80–100 cm lang. Bei Bedarf für den gemusterten Teil Rundstricknadeln Nr. 4,5
Nadelspiel Nr. 4,5

Sonstiges: Maschenmarkierer, Hilfsfaden oder Maschenhalter, Stopfnadel

---

Maschenprobe: 18 M x 25 Rd = 10 cm x 10 cm glatt rechts, leicht gespannt

---

Achtung! *Die Maschenprobe auch in Bezug auf das Muster überprüfen und falls notwendig die Nadelstärke wechseln.*

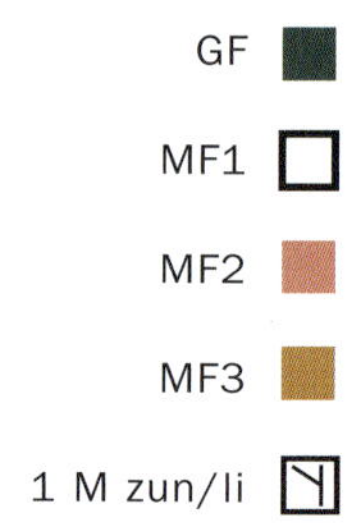

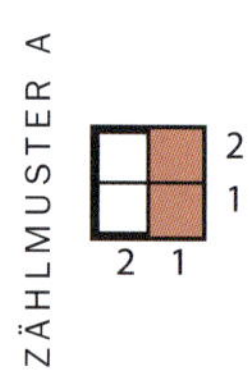

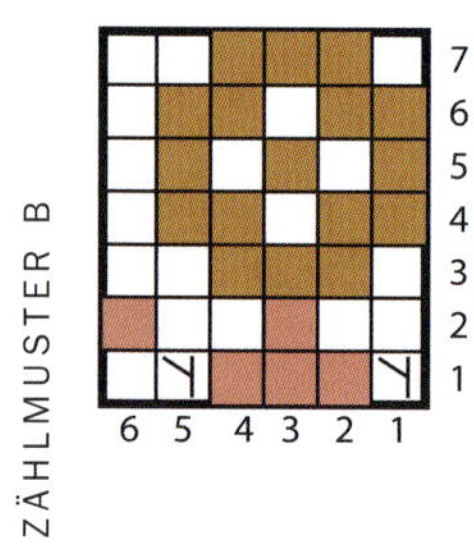

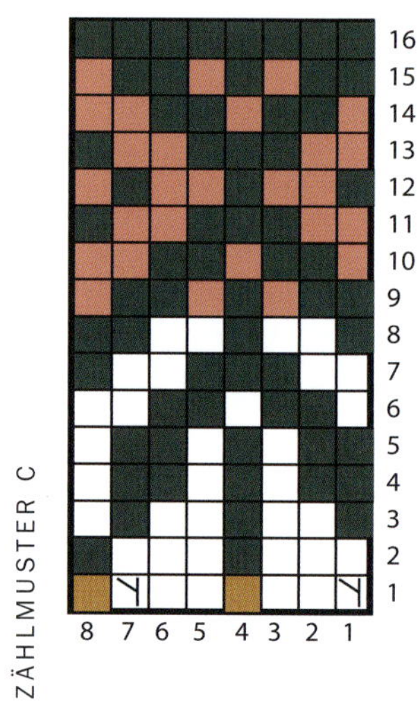

PASSE

Für den Halsausschnitt 78 (84, 86, 90) M in der MF3 mit Nadel Nr. 3,5 anschlagen und zur Rd schließen. Mit MF1 2,5 (2,5, 3, 3) cm im 1/1-Rippenmuster (1 M re, 1 M li im Wechsel) arb. MM setzen. Zu Nd Nr. 4 wechseln. *1 re mit MF2, 1 re mit MF1* str, von * bis * wdh bis MM.
Mit MF1 fortf.

Zun-Rd:

Größe 100 cm: MM abh, 1 M re, *5 M re, 1 M zun/li, 6 M re, 1 M zun/li*, von * bis * wdh bis MM. *[14 M zugen = 92 M]*

Größe 120 cm: MM abh, *[5 M re, 1 M zun/li] x3, 6 M re, 1 M zun/li*, von * bis * wdh bis MM. *[16 M zugen = 100 M]*

Größe 140 cm: MM abh, 1 M re, 1 M zun/li, *3 M re, 1 M zun/li, 4 M re, 1 M zun/li*, von * bis * wdh, bis noch 1 M übrig ist: 1 M re, 1 M zun/li. *[26 M zugen = 112 M]*

Größe 160 cm: MM abh, 5 M re, 1 M zun/li, *3 M re, 1 M zun/li, 2 M re, 1 M zun/li*, von * bis * wdh, bis noch 5 M übrig sind: 5 M re, 1 M zun/li. *[34 M zugen = 124 M]*

Wenn ein erhöhter Nacken gewünscht wird, kann er wie folgt mit verkürzten Reihen gearb werden:
Ab MM 27 (30, 33, 37) M re str, Arb wenden. 1 DM, li M bis MM str, Arb wenden. 1 DM, 42 (46, 50, 55) M re str (die DM als eine M abstr), Arb wenden. 1 DM, 57 (62, 67, 73) M li str, Arb wenden. 1 DM, 1 Rd re M bis MM. Jetzt gemäß Zählmuster A beginnen.
Wenn keine verkürzten Reihen gearb werden, stattdessen in GF glatt re 1 (2, 3, 4) Rd str, dann mit Zählmuster A beginnen.

Zählmuster B arb, dabei in der 1. Rd zunehmen wie dort eingezeichnet. Dabei werden 46 (50, 56, 62) M zugen (= 138 (150, 168, 186) M).
Der Rapport von Zählmuster B wiederholt sich 23 (25, 28, 31)x pro Rd.
Zählmuster C arb, dabei in der 1. Rd zunehmen wie dort eingezeichnet. Dabei werden 46 (50, 56, 62) M zugen (= 184 (200, 224, 248) M).
Der Rapport von Zählmuster C wiederholt sich 23 (25, 28, 31)x pro Rd.
Nach Zählmuster C alle MF trennen und mit der GF glatt re über alle 184 (200, 224, 248) M str, bis die Passe ab Anschlag des Bündchens mindestens 15 (16, 18, 19) cm misst.
In der folgenden Rd werden die Ärmel-M stillgelegt: 54 (60, 66, 74) M re str, für den ersten Ärmel 38 (40, 46, 50) M auf einem Hilfsfaden oder Maschenhalter stilllegen, 8 (8, 10, 10) M anschlagen (Ärmelloch unter der Achsel), 54 (60, 66, 74) M re str, für den zweiten Ärmel 38 (40, 46, 50) M auf einem Hilfsfaden oder Maschenhalter stilllegen, 8 (8, 10, 10) M anschlagen.

RUMPF

124 (136, 152, 168) Rumpf-M mit der GF glatt re in Rd str, bis die Arb ab Ärmelloch 20 (24, 28, 33) cm misst.
1 Rd wie folgt str: *1 re mit MF2, 1 re mit GF*, von * bis * wdh. Mit Nd Nr. 3,5 und GF 5 cm im 1/1-Rippenmuster (1 M re, 1 M li im Wechsel) str. Alle M abk.

ÄRMEL

Die stillgelegten 38 (40, 46, 50) Ärmel-M auf Nadelspiel Nr. 4 nehmen. 8 (8, 10, 10) M aus den

angeschlagenen M zwischen Vorder- und Rückenteil herausstr, zusätzlich je 1 M auf beiden Seiten, wo die Ärmel in die Passe übergehen, damit dort kein Loch entsteht = 48 (50, 58, 62) M. Zur Rd schließen und einen MM in die Mitte der Achsel setzen.
3 (1, 1, 3) cm glatt re mit GF str.
Mit den Abn auf beiden Seiten des MM beginnen: MM abh, 2 M re zus-str, re M str, bis 2 M vor den MM: 2 M re verschr zus-str. In jeder Abn-Rd werden 2 M abgen. Die Abn-Rd alle 3 (3,5, 3,5, 4) cm insgesamt 8 (9, 11, 11)x str = 32 (32, 36, 40) Ärmel-M.
Glatt re arb, bis der Ärmel ab Achsel 26 (30, 37, 46) cm lang ist.
1 Rd wie folgt str: *1 M re mit MF2, 1 M re mit GF*, von * bis * wdh. Mit Nd Nr. 3,5 und GF 4 (5, 5, 5) cm im 1/1-Rippenmuster (1 M re, 1 M li im Wechsel) str. Alle M abk.

FERTIGSTELLUNG
Alle Fadenenden auf der Innenseite vernähen. Die Arbeit anfeuchten oder dämpfen, in Form ziehen und liegend trocknen lassen. Das weiche, ungezwirnte Garn reißt leicht, daher sollte der Pullover nur behutsam mit der Hand gewaschen werden. Normalerweise reicht für die Reinigung von Wolle das Lüften an der frischen Luft und bei Bedarf eine Fleckentfernung aus.

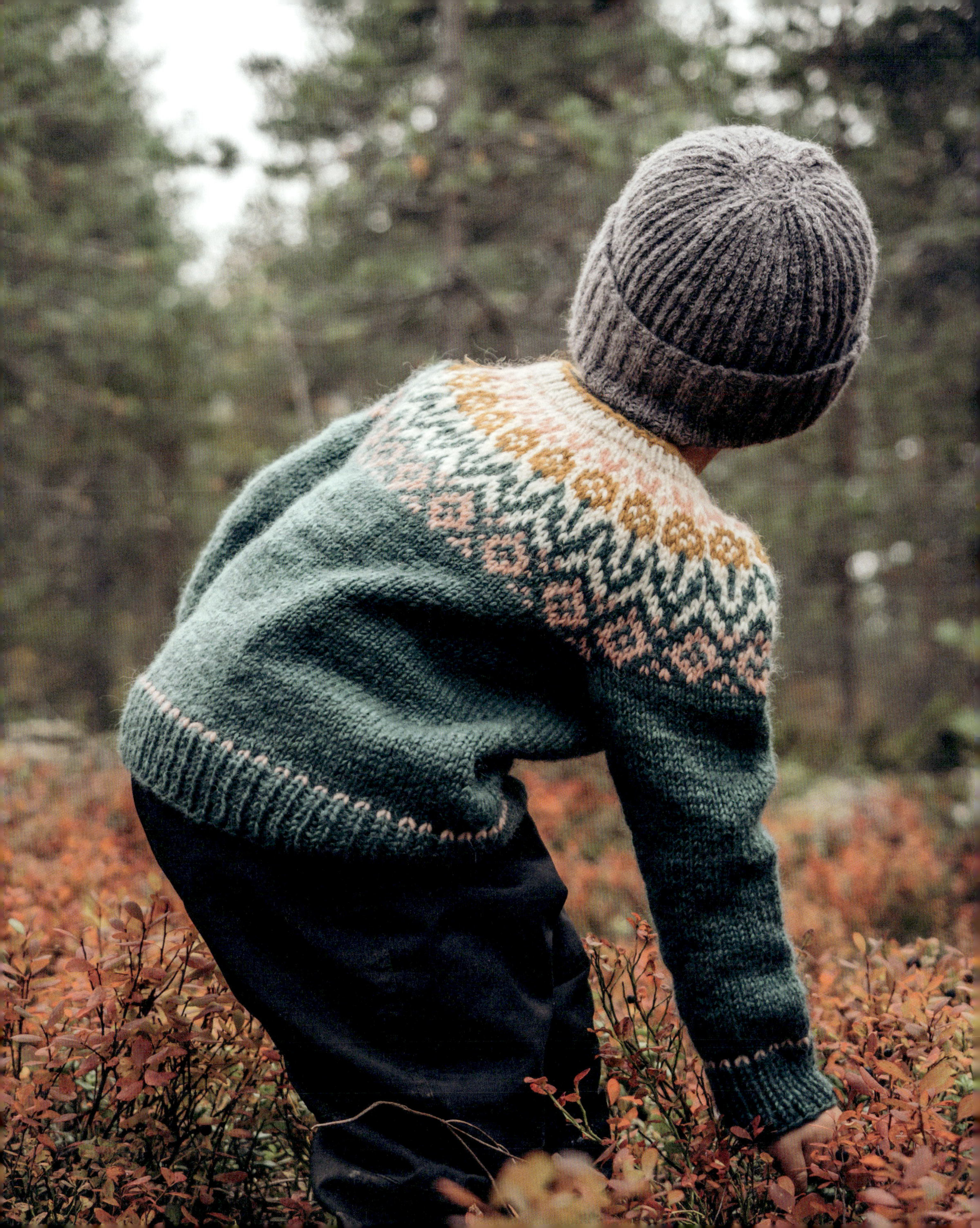

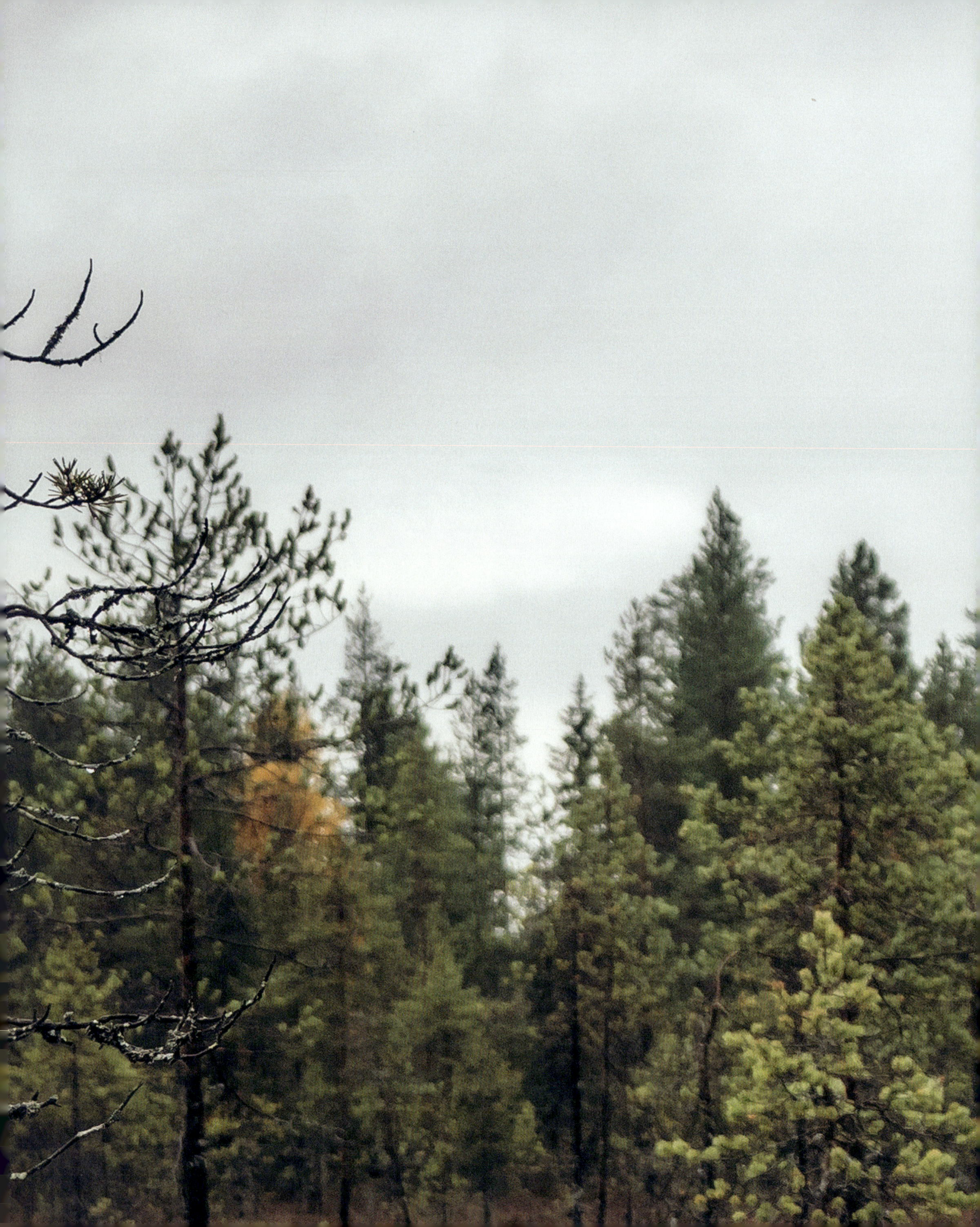

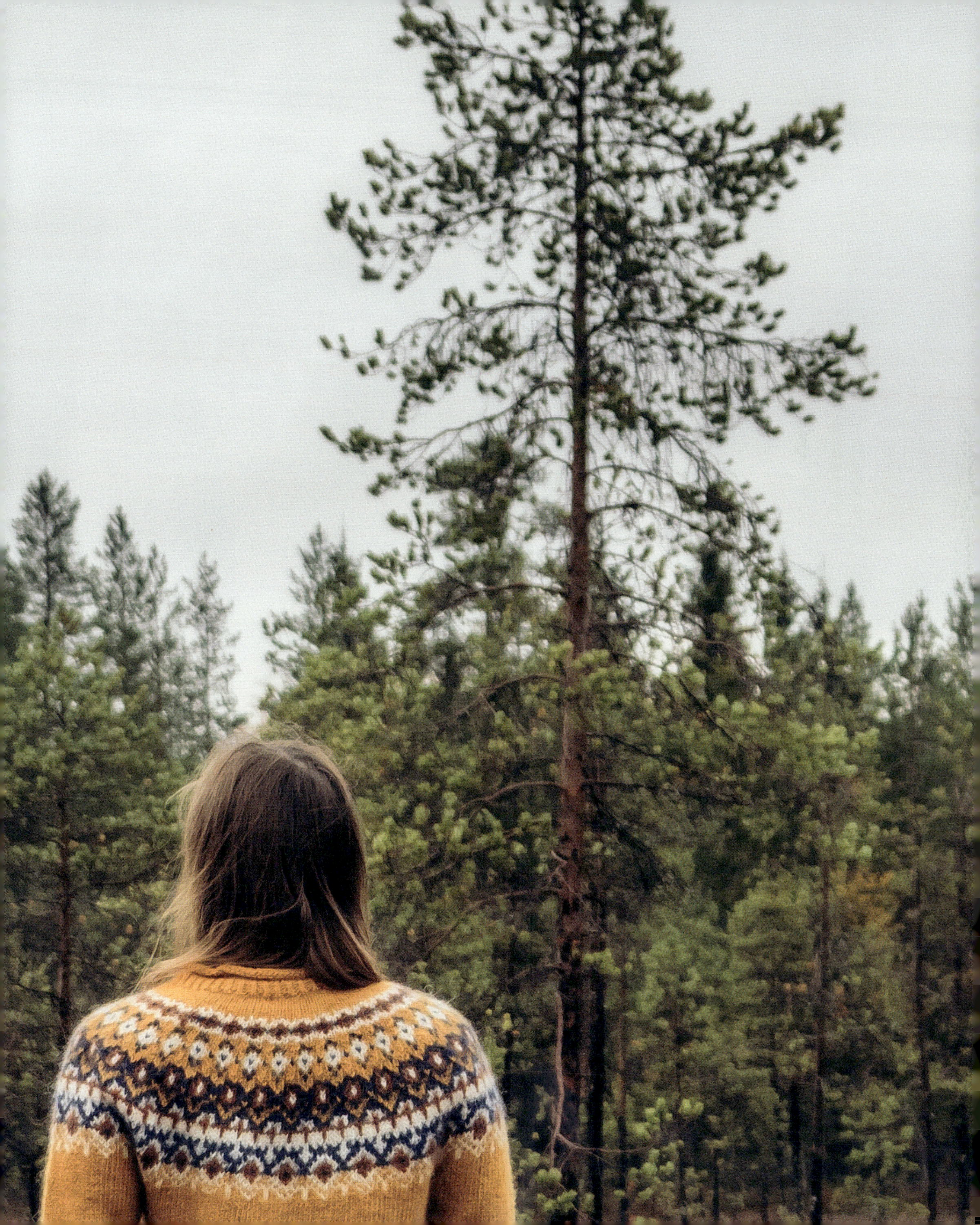

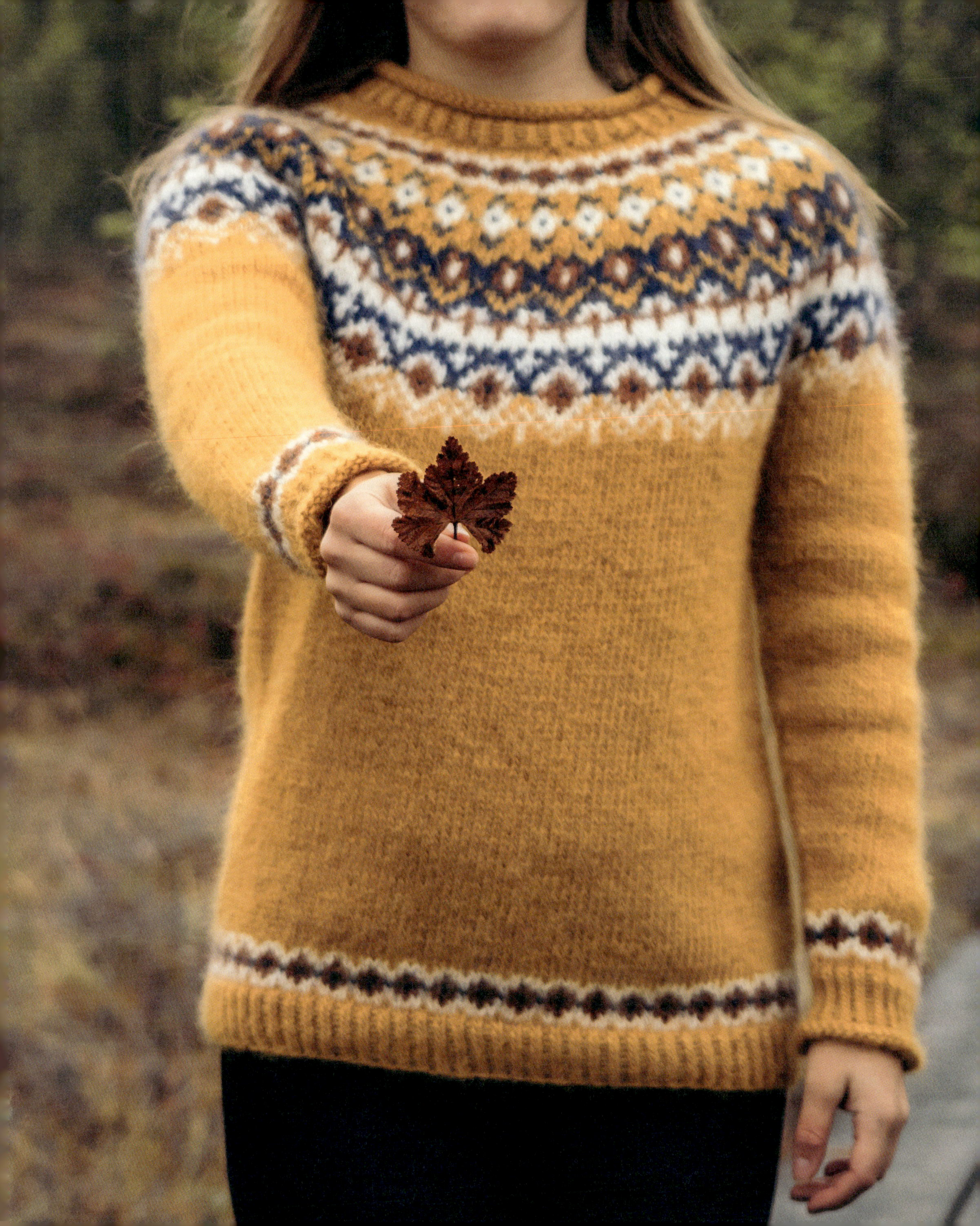

Hillasuo

«

Auf den Namen Hillasuo (Moltebeerensumpf) kam ich erst, als ich den fertigen Pullover mit seinen kräftigen Farben betrachtete. Moltebeeren sind kräftig gelb-orange und wachsen unter anderem in Lappland. Der Gesamteindruck des Pullovers ändert sich sehr, wenn man andere Farben verwendet. Die Muster orientieren sich an traditionellen isländischen Vorlagen. Hillasuo wird von unten nach oben gearbeitet.

DESIGNERIN: MERJA OJANPERÄ

Hillasuo

UNSER MODEL TRÄGT GRÖSSE S.

Größen: S (M, L)
Empfohlene Bequemlichkeitszugabe: 5 cm

Maße der fertigen Arbeit:
Brustumfang: 99 (103,5, 108) cm.
Rumpflänge (Achsel bis Bündchen):
44 (45, 46) cm
Gesamtlänge (Schulter bis Bündchen):
73 (74, 76) cm
Ärmelumfang Oberarm: 37,5 (40, 44,5) cm
Umfang Ärmelbündchen: 23,5 (26, 28) cm
Innere Ärmellänge (Achsel bis Bündchen):
44 (45, 47) cm

Garn: Novita Icelandic Wool (100 % Wolle; 90 m / 50 g) oder anderes Garn, das der Lauflänge von Worsted entspricht.
GF: 638 Seitikki (Schleierling), 8 (8, 9) Knäuel oder 650 (720, 795) m
MF1: 164 Mustikka (Heidelbeere), 1 (2, 2) Knäuel oder 85 (95, 105) m
MF2: 663 Tatti (Steinpilz), 1 (1, 2) Knäuel oder 75 (85, 95) m
MF3: 010 Luonnonvalkoinen (Naturweiß), 2 (2, 3) Knäuel oder 165 (180, 200) m

Nadeln: Rundstricknadeln Nr. 4,5, 40 und 80 cm lang
Nadelspiel Nr. 4,5

Sonstiges: Maschenmarkierer, Hilfsfaden oder Maschenhalter, Stopfnadel

Maschenprobe: 17 M x 20 Rd = 10 cm x 10 cm glatt rechts, leicht gespannt

Achtung! *Die Maschenprobe auch in Bezug auf das Muster überprüfen und falls notwendig die Nadelstärke wechseln.*

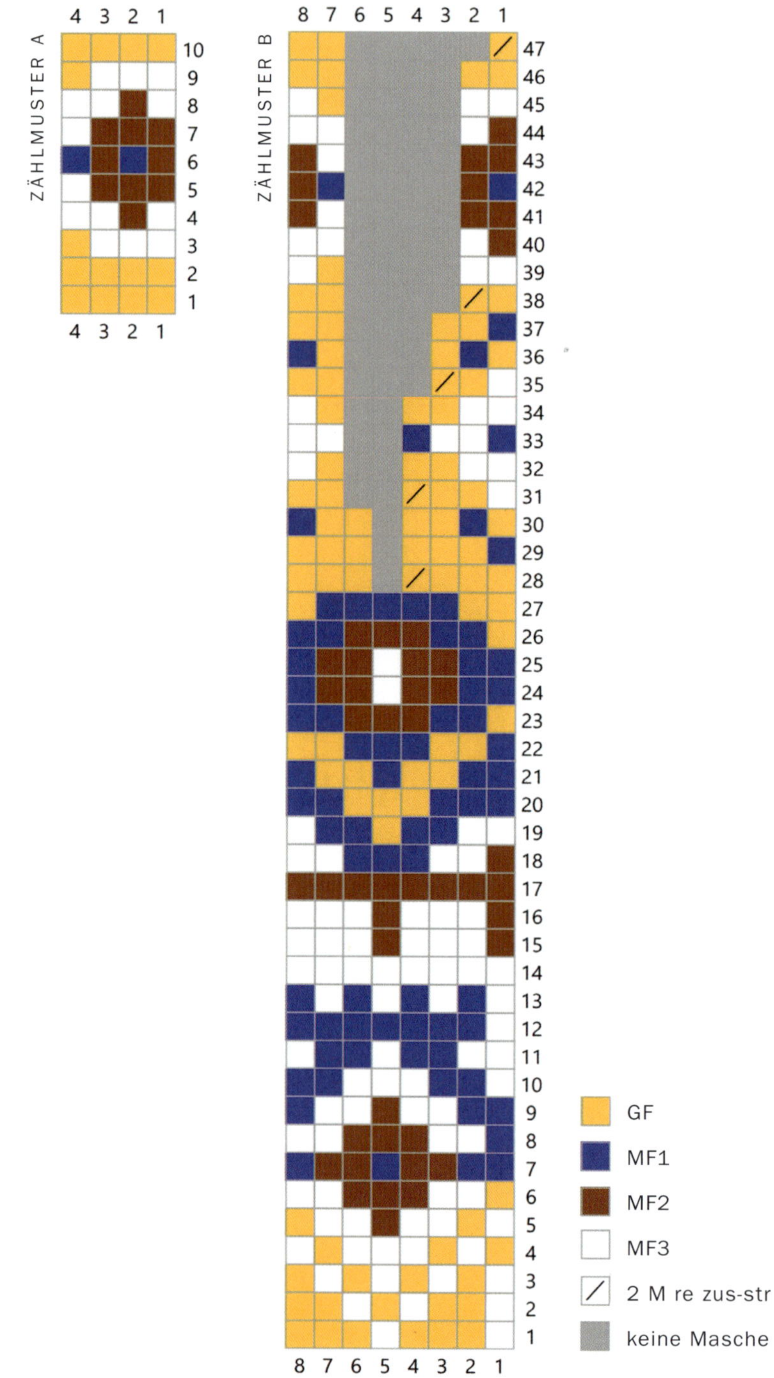

ÄRMEL

40 (44, 48) M mit der GF anschlagen. Zur Rd schließen, dabei darauf achten, dass sich die M nicht verdrehen. MM setzen. 5 Rd glatt re str, danach 10 Rd im 1/1-Rippenmuster (1 M re verschr, 1 M li im Wechsel) str. In der letzten Rd des Bündchens in regelmäßigen Abständen 4 (4, 4, 4) M zun = 44 (48, 52) M. Zählmuster A str. MF trennen und mit GF fortf.

Mit den Zun beginnen: *MM abh, 1 M re, 1 M zun/li, re M str, bis noch 1 M übrig ist: 1 M zun/re, 1 M re. 6 Rd glatt re str.* Von * bis * noch 9 (9, 11)x wdh = 64 (68, 76) M.

Glatt re fortf, bis der Ärmel 44 (45, 47) cm lang ist oder eine individuell gewünschte Länge vom Bündchen bis unter die Achsel erreicht hat. Die folgende Rd re str, bis 5 (5, 6) M vor dem MM übrig sind. Die folgenden 10 (10, 12) M auf einem Hilfsfaden oder Maschenhalter stilllegen 5 (5, 6) M auf beiden Seiten des MM], den MM dabei entfernen. Die verbleibenden 54 (58, 64) Ärmel-M stilllegen.

Den zweiten Ärmel ebenso arb.

RUMPF

168 (176, 184) M mit der GF anschlagen. Zur Rd schließen, dabei darauf achten, dass sich die M nicht verdrehen. 2 MM setzen, einen am Anfang der Rd, den anderen nach 84 (88, 92) M (= »Seitennaht«). 10 Rd im 1/1-Rippenmuster (1 M re verschr, 1 M li im Wechsel) str.

Zählmuster A str. Alle MF trennen und mit GF glatt re fortf, bis die Arbeit vom Anschlag bis zur Achsel eine Höhe von 44 (45, 46) cm erreicht hat.

PASSE

Jetzt werden Ärmel- und Rumpf-M auf einer Nd vereint: Den Rumpf glatt re str, bis 5 (5, 6) M vor der »Seitennaht« übrig sind. Die nächsten 10 (10, 12) M auf einem Hilfsfaden oder Maschenhalter stilllegen, den MM dabei entfernen. MM setzen (dies ist der neue Rd-Anfang), die stillgelegten 54 (58, 64) M des ersten Ärmels aufnehmen und re str. Die folgenden Rumpf-M re str, bis 5 (5, 6) M vor dem nächsten MM übrig sind. Die nächsten 10 (10, 12) M auf einem Hilfsfaden oder Maschenhalter stilllegen, den MM dabei entfernen, die 54 (58, 64) M des zweiten Ärmels aufnehmen und re str bis MM.

Auf der Nadel liegen jetzt 256 (272, 288) M. Der MM liegt zwischen dem Rückenteil und dem linken Ärmel.

Zählmuster B arb, dabei abn wie dort eingezeichnet = 96 (102, 108) M.

Alle MF trennen und mit der GF fortf. Nach Bedarf glatt re mit GF fortf, falls eine höhere Passe gewünscht ist.

HALSBÜNDCHEN

Mit der GF 1 Rd re M str, dabei gleichmäßig verteilt 10 (12, 14) M abn. Auf der Nadel liegen jetzt 86 (90, 94) M. 6 Rd im 1/1-Rippenmuster (1 M re verschr, 1 M li im Wechsel) str. Noch 5 (5, 7) Rd glatt re str und elastisch abketten.

FERTIGSTELLUNG

Alle Fadenenden auf der Innenseite vernähen. Die Ärmellöcher im Maschenstich schließen. Den Pullover waschen und ausdrücken. In Form ziehen und liegend trocknen lassen.

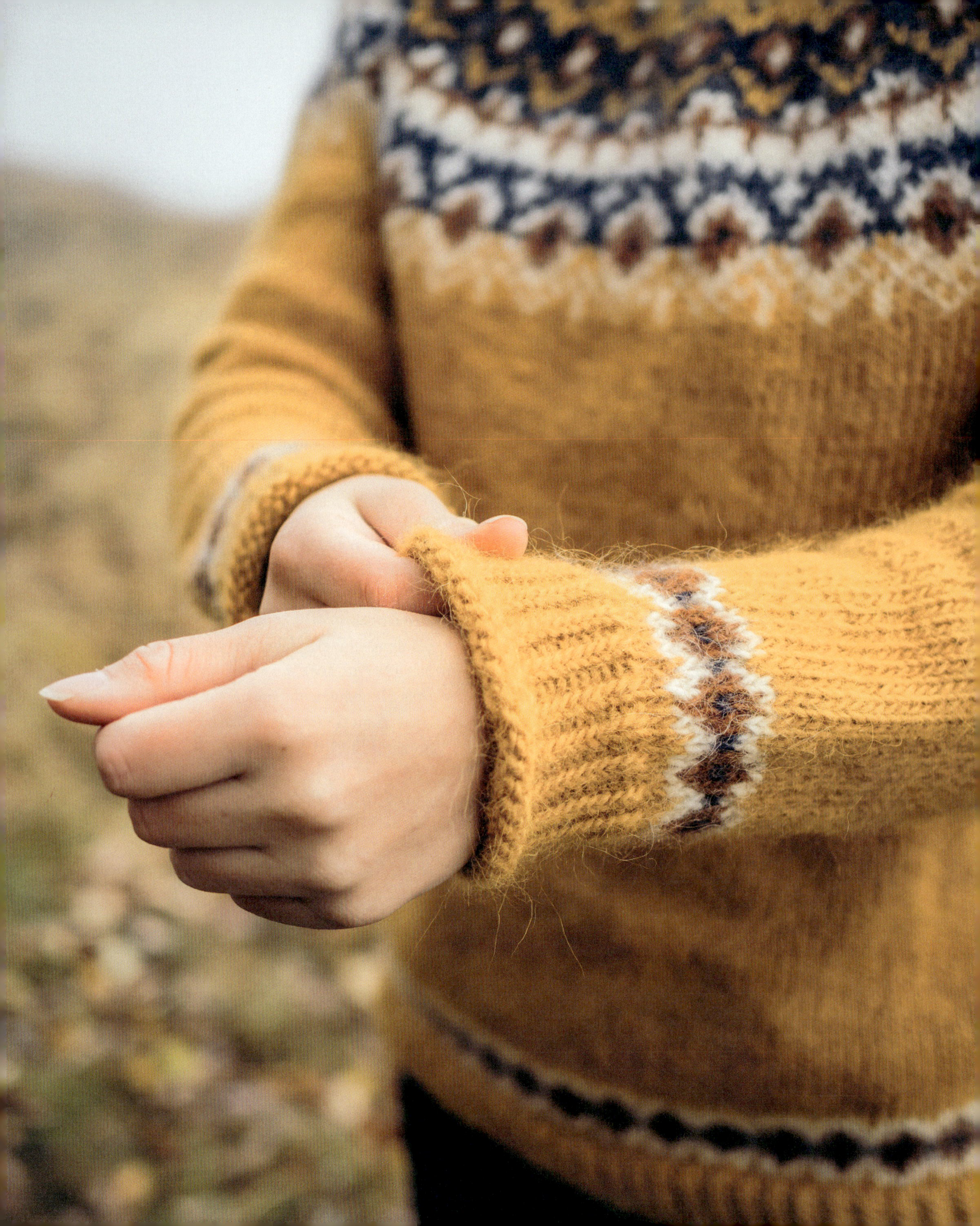

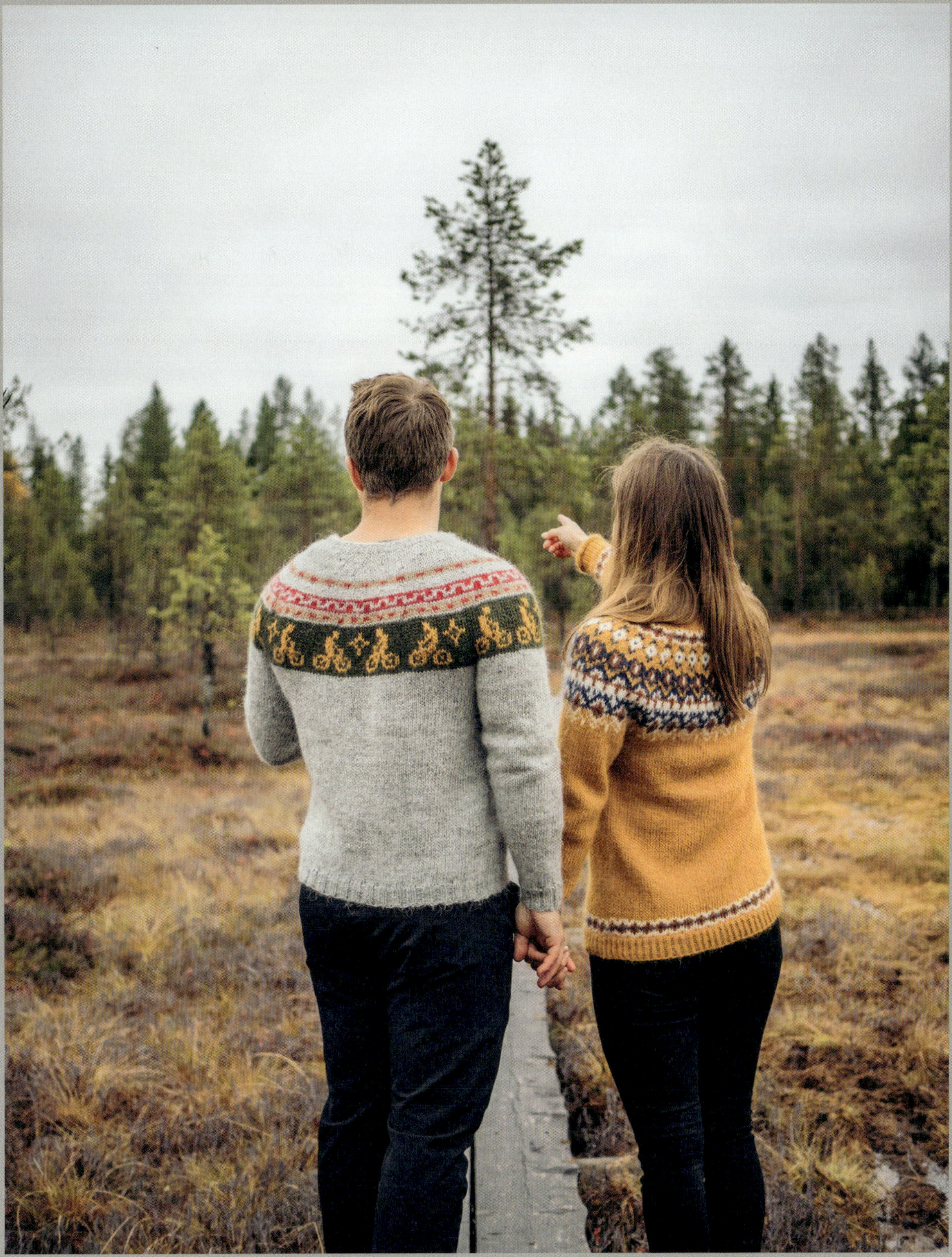

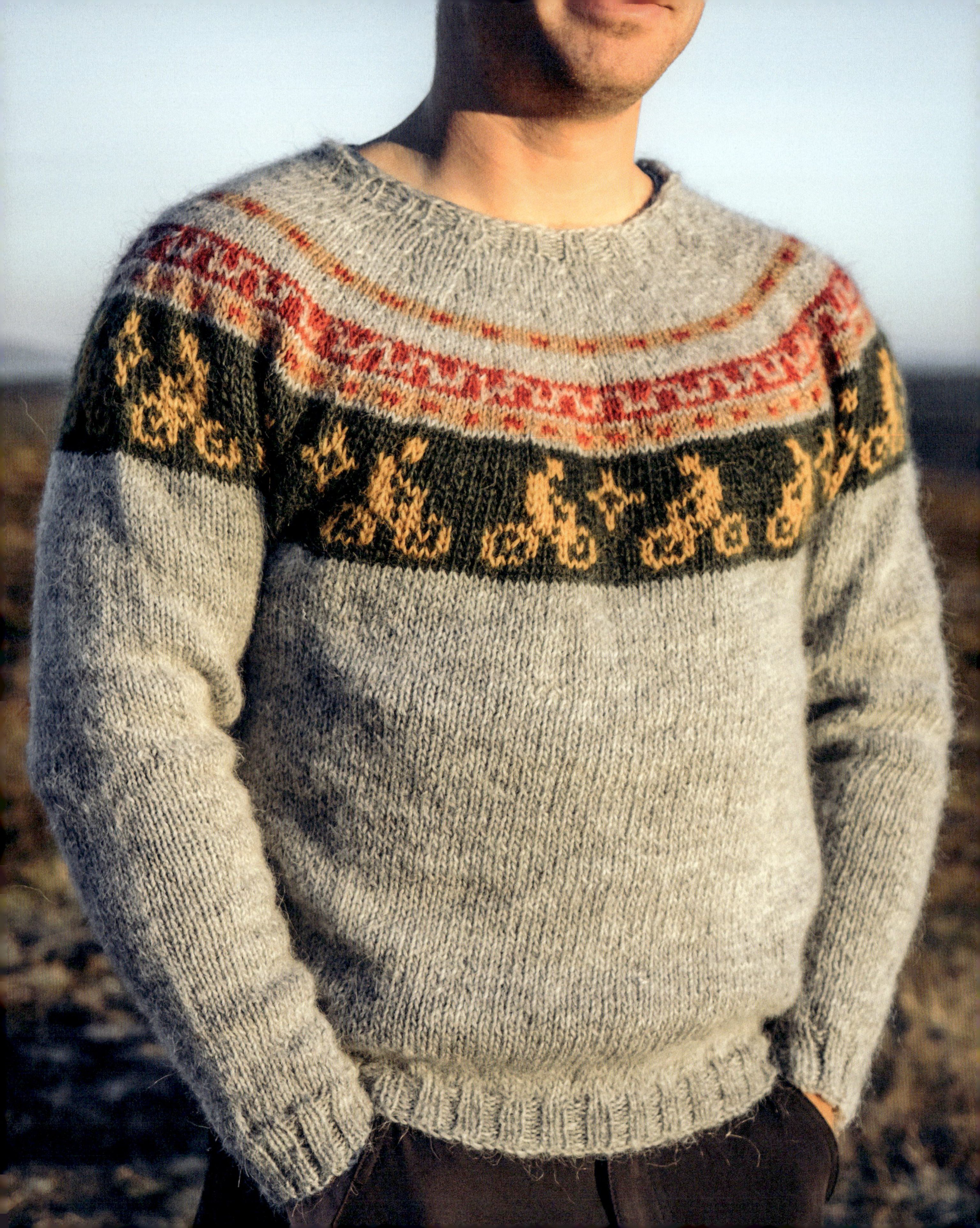

«

Mein Freund Kalle ist ein passionierter Fahrradfahrer. Professionelle Radrennfahrer*innen kühlen sich mit Textilien aus hochmodernen Fasern und benutzen eine Warnweste oder andere reflektierende Accessoires, doch für eine entspannende Fahrt zwischen Arbeitsplatz und Zuhause oder für Ausflüge reicht auch ein warmer Wollpullover, der zur Reinigung nur gelüftet werden braucht.

Kalle

DESIGNERIN: TIINA KAARELA (@PUIKKOMAISTERI)

Kalle

UNSER MODEL TRÄGT GRÖSSE M.

Größen: XS (S, M, L, XL, XXL)
Empfohlene Bequemlichkeitszugabe: 6 cm

Maße der fertigen Arbeit:
Brustumfang: 89 (93,5, 100, 102, 108, 111) cm
Rumpflänge (Achsel bis Bündchen):
40 (42, 44, 46, 48, 48) cm
Gesamtlänge (Schulter bis Bündchen):
64 (66, 69,5, 71,5, 74, 74,5) cm
Ärmelumfang Oberarm:
36,5 (38, 39, 40, 41, 42) cm
Umfang Ärmelbündchen:
22 (22, 24,5, 24,5, 26,5, 26,5) cm
Innere Ärmellänge (Achsel bis Bündchen):
47 (49, 50, 51, 52, 53) cm

Garn: Novita Icelandic Wool (100 % Wolle; 90 m / 50 g) oder anderes Garn, das der Lauflänge von Worsted entspricht.
GF: 045 Savi (Ton), 6 (7, 8, 9, 9, 10) Knäuel oder 540 (630, 720, 810, 810, 900) m
MF1: 384 Mänty (Kiefer), 1 (1, 1, 2, 2, 3) Knäuel oder 90 (90, 90, 180, 180, 270) m
MF2: 638 Seitikki (Schleierling), 1 (1, 1, 2, 2, 2) Knäuel oder 90 (90, 90, 180, 180, 180) m
MF3: 601 Jyvä (Korn), 1 (1, 1, 1, 1, 1) Knäuel oder 90 (90, 90, 90, 90, 90) m
MF4: 523 Puolukka (Preiselbeere), 1 (1, 1, 1, 1, 1) Knäuel oder 90 (90, 90, 90, 90, 90) m

Nadeln: Rundstricknadeln Nr. 3,5 und 5, 80–100 cm lang
Nadelspiele Nr. 3,5 und 5, falls nicht mit Magic Loop gearbeitet wird

Sonstiges: Maschenmarkierer, Hilfsfaden oder Maschenhalter, Stopfnadel

Maschenprobe: 18 M x 24 Rd = 10 cm x 10 cm glatt rechts mit Nd Nr. 5, leicht gespannt

Achtung! *Die Maschenprobe auch in Bezug auf das Muster überprüfen und falls notwendig die Nadelstärke wechseln.*
*In der Basisanleitung dieses Pullovers sind Vorder- und Rückenteil identisch. Auf Wunsch kann jedoch mit verkürzten Reihen am Ende des Rumpfes (bevor die Ärmel angesetzt werden) und im Nacken eine bessere Passform gearbeitet werden. Die M des Rückenteils re str, bis noch 5 M übrig sind, Arb wenden. 1 DM, li M str, bis noch 5 M übrig sind, Arb wenden. *1 DM, re M str, bis 5 M vor der vorigen DM, Arb wenden. 1 DM, li M str bis 5 M vor der vorigen DM, Arb wenden. Von * bis * noch 2x wdh.*
Achtung! *Beim Nacken zusätzlich die Abnahmen in jeder Hin-R beachten.*

RUMPF

160 (168, 180, 184, 192, 200) M in der GF mit Nadel Nr. 3,5 anschlagen. Nicht zur Rd schließen, sondern 10 R im 2/2-Rippenmuster (2 M re, 2 M li im Wechsel) str. Erst dann zur Rd schließen. MM setzen, dann noch 2 Rd im 2/2-Rippenmuster str. Nur für Größe XL: In der letzten Rd gleichmäßig verteilt 2 M zun.

Zu Nd Nr. 5 wechseln und glatt re str, bis der Rumpfes 40 (42, 44, 46, 48, 48) cm hoch hat. Die M des Rumpfes stilllegen und die Arbeit zur Seite legen. Garn nicht trennen.

ÄRMEL

40 (40, 44, 44 48, 48) M in der GF mit Nd Nr. 3,5 für den linken Ärmel anschlagen. 10 R im 2/2-Rippenmuster (2 M re, 2 M li im Wechsel) str. Erst dann zur Rd schließen. MM setzen, dann noch 2 Rd im 2/2-Rippenmuster str.

Zu Nd Nr. 5 wechseln und glatt re str, dabei gleichzeitig zun.

Zun-Rd: MM abh, 1 M re, 1 M zun/li, re M str, bis zur letzten M: 1 M zun/re, 1 M re. *[2 M zugen]*

Zun in jeder 7. (7., 8., 7., 8., 8.) Rd insgesamt 13 (14, 13, 14, 13, 14)x arb = 66 (68, 70, 72, 74, 76) M. Glatt re fortf, bis der Ärmel 47 (49, 50, 51, 52, 53) cm lang ist. Die ersten 9 (10, 11, 12, 13, 14) M für das Ärmelloch auf einem Hilfsfaden oder Maschenhalter stilllegen.

Den rechten Ärmel gegengleich arb, aber die M für das Ärmelloch am Ende der Rd auf einem Hilfsfaden oder Maschenhalter stilllegen.

PASSE

Jetzt werden Ärmel und Rumpf auf einer Nd vereint: In der GF mit Nd Nr. 5 fortf. MM setzen, von den stillgelegten Rumpf-M 71 (74, 79, 80, 84, 86) M re str, die folgenden 9 (10, 11, 12, 13, 14) M stilllegen, MM setzen (= neuer Rd-Anf), 57 (58, 59, 60, 61, 62) M des linken Ärmels re str, MM setzen, 71 (74, 79, 80, 84, 86) Rumpf-M str, die folgenden 9 (10, 11, 12, 13, 14) M stilllegen, MM setzen, 57 (58, 59, 60, 61, 62) M des rechten Ärmels re str, MM setzen = 256 (264, 272, 280, 290, 296) M. Jetzt weiter gemäß Zählmuster arb. *Achtung! Nur das Zählmuster der jeweiligen Größe stricken!*

Den li Ärmel gemäß Zählmuster A str, MM abh, das Vorderteil gemäß Zählmuster B str, MM abh, den rechten Ärmel gemäß Zählmuster A str, MM abh, das Rückenteil gemäß Zählmuster B str. *Achtung! Die Abn sind nicht immer gleichmäßig verteilt, und der Rapport geht nicht in allen Rd auf.*

Nach den Zählmustern bleiben 96 (100, 112, 114, 116, 114) M übrig. Noch 1 Rd re M arb, dabei gleichmäßig verteilt 24 (28, 36, 38, 36, 34) M abn = 72 (72, 76, 76, 80, 80) M.

HALSAUSSCHNITT

Mit Nd Nr. 3,5 10 Rd im 2/2-Rippenmuster (2 M re, 2 M li im Wechsel) mit Nd Nr. 3,5 str. Alle M abketten.

FERTIGSTELLUNG

Alle Fadenenden vernähen, die Ärmellöcher im Maschenstich schließen, die Bündchen zusammennähen. Pullover in der Wollschaukel (nur falls die Maschenprobe vorab in der Maschine getestet wurde) oder mit der Hand waschen, in Form ziehen und liegend trocknen lassen. Der Pullover wird durch den Gebrauch vom Körper des Trägers geformt.

ZÄHLMUSTER A, GRÖSSE XS–M

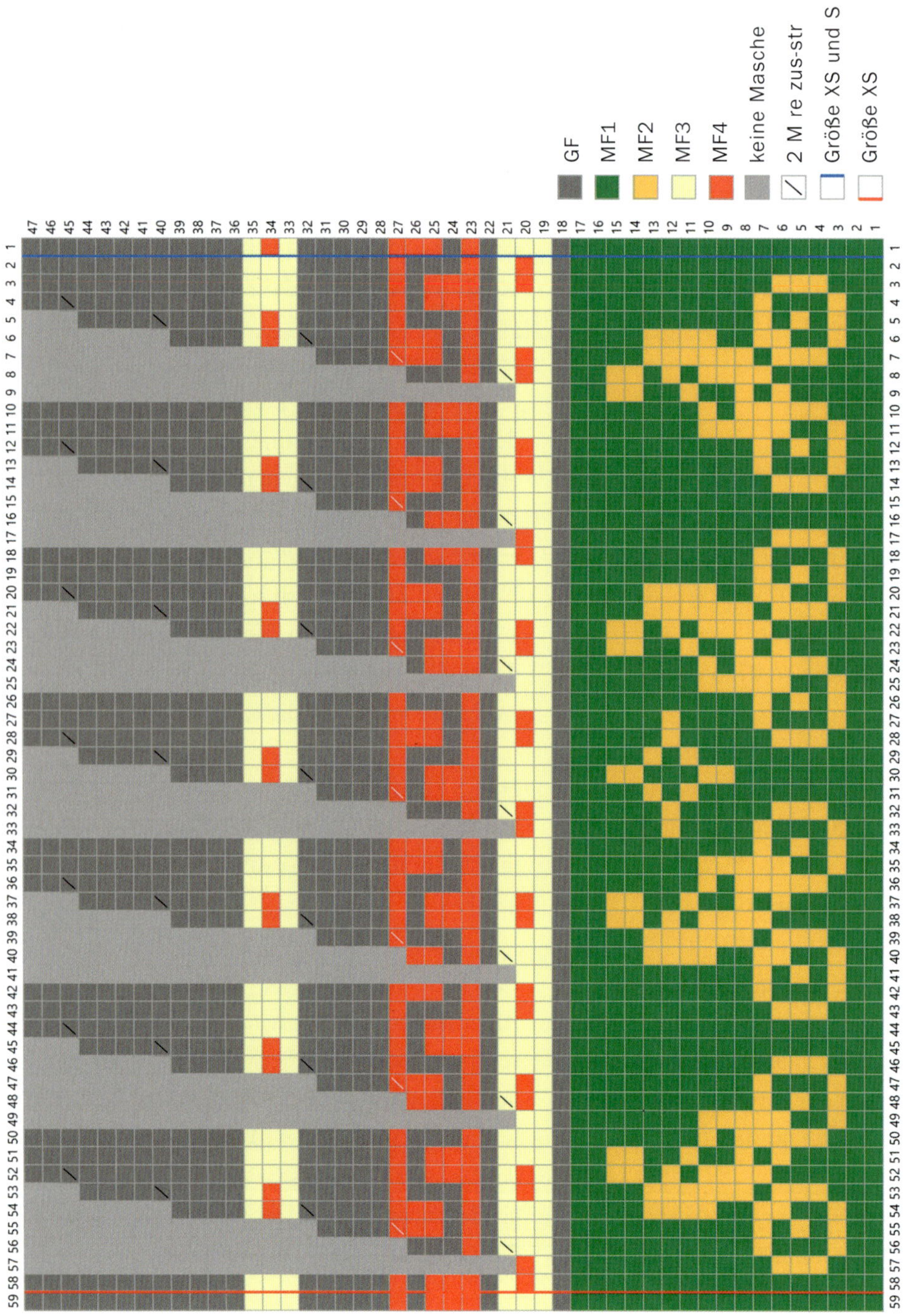

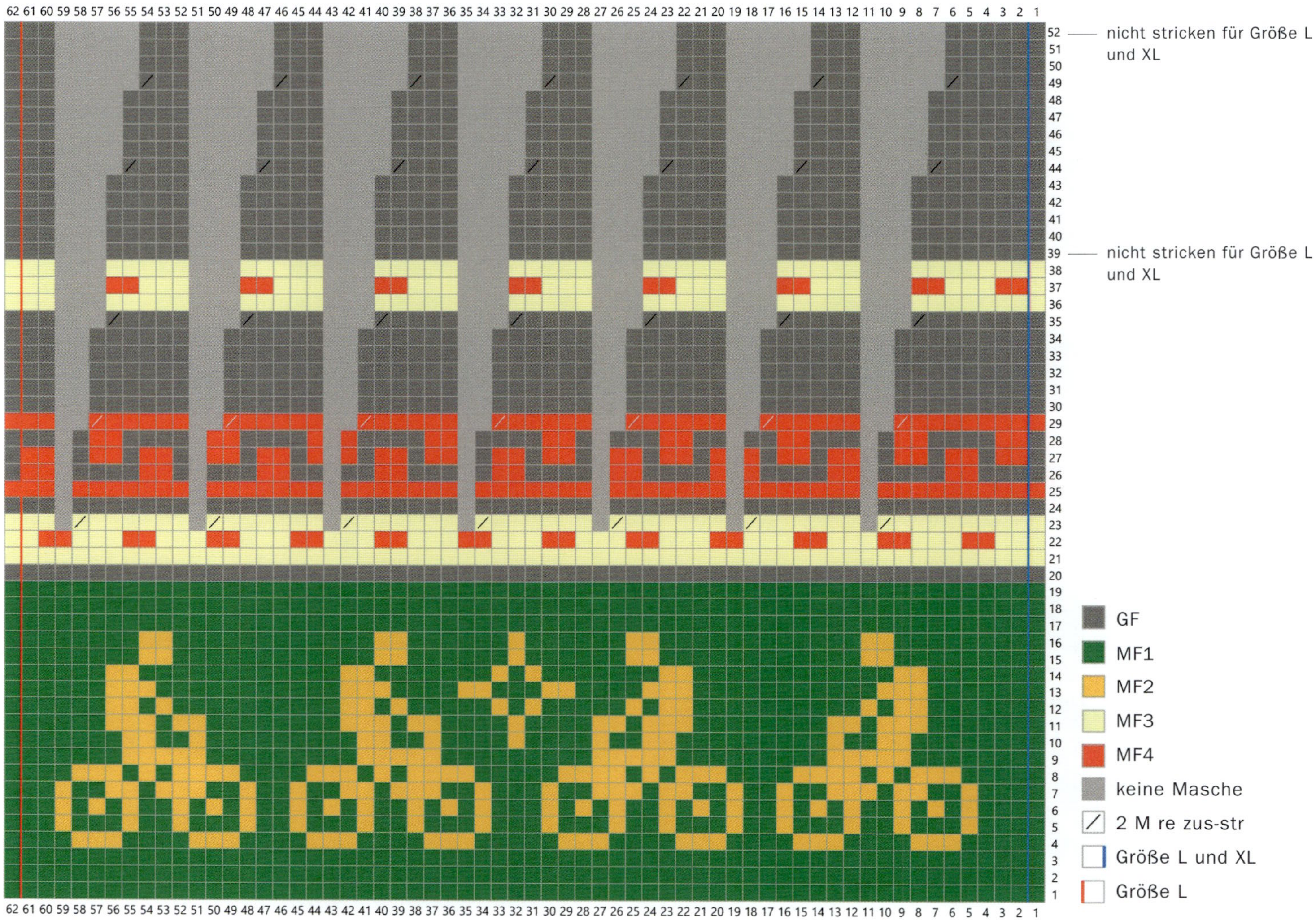

ZÄHLMUSTER A, GRÖSSE L–XXL

ZÄHLMUSTER B, GRÖSSE XS UND S

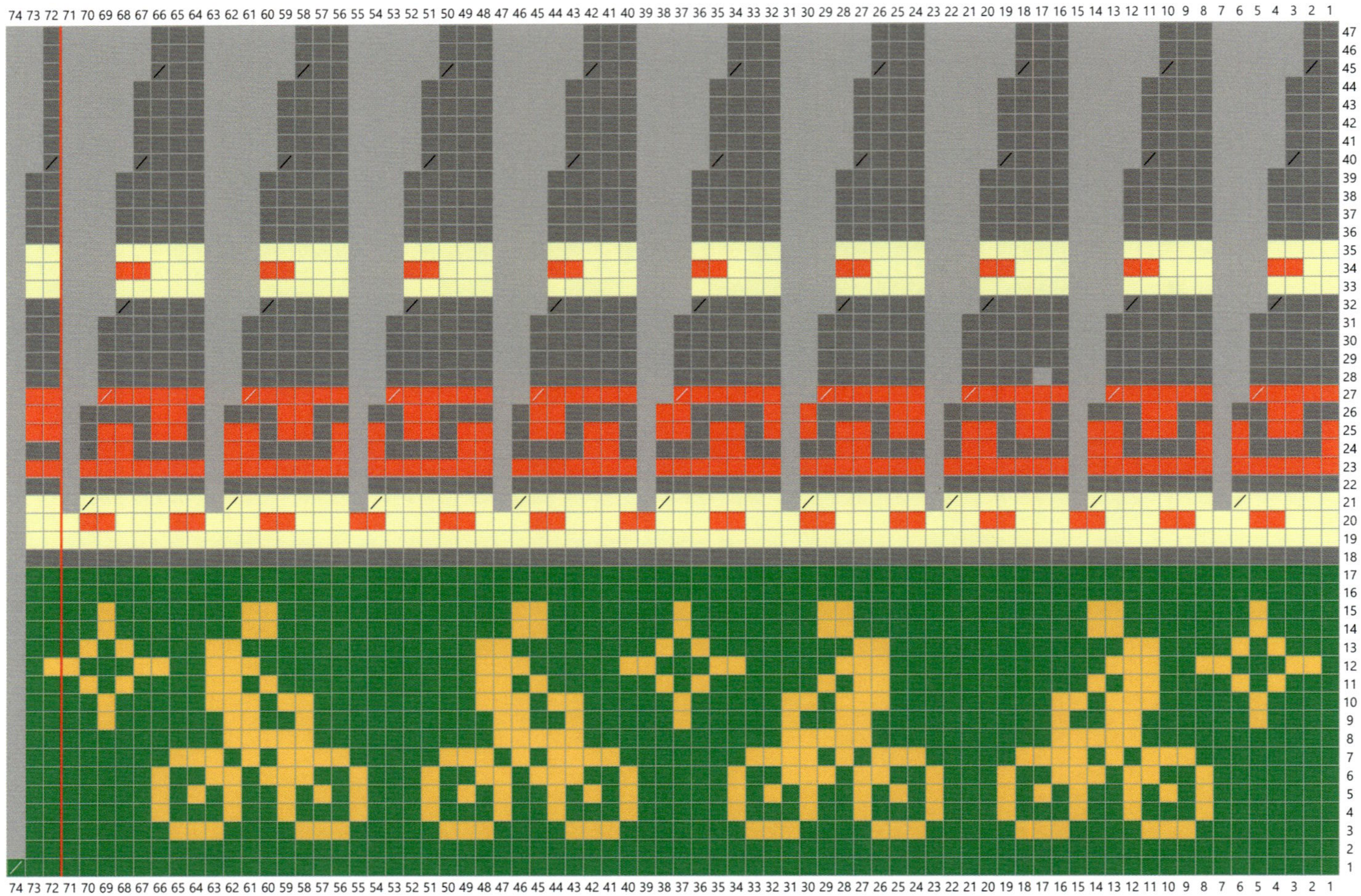

- GF
- MF1
- MF2
- MF3
- MF4
- keine Masche
- 2 M re zus-str
- Größe XS

GF

MF1

MF2

MF3

MF4

keine Masche

2 M re zus-str

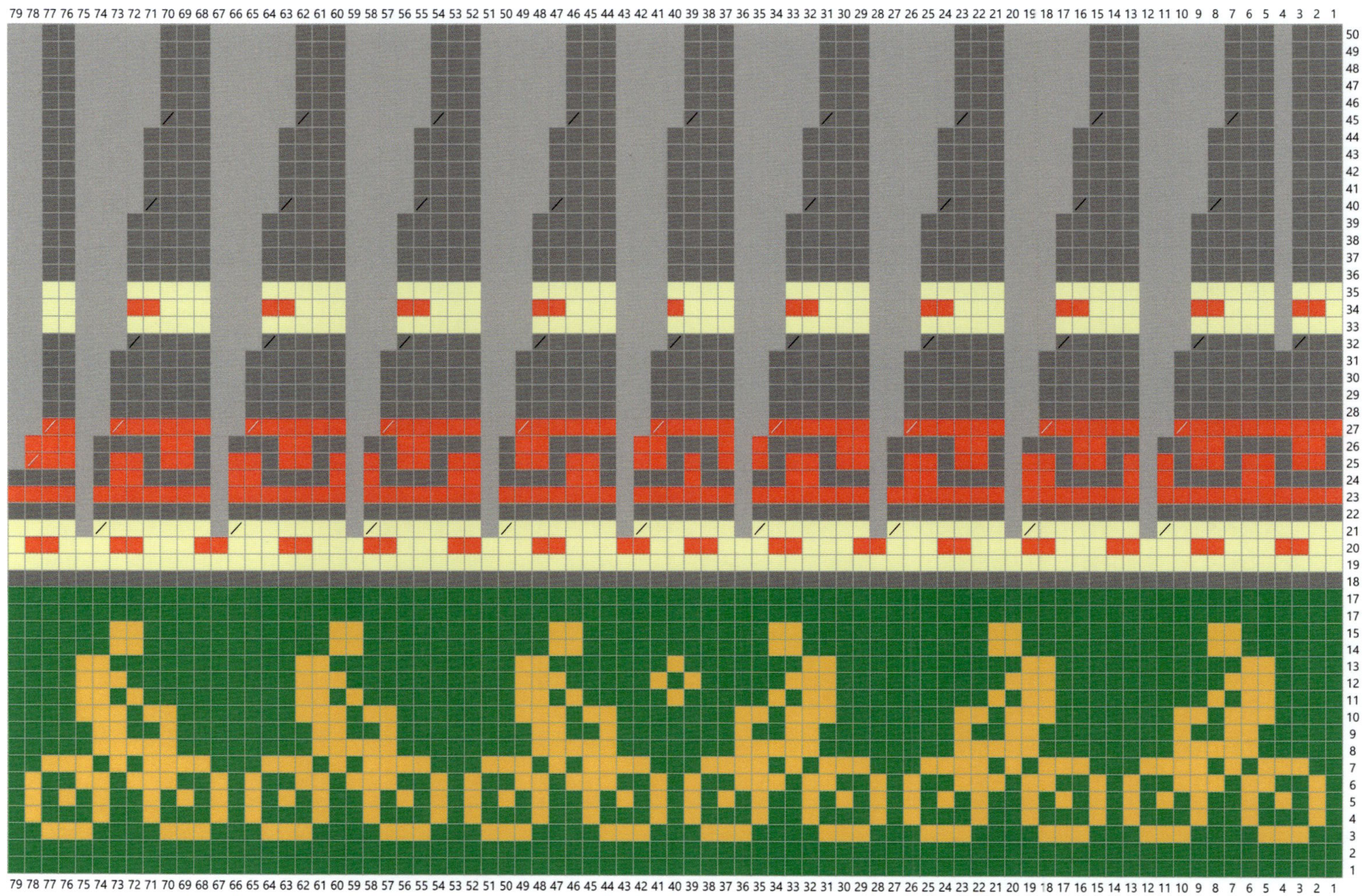

ZÄHLMUSTER B, GRÖSSE M

ZÄHLMUSTER B, GRÖSSE L

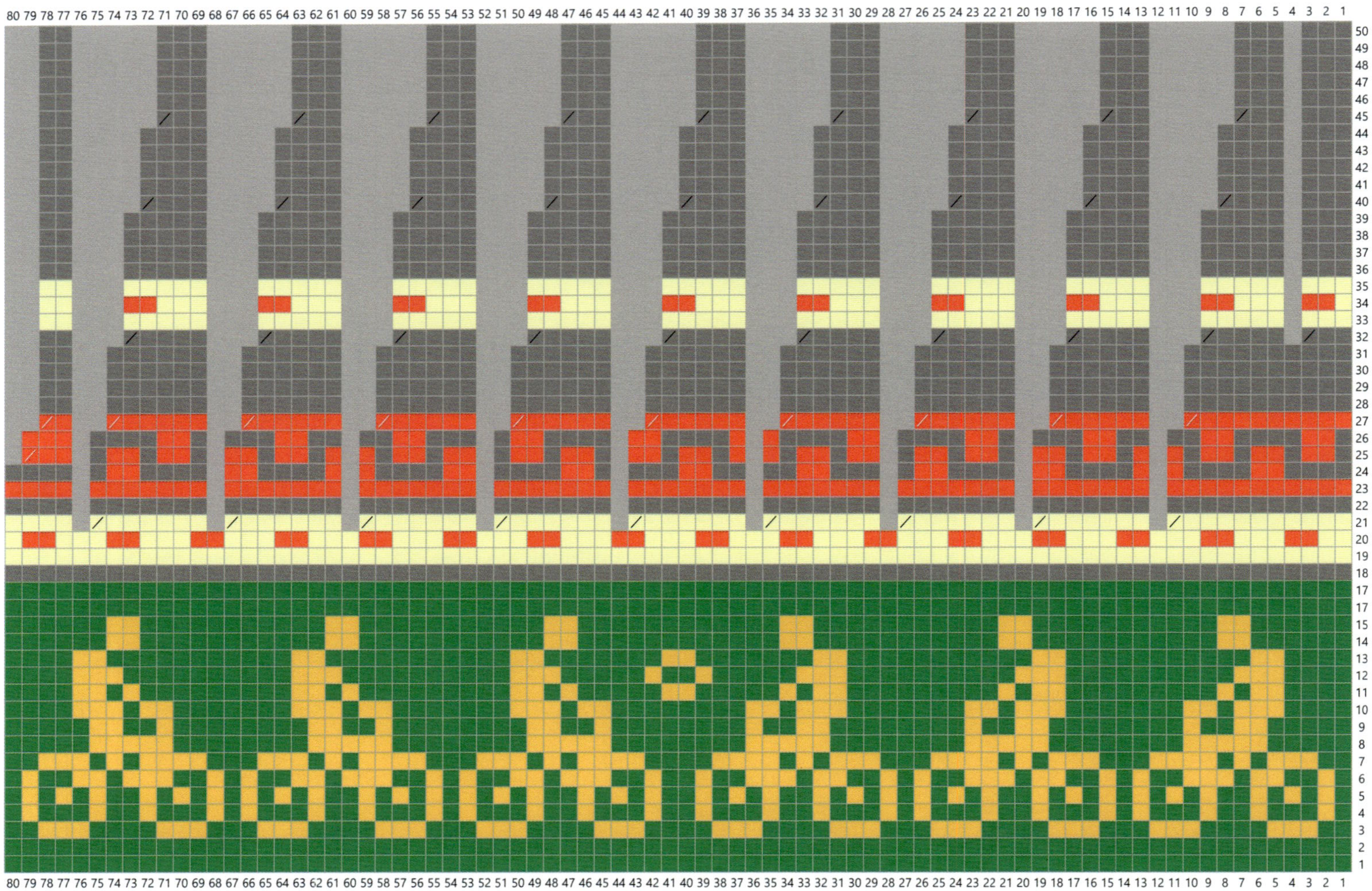

- GF
- MF1
- MF2
- MF3
- MF4
- keine Masche
- ⁄ 2 M re zus-str

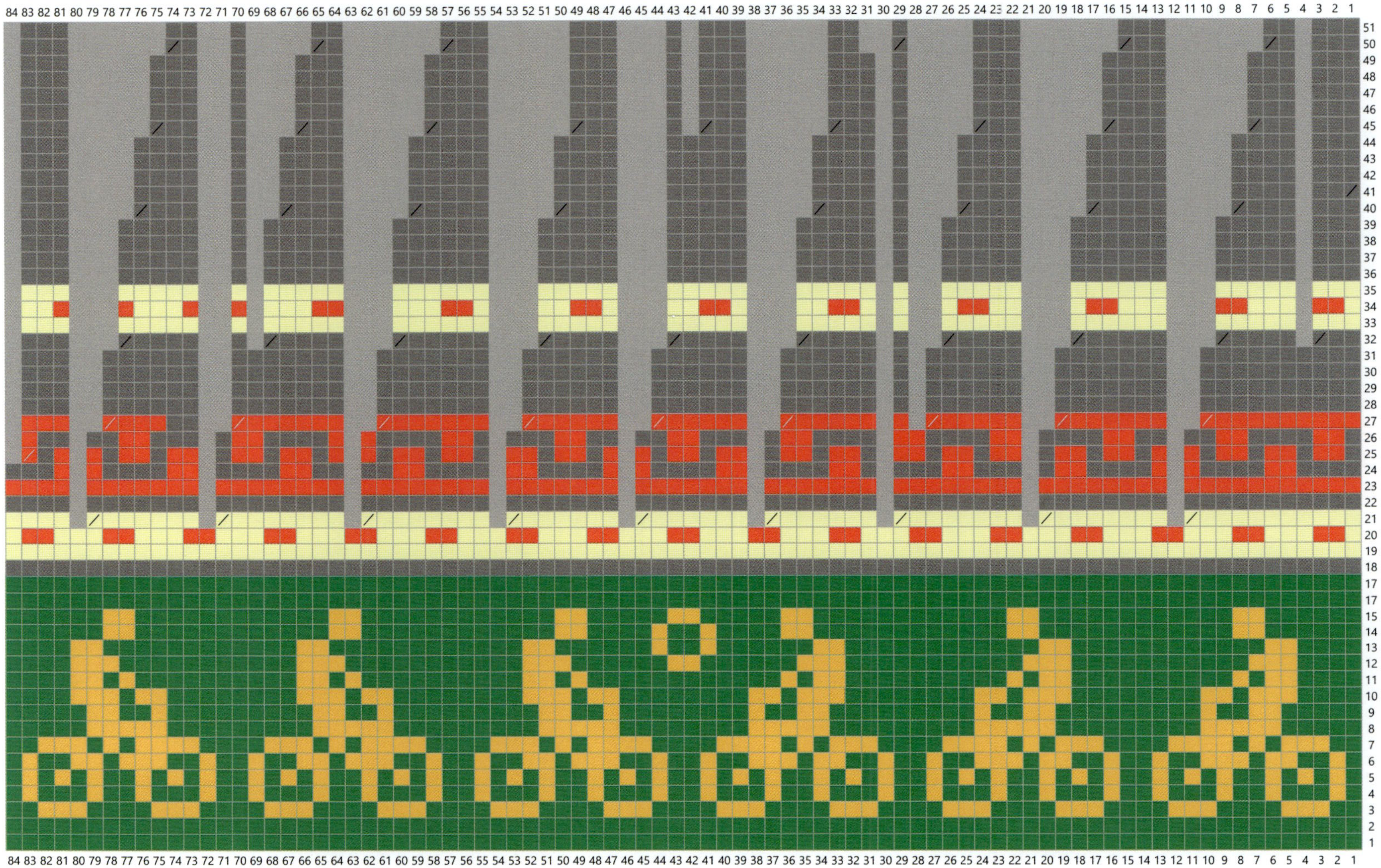

ZÄHLMUSTER B, GRÖSSE XL

- GF
- MF1
- MF2
- MF3
- MF4
- keine Masche
- 2 M re zus-str

ZÄHLMUSTER B, GRÖSSE XXL

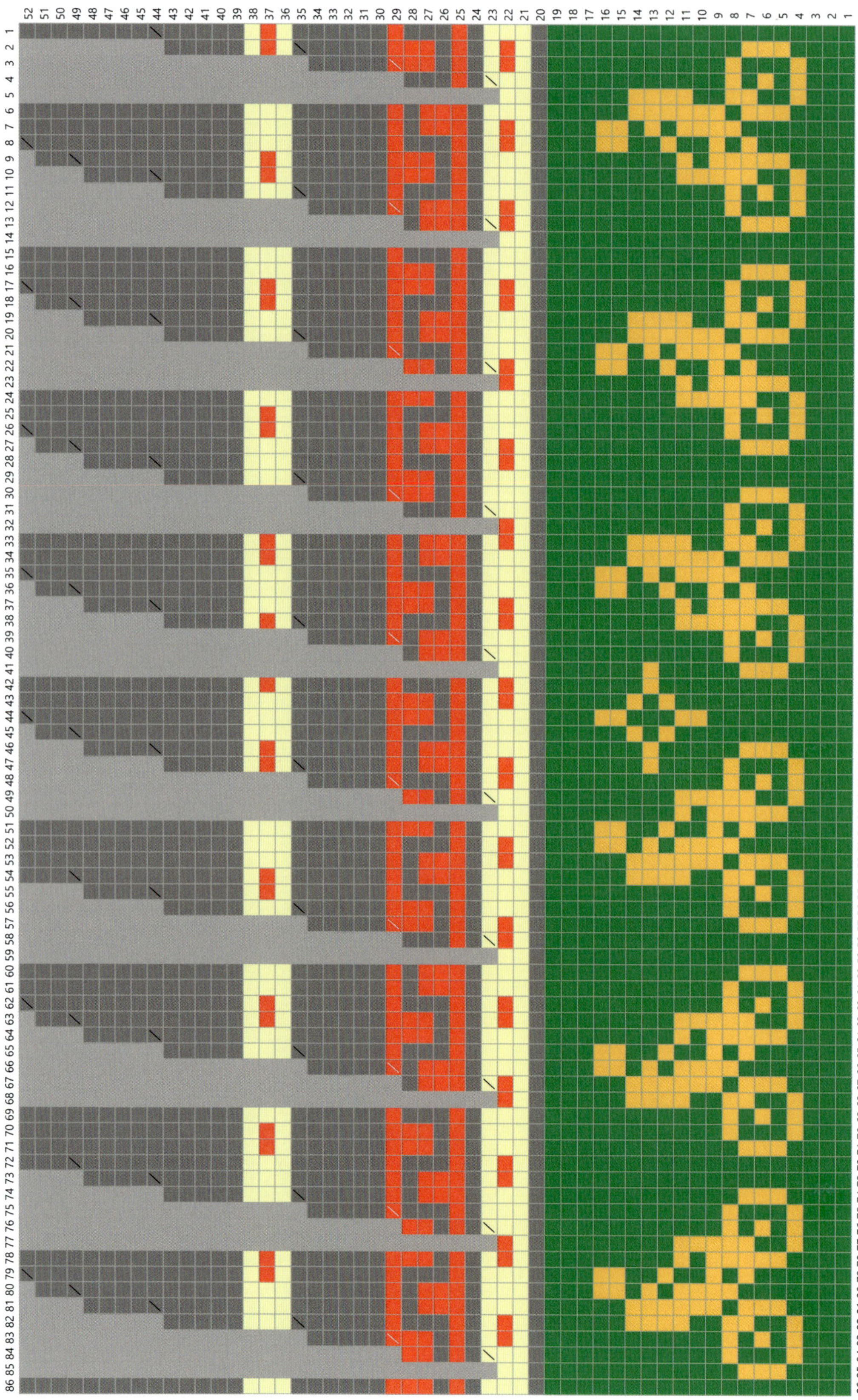

- GF
- MF1
- MF2
- MF3
- MF4
- keine Masche
- 2 M re zus-str

»

Das Beste an Kalle ist seine Schlichtheit – man braucht keine Nacken- oder Rumpferhöhungen arbeiten. Sehr entspannend.

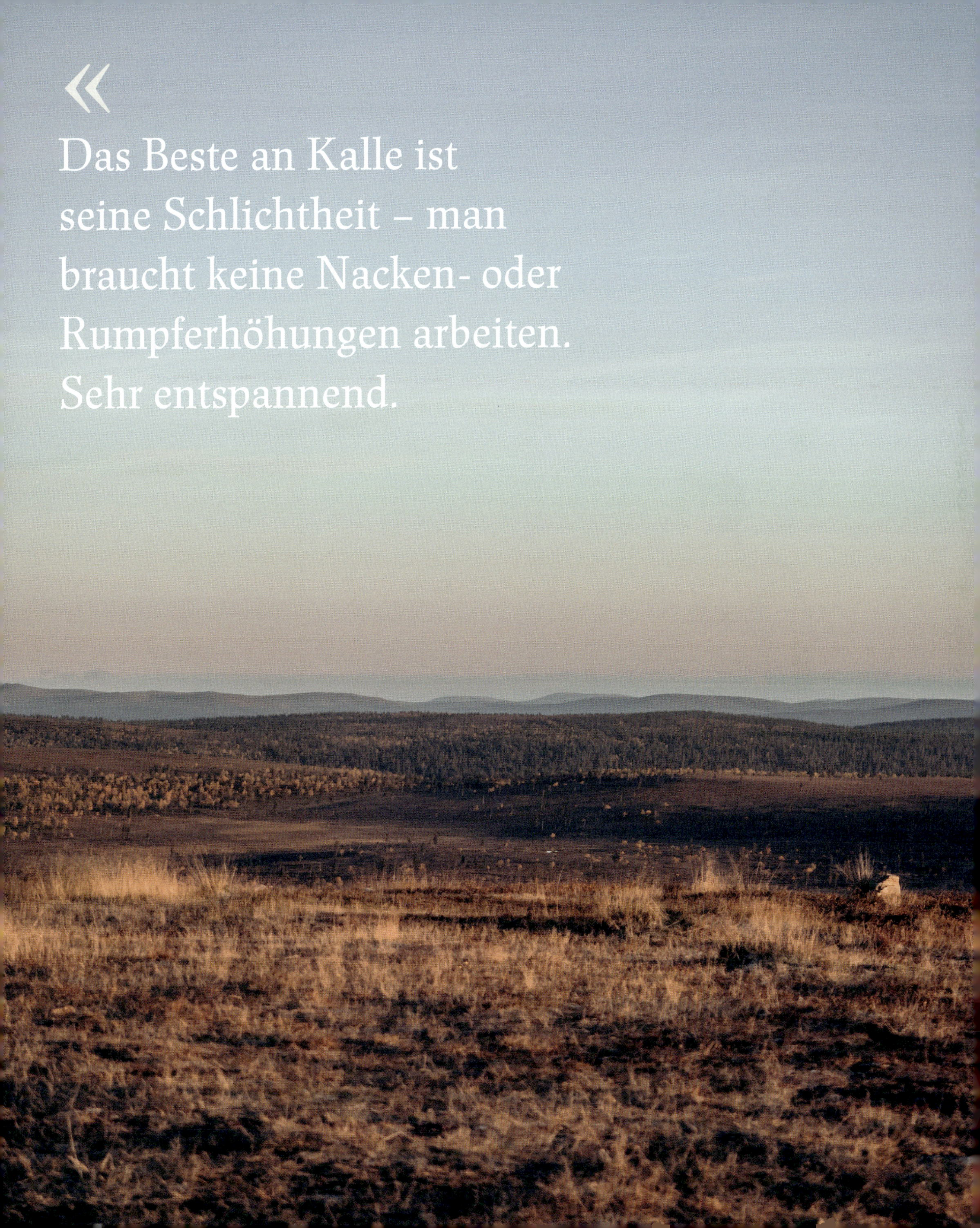

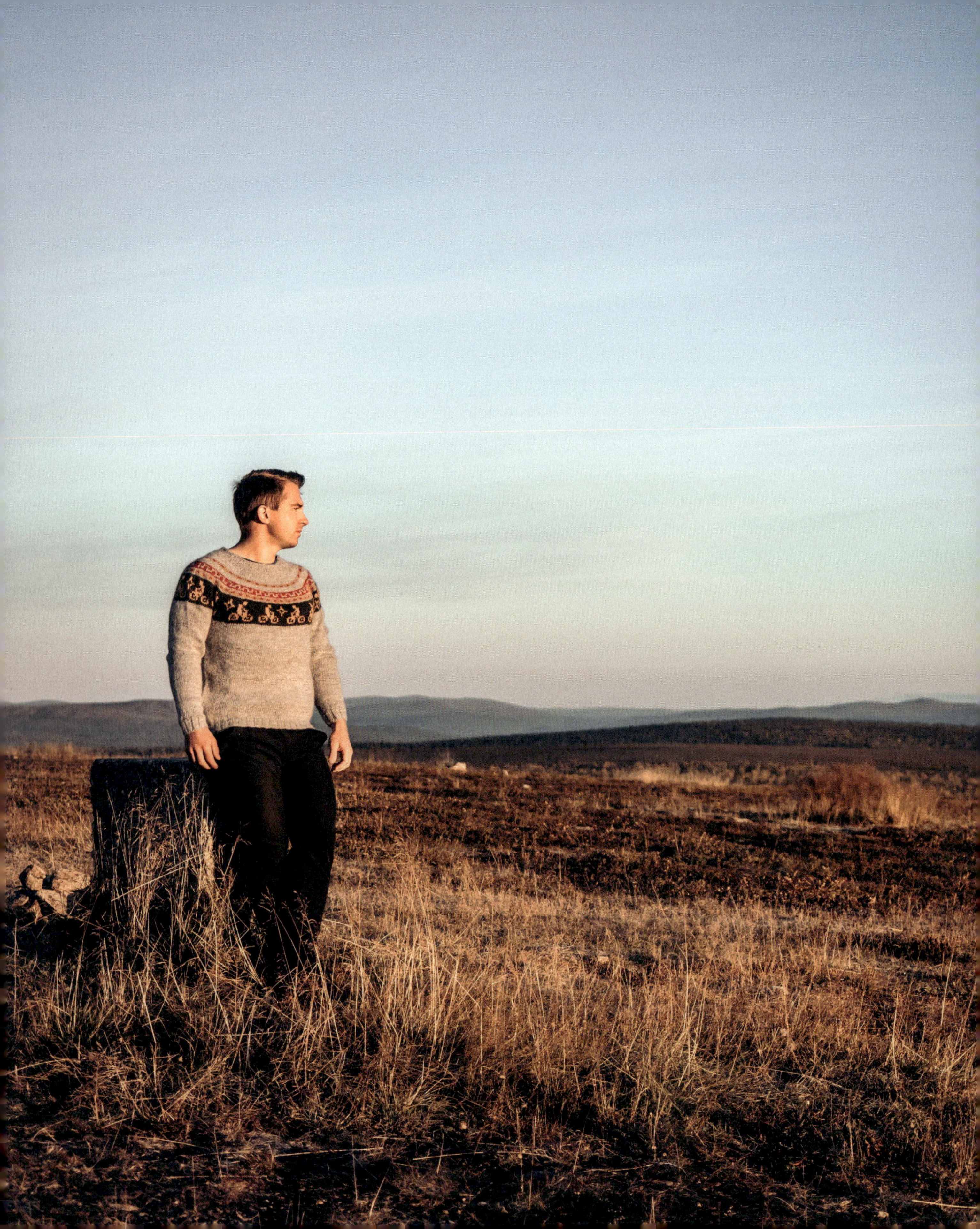

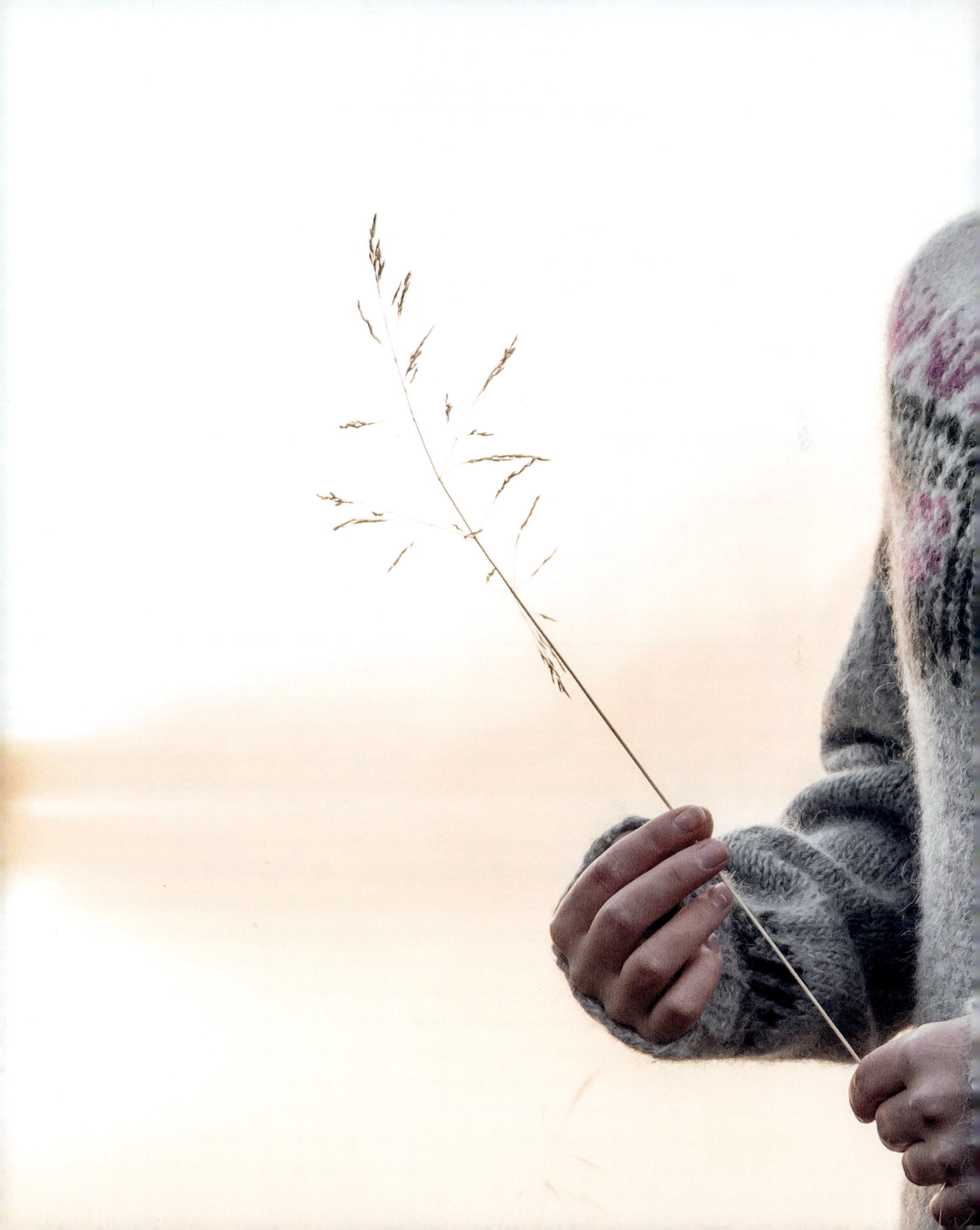

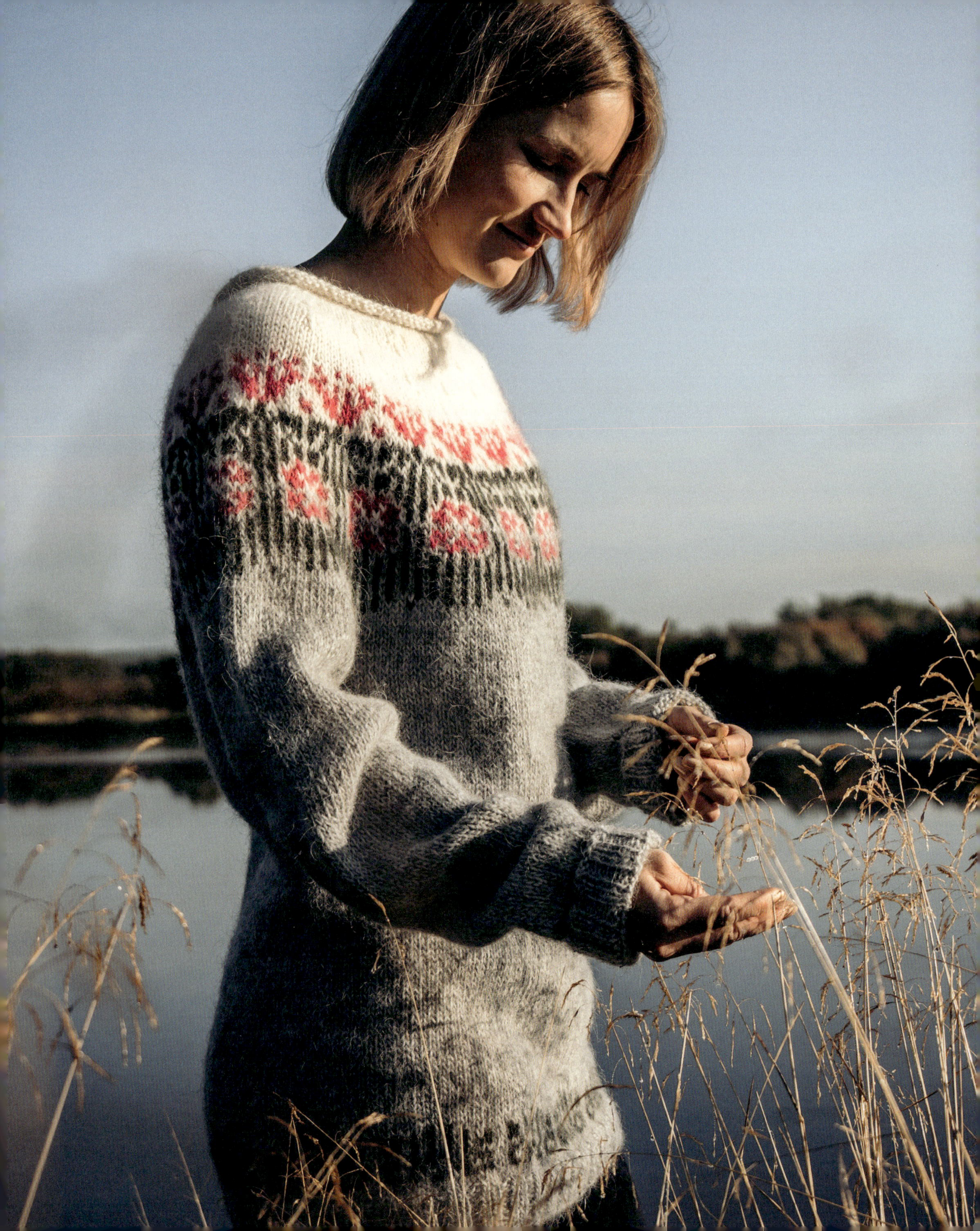

«

Lapinvuokko ist finnisch und bedeutet Silberwurz – ein Bodendecker mit entzückenden weißen Blüten, der in sehr kalten Gebirgsregionen gedeiht. In Island ist sie die Nationalblume. Das Muster ist von dieser Pflanze inspiriert. Der Rumpf sowie die Ärmel dieses Pullovers werden von unten nach oben gestrickt. Die Teile werden für die Passe vereint.

Lapinvuokko

DESIGNERIN: MERJA OJANPERÄ

Lapinvuokko

UNSER MODEL TRÄGT GRÖSSE S.

Größen: S (M, L)
Empfohlene Bequemlichkeitszugabe: 5 cm

Maße der fertigen Arbeit:
Brustumfang: 96,5 (106, 113) cm
Rumpflänge (Achsel bis Bündchen): 48 (49, 50) cm
Gesamtlänge (Schulter bis Bündchen): 72 (73, 74) cm
Ärmelumfang Oberarm: 39,5 (42, 44) cm
Umfang Ärmelbündchen: 26 (26, 26) cm
Innere Ärmellänge (Achsel bis Bündchen): 47 (48, 50) cm

Garn: Novita Icelandic Wool (100 % Wolle; 90 m / 50 g) oder ein anderes Garn mit entsprechender Lauflänge
GF: 045 Savi (Ton), 7 (9, 10) Knäuel oder 630 (730, 850) m
MF1: 384 Mänty (Kiefer), 2 (2, 2) Knäuel oder 110 (130, 150) m
MF2: 550 Pioni (Pfingstrose), 1 (1, 1) Knäuel oder 40 (60, 80) m
MF3: 010 Luonnonvalkoinen (Naturweiß), 2 (2, 2) Knäuel oder 110 (130, 150) m

Nadeln: Rundstricknadel Nr. 4,5, 40 und 80 cm lang
Nadelspiel Nr. 4,5

Sonstiges: Maschenmarkierer, Hilfsfaden oder Maschenhalter, Stopfnadel

Maschenprobe: 17 M x 21 Rd = 10 cm x 10 cm glatt rechts, leicht gespannt

Achtung! *Die Maschenprobe auch in Bezug auf das Muster überprüfen und falls notwendig die Nadelstärke wechseln.*

- GF
- MF1
- MF2
- MF3
- keine Masche
- / 2 M re zus-str
- ⩚ MDA

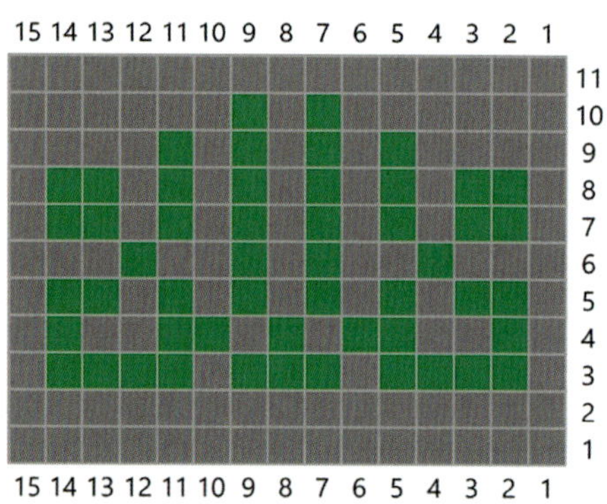

ZÄHLMUSTER A

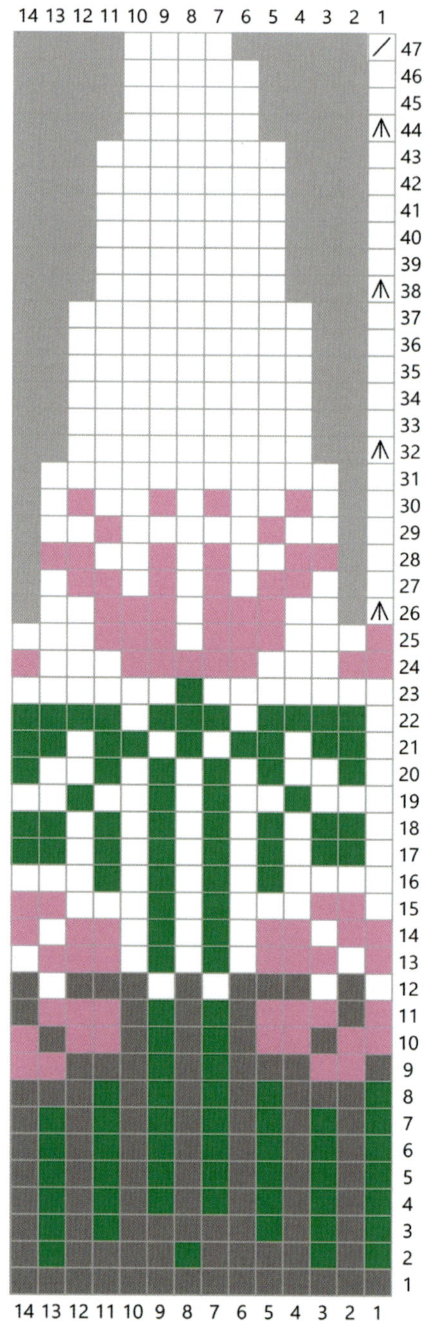

ZÄHLMUSTER B

RUMPF

164 (180, 192) M in der GF mit der langen Rundstricknadel anschlagen.
Zur Rd schließen, dabei darauf achten, dass sich die M nicht verdrehen. MM am Rundenanfang setzen und einen weiteren nach 82 (90, 96) M (= »Seitennaht«). 10 Rd im 2/2-Rippenmuster (2 M re, 2 M li im Wechsel) arb. In der letzten Rd 1 (0, 3) M zun = 165 (180, 195) M. Glatt re fortf. Alle 11 Rd von Zählmuster A arb. In der letzten Rd wieder 1 (0, 3) M abn = 164 (180, 192) M. MF1 trennen.
Mit der GF glatt re fortf, bis der Rumpf vom Bündchen bis unter die Achsel 48 (49, 50) cm misst oder eine andere gewünschte Länge erreicht hat.
Die Arbeit zur Seite legen.

ÄRMEL

44 (44, 44) M mit der GF auf dem Nadelspiel anschlagen (oder die kürzere Rundstricknadel verwenden, falls mit Magic Loop gearbeitet wird).
Zur Rd schließen, dabei darauf achten, dass sich die M nicht verdrehen. MM am Rundenanfang setzen. Anschließend 10 Rd im 2/2-Rippenmuster (2 M re, 2 M li im Wechsel) arb. Der Rundenanfang befindet sich auf der Unterseite des Ärmels. In der letzten Rd des Bündchens 1 (1, 1) M zun = 45 (45, 45) M. Glatt re fortf. Alle 11 Rd von Zählmuster A arb. MF1 trennen.
In der ersten Rd nach Beenden des Musters wie folgt zun: Mit der GF *1 M re, 1 M zun/li, weiter re M str, bis noch 1 M übrig ist: 1 M zun/re, 1 M re. 5 (4, 4) Rd re M str.* Von * bis * noch 10 (12, 14)x wdh = 67 (71, 75) M. Wenn der Ärmel eine Länge von 47 (48, 50) cm (oder eine andere gewünschte Länge) erreicht hat, die folgende Rd re M str, bis noch 5 (5, 6) M vor dem MM übrig sind. Die folgenden 10 (10, 12) M auf einem Hilfsfaden oder Maschenhalter stilllegen, also 5 (5, 6) M auf beiden Seiten des MM, den MM dabei entfernen. Garn abschneiden, aber nicht zu kurz, damit wird später das Ärmelloch zugenäht.
Die restlichen 57 (61, 63) Ärmel-M stilllegen.
Den zweiten Ärmel ebenso arb.

PASSE

Jetzt werden Ärmel und Rumpf wie folgt auf einer Nd vereint: Vom Rumpf mit der GF re M str, bis 5 (5, 6) M vor dem Seiten-MM übrig sind. Die nächsten 10 (10, 12) M auf einem Hilfsfaden oder Maschenhalter stilllegen, MM dabei entfernen. MM setzen (dies ist der neue Rundenanfang), 57 (61, 63) M des ersten Ärmels aufnehmen und re str.
Die folgenden Rumpf-M re str, bis 5 (5, 6) M vor dem nächsten MM übrig sind. Die nächsten 10 (10, 12) M auf einem Hilfsfaden oder Maschenhalter stilllegen, MM dabei entfernen, 57 (61, 63) M des zweiten Ärmels aufnehmen und re str bis zum Rundenanfang = 258 (282, 294).
1 Rd re M str, dabei gleichmäßig verteilt 6 (2, 0) M abn = 252 (280, 294) M. Der Rundenanfang liegt zwischen dem Rückenteil und dem linken Ärmel.
Achtung! Wenn eine höhere Passe gewünscht wird, können in der GF einige Rd zugefügt werden, bevor mit Zählmuster B begonnen wird.
Alle Rd von Zählmuster B arb und die Abn arb, wie im Diagramm angegeben = 90 (100, 105) M.
Jetzt verkürzte Reihen für einen erhöhten Nacken str. Zuerst einen MM in der Mitte des Rückens setzen. Dann bis zum MM str und wie folgt in R arb:

1. R (Hin-R): 10 (12, 14) M re str, Arbeit wenden.
2. R (Rück-R): 1 M abh, 19 (23, 27) M li, Arbeit wenden.
3. R: 1 M abh, 29 (35, 41) M re, Arbeit wenden.
4. R: 1 M abh, 39 (47, 55) M li, Arbeit wenden.
5. R: 1 M abh, 49 (59, 69) M re, Arbeit wenden.
6. R: 1 M abh, 59 (71, 83) M li, Arbeit wenden.

HALSAUSSCHNITT

Mit der GF 1 Rd re M str, dabei gleichmäßig verteilt 10 (16, 16) M abn. Auf der Nadel liegen jetzt 80 (84, 89) M. 8 Rd glatt re str und locker abketten. Der Rand rollt sich von allein locker ein.

FERTIGSTELLUNG

Alle Fadenenden auf der Innenseite vernähen. Die Ärmellöcher im Maschenstich schließen. Den Pullover waschen und ausdrücken. In Form ziehen und liegend trocknen lassen.

Stricken Sie den Pullover doch auch einmal mit einer dunklen Grundfarbe und weißen Blüten. Die echte Silberwurz hat weiße Blütenblätter, die mitten im Sommer wie Schneeflocken in der arktischen Heide glänzen.

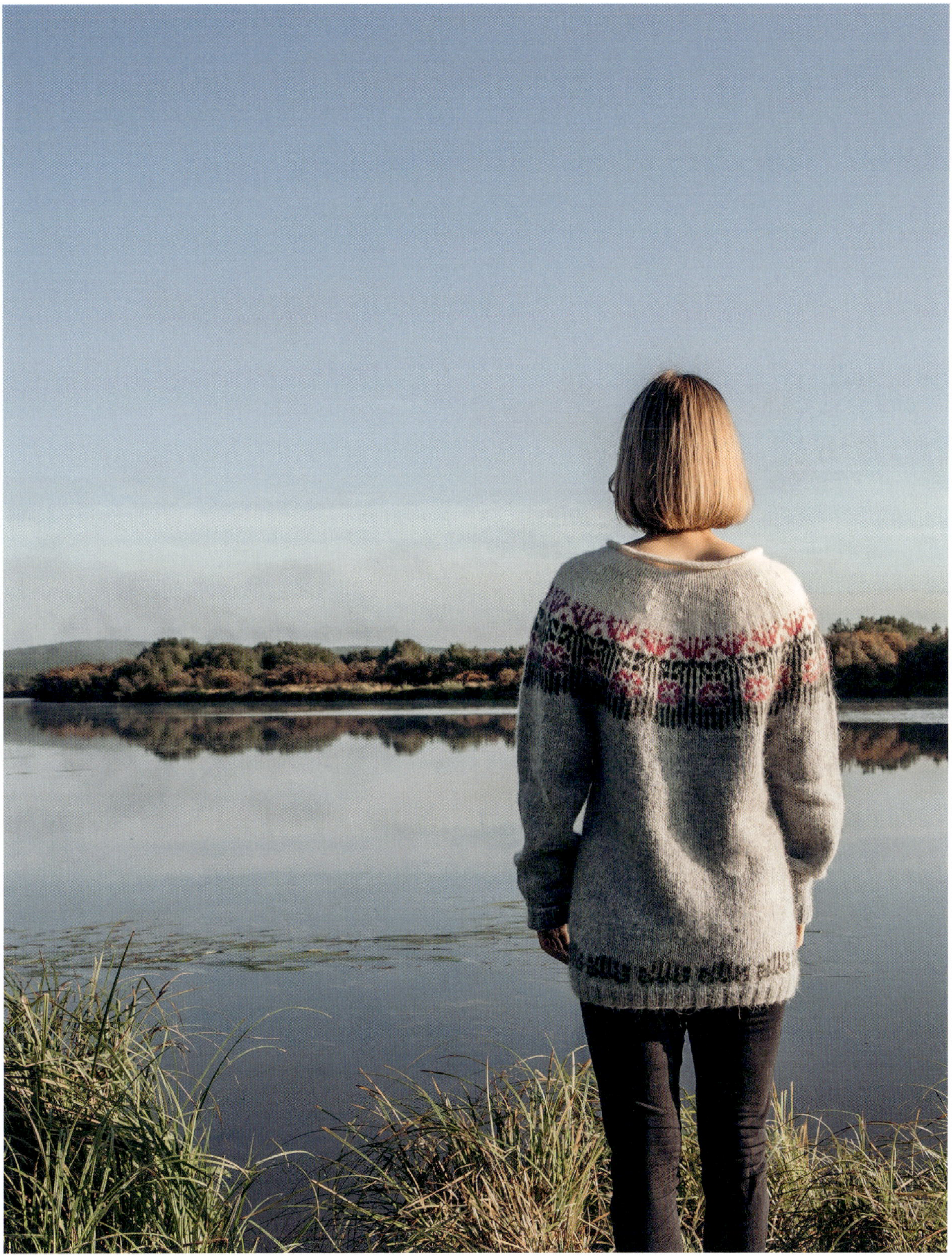

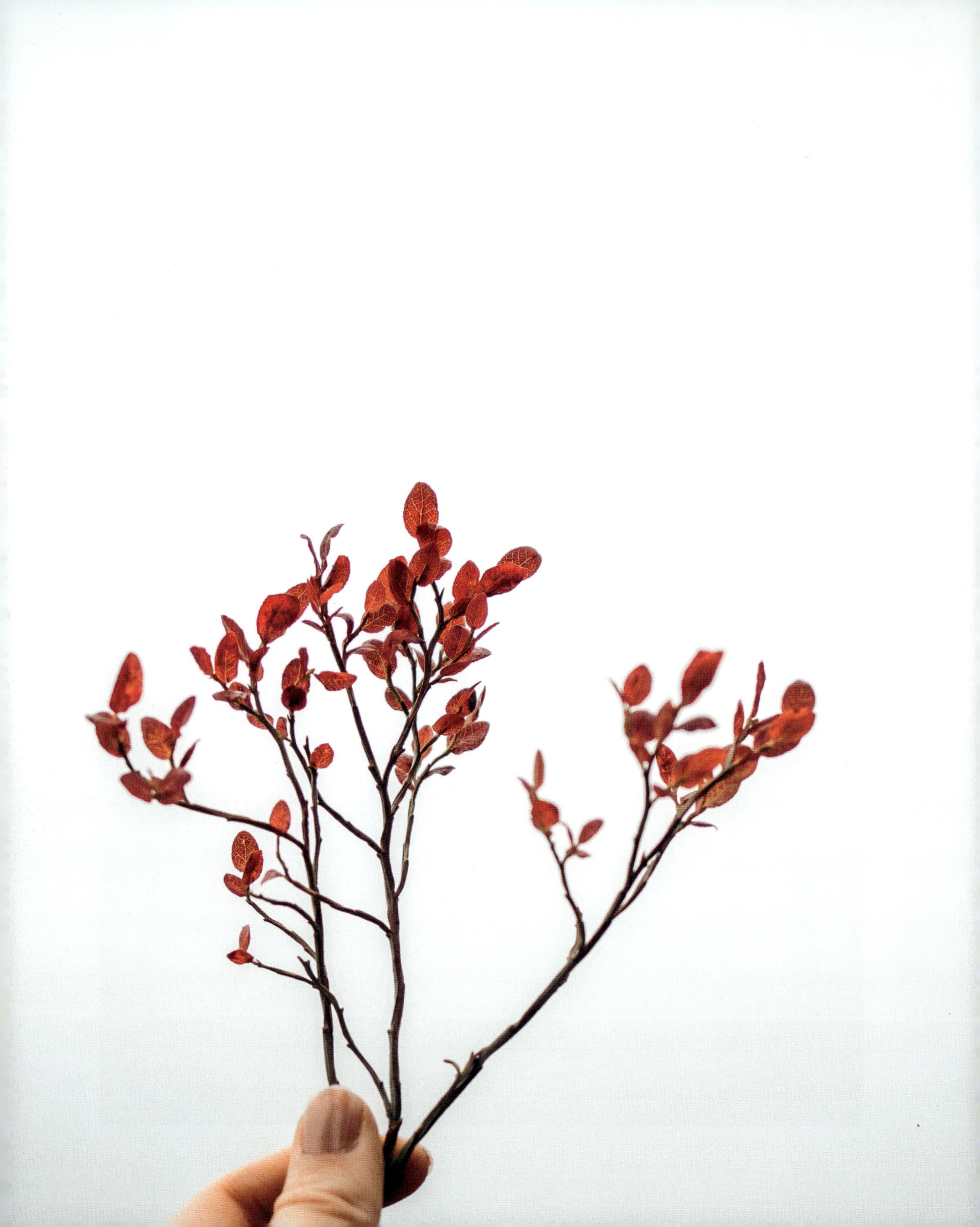

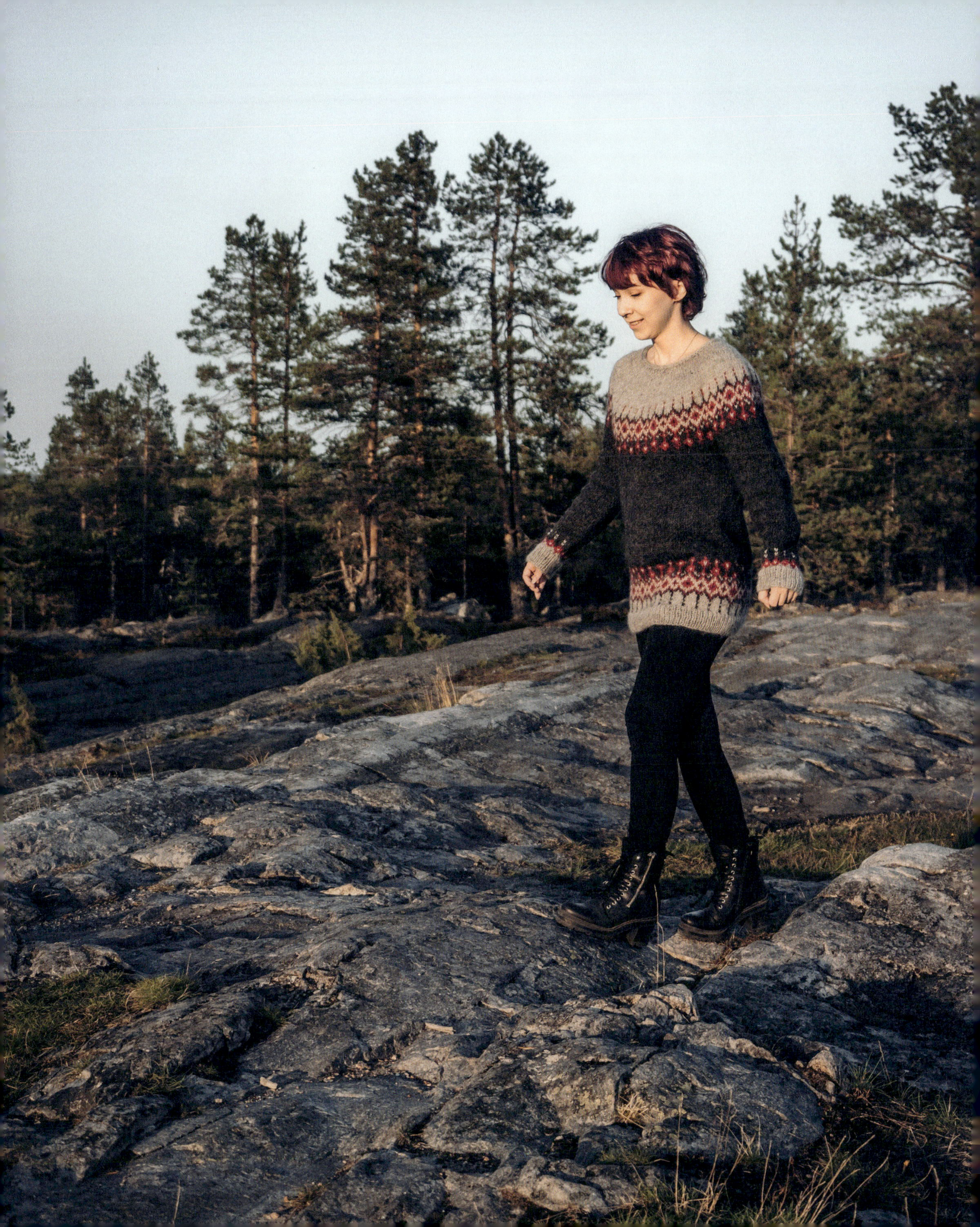

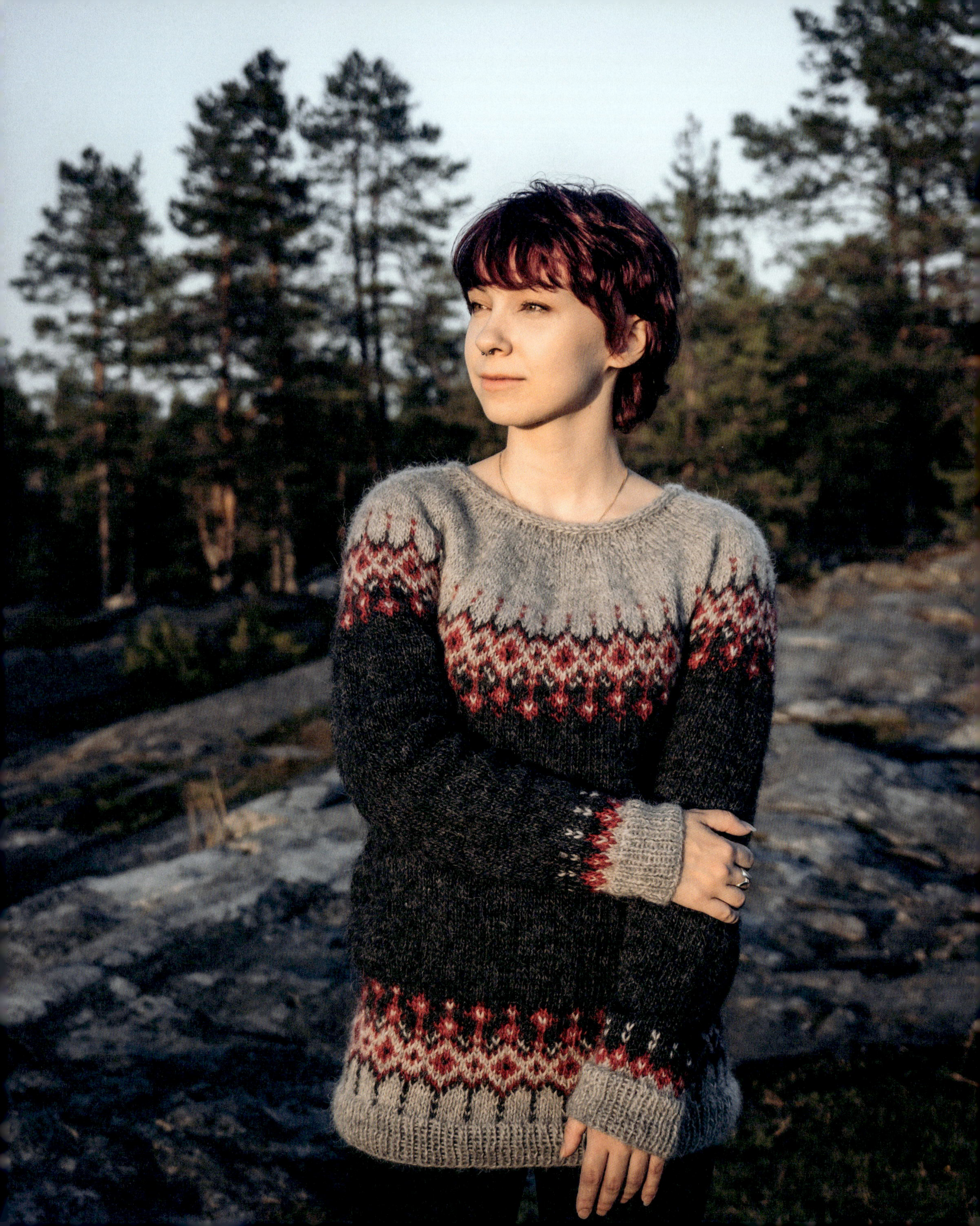

Hallanvaara

«

Hallanvaara bedeutet Nachtfrost. Der Pullover ist ein klassisches, schönes Strickstück, bei dem das Passenmuster am unteren Rumpf gespiegelt wird. Hallanvaara wird von unten nach oben gestrickt. Danach werden die Ärmel gearbeitet und zum Schluss mit dem Rumpf auf einer Nadel für die Passe vereint. Der Halsausschnitt wird mit einem Kordelrand abgekettet.

Designerin: Pirjo Iivonen

Hallanvaara

UNSER MODEL TRÄGT GRÖSSE S.

Großen: S (M, L, XL)
Empfohlene Bequemlichkeitszugabe: 4–5 cm

Maße der fertigen Arbeit:
Brustumfang: 89 (94,5, 100, 105,5) cm
Rumpflänge (Achsel bis Bündchen):
45 (47, 49, 52) cm
Gesamtlänge (Schulter bis Bündchen):
67 (71,5, 75,5, 79,5) cm
Ärmelumfang Oberarm: 34,5 (36,5, 39, 41) cm
Umfang Ärmelbündchen: 24,5 (24,5, 26,5, 26,5) cm
Innere Ärmellänge (Achsel bis Bündchen):
45 (48, 51, 53) cm

Garn: Novita Icelandic Wool (100 % Wolle; 90 m / 50 g) oder ein anderes Garn mit entsprechender Lauflänge
GF: 044 Grafiitti (Graphit) 7 (9, 11, 13) Knäuel oder 630 (810, 990, 1170) m
MF1: 523 Puolukka (Preiselbeere) 2 (2, 3, 3) Knäuel oder 180 (180, 270, 270) m
MF2: 045 Savi (Ton) 4 (5, 6, 6) Knäuel oder 360 (450, 540, 540) m

Nadeln: Rundstricknadeln Nr. 4 und 4,5, 80–100 cm lang
Nadelspiele Nr. 4 und 4,5

Sonstiges: Maschenmarkierer, Hilfsfaden oder Maschenhalter, Stopfnadel

Maschenprobe: 18 M x 23 Rd = 10 cm x 10 cm glatt rechts, leicht gespannt

Achtung! *Die Maschenprobe auch in Bezug auf das Muster überprüfen und falls notwendig die Nadelstärke wechseln.*

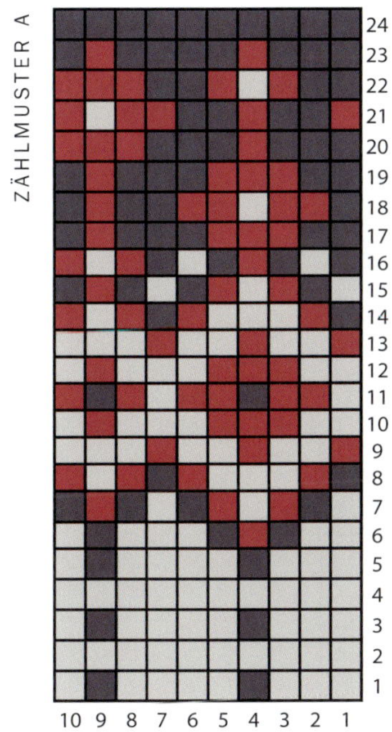

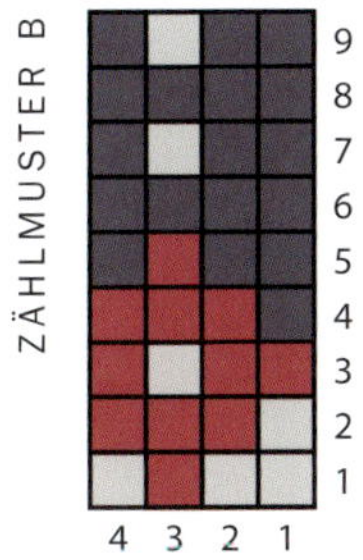

- GF
- MF1
- MF2
- 2 M re zus
- 2 M re ab/zus-str

RUMPF

160 (170, 180, 190) M mit MF2 und Nadel Nr. 4 anschlagen. Zur Rd schließen, dabei darauf achten, dass sich die M nicht verdrehen. Den Rundenanfang mit einem MM oder Faden markieren; dies ist die Rückenmitte. 5 cm im 1/1-Rippenmuster (1 M re, 1 M li im Wechsel) arb.
Zu Nadel Nr. 4,5 wechseln und 1 Rd re M str, dann Zählmuster A arb. Es ist einfacher, dem Rapport zu folgen, wenn man nach jeder 10. M einen MM setzt. Der Rapport von Zählmuster A wiederholt sich 16 (17, 18, 19)x pro Rd. Wenn alle 24 Rd des Zählmusters fertig sind, MF1 und MF2 trennen und alle MM bis auf den am Rundenanfang entfernen. Zu Nadel Nr. 4 wechseln und in GF glatt re weiterstr, bis der Rumpf 45 (47, 49, 52) cm misst; die letzte Rd bis zum Rundenanfang str. Den Rumpf zur Seite legen und die Ärmel str.

ÄRMEL

44 (44, 48, 48) M mit MF2 und Nadelspiel Nr.4 anschlagen. Zur Rd schließen, dabei darauf achten, dass sich die M nicht verdrehen, den Rundenanfang mit einem MM oder einem Faden markieren. Der Rundenanfang befindet sich auf der Unterseite des Ärmels und verbleibt dort bis unter die Achsel. 5 cm im 1/1-Rippenmuster (1 M re, 1 M li im Wechsel) arb. Zu Nadel Nr. 4,5 wechseln und 1 Rd re M str. Zählmuster B arb. Wenn alle 9 Rd des Musters gestrickt wurden, MF1 und MF2 trennen. Mit Nadel Nr. 4 in der GF glatt re fortf. 1 Rd re M str, dann mit den Zun beginnen.
Zun-Rd: 1 M re, 1 M zun/li, weiter re M str, bis 1 M übrig ist: 1 M zun/re, 1 M re. *[= 2 M zugen]*

Die Zun-R alle 3 (3, 2,5, 2,5) cm insgesamt 9 (11, 11, 13)x wdh. Auf der Nadel liegen jetzt 62 (66, 70, 74) M. Glatt re weiterstr, bis der Ärmel 45 (48, 51, 53) cm lang ist. Am Anfang und Ende der Rd jeweils 4 (5, 6, 7) M auf einem Hilfsfaden stilllegen, insgesamt 8 (10, 12, 14) M für das Ärmelloch. Den zweiten Ärmel ebenso arb.

PASSE

Jetzt werden Ärmel und Rumpf auf einer langen Rundstricknadel vereint: In der GF mit Nadeln Nr. 4 weiterarb. Ab Rundenanfang des Rumpfes 36 (37, 39, 40) M re str, die nächsten 8 (10, 12, 14) M auf einen Hilfsfaden legen, die 54 (56, 58, 60) M des ersten Ärmels re str. Weitere 72 (76, 78, 82) M vom Vorderteil des Rumpfes re str, die nächsten 8 (10, 12, 14) M auf einen Hilfsfaden legen, 54 (56, 58, 60) M des zweiten Ärmels str. Bis zum Rundenanfang 36 (37, 39, 40) M str. Auf der Nadel liegen jetzt 252 (262, 272, 282) M. In der nächsten Rd 2 M wie folgt abn: re M str, bis vom ersten Ärmel noch 1 M übrig ist: 2 M re zus-str (also 1 M vom Ärmel, 1 M vom Rumpf). Re M str, bis vom zweiten Ärmel noch 1 M übrig ist: 2 re zus-str, bis Rundenanfang str. Auf der Nadel liegen jetzt 250 (260, 270, 280) M. Mit GF weitere 0 (3, 6, 8) Rd re M str. Mit Nadel Nr. 4,5 Zählmuster C arb. Der Rapport von Zählmuster C wiederholt sich 25 (26, 27, 28)x pro Rd. Es ist einfacher, dem Muster zu folgen, wenn man nach jedem Rapport einen MM setzt. *(Achtung! Für Größe S die Rd 25, 32, 42 und 50 nicht str, für Größe M die Rd 25 und 42 nicht str)*. GF und MF1 nach R 24 trennen. Weiter in MF2 mit den kürzeren Nadeln str. Nach Zählmuster C liegen noch 100 (104, 108, 112) M auf der Nd und die Höhe der Passe (ab Achsel,) beträgt 21 (23, 25, 26) cm.

ZÄHLMUSTER C

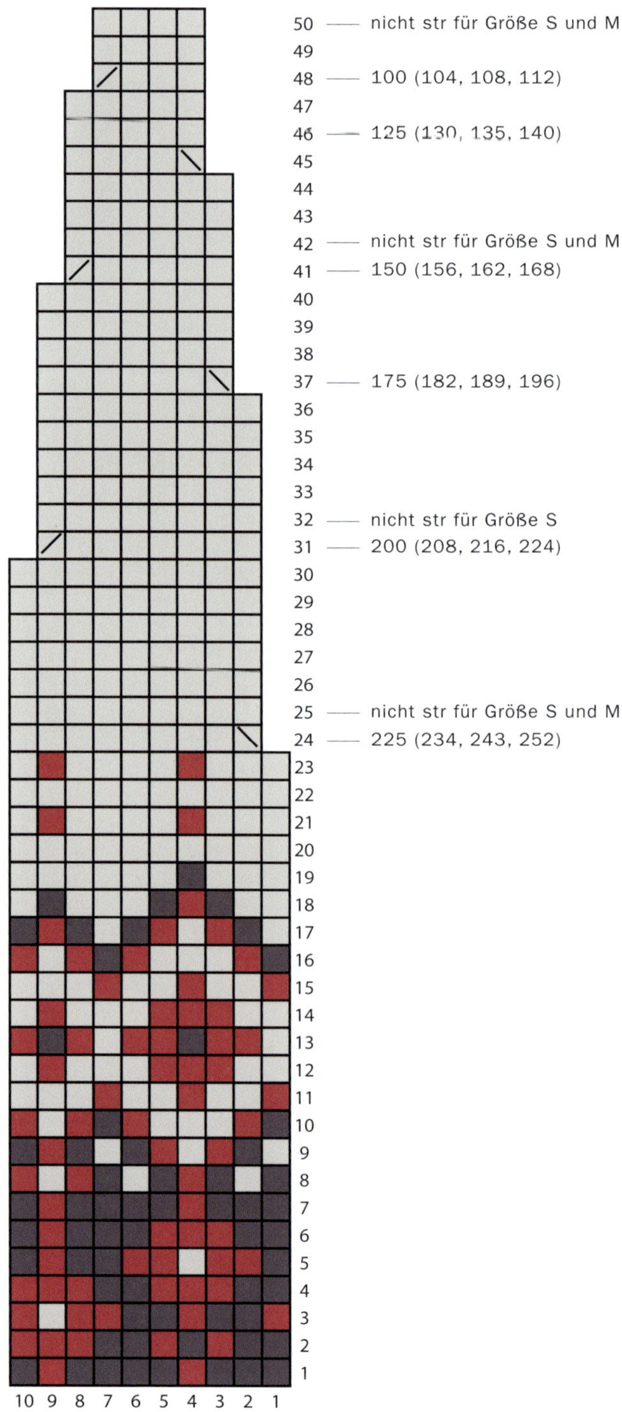

HALSABSCHLUSS

Alle MM bis auf den am Rundenanfang entfernen. Um den Nacken etwas zu erhöhen, werden verkürzte Reihen gearbeitet:

1. R (Hin-R): 10 (10, 10, 10) M re str, Arbeit wenden.

2. R (Rück-R): 1 DM, li M bis zum Rundenanfang str, MM abheben, 10 (10, 10, 10) M li, Arbeit wenden.

3. R: 1 DM, re M bis zum Rundenanfang str, MM abheben, re M bis zur DM str, DM re zus abstr, 7 (7, 7, 7) M re, Arbeit wenden.

4. R: 1 DM, li M bis zum Rundenanfang str, MM abheben, li M bis zur DM str, DM li zus abstr, 7 (7, 7, 7) M li, Arbeit wenden.

5. R: 1 DM, re M bis zum Rundenanfang str, MM abheben, re M bis zur DM str, DM re zus abstr, 7 (7, 7, 7) M re, Arbeit wenden.

6. R: 1 DM, li M bis zum Rundenanfang str, MM abheben, li M bis zur DM str, DM li zus abstr, 7 (7, 7, 7) M li, Arbeit wenden.

7. R: 1 DM, re M bis zum Rundenanfang str, MM abheben, 1 Rd re M bis zum Rundenanfang str, dabei DM re zus abstr.

1 Abn-Rd wie folgt str:

Größe S: 2 M re, *2 M re zus-str, 3 M re*, von * bis * 19x wdh, 2 M re zus-str, 1 M re. *[20 M abgen = 80 M]*

Größe M: 2 M re, *2 M re zus-str, 4 M re*, von * bis * 2x wdh, *2 M re zus-str, 3 M re*, von * bis * 15x wdh, *2 M re zus-str, 4 M re*, von * bis * 2x wdh, 2 M re zus-str, 1 M re. *[20 M abgen = 84 M]*

Größe L: 2 M re, *2 M re zus-str, 2 M re*, von * bis * 6x wdh, *2 M re zus-str, 3 M re* von * bis * 11x wdh, *2 M re zus-str, 2 M re*, von * bis * 6x wdh, 2 M re zus-str, 1 M re. *[24 M abgen = 84 M]*

Größe XL: 2 M re, *2 M re zus-str, 2 M re*, von * bis * 4x wdh, *2 M re zus-str, 3 M re*, von * bis * 15x wdh, *2 M re zus-str, 2 M re*, von * bis * 4x wdh, 2 M re zus-str, 1 M re. *[24 M abgen = 88 M]*

1 Rd re M str. Dann den Ausschnitt mit einem Kordelrand über 3 Maschen abschließen: Die Nadel mit allen M ist in der linken Hand. Am rechten Rand der Arbeit 2 zusätzliche M aufschlingen. Diese beiden M re abstr, die beiden nächsten M rechts verschr zus-str. *Die 3 M von der re auf die li Nd heben. 2 M re, die beiden nächsten M re verschr zus-str*. Von * bis * bis zum Rd-Ende wdh. Die letzten 3 M wieder auf die li Nd heben. 1 M re, 2 M re verschr zus-str und die zuerst gestr M überziehen. Faden abschneiden und durchziehen. Es gibt im Internet hilfreiche Anleitungsvideos zum Kordelrand (oder I-Cord-Rand)."

FERTIGSTELLUNG

Die Ärmellöcher im Maschenstich schließen. Alle Fäden auf der Innenseite der Arbeit vernähen. Den Pullover in lauwarmem Wasser waschen, das überschüssige Wasser erst mit den Händen, dann in einem Frotteehandtuch ausdrücken, die Arbeit in Form ziehen und liegend trocknen lassen.

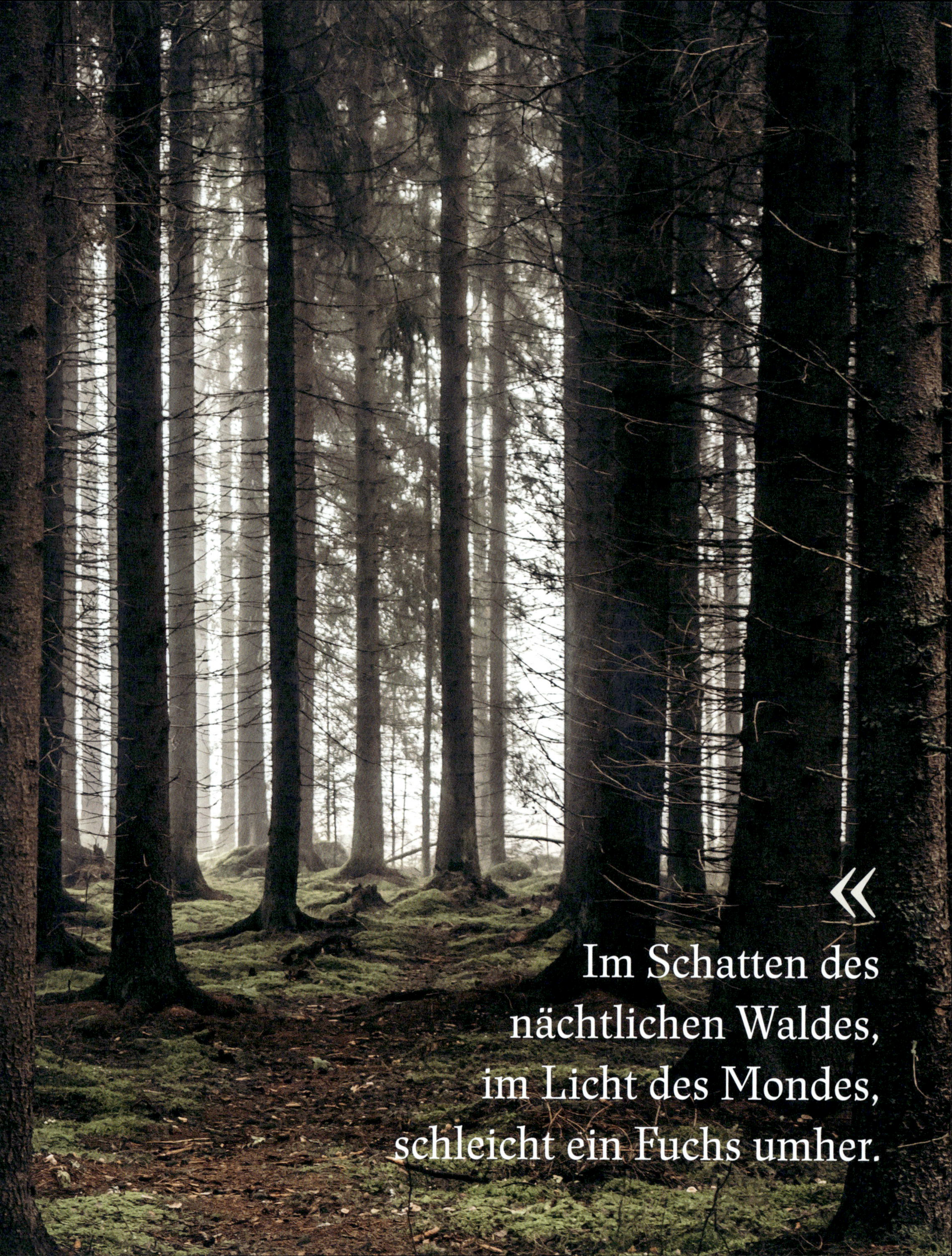

»

Im Schatten des
nächtlichen Waldes,
im Licht des Mondes,
schleicht ein Fuchs umher.

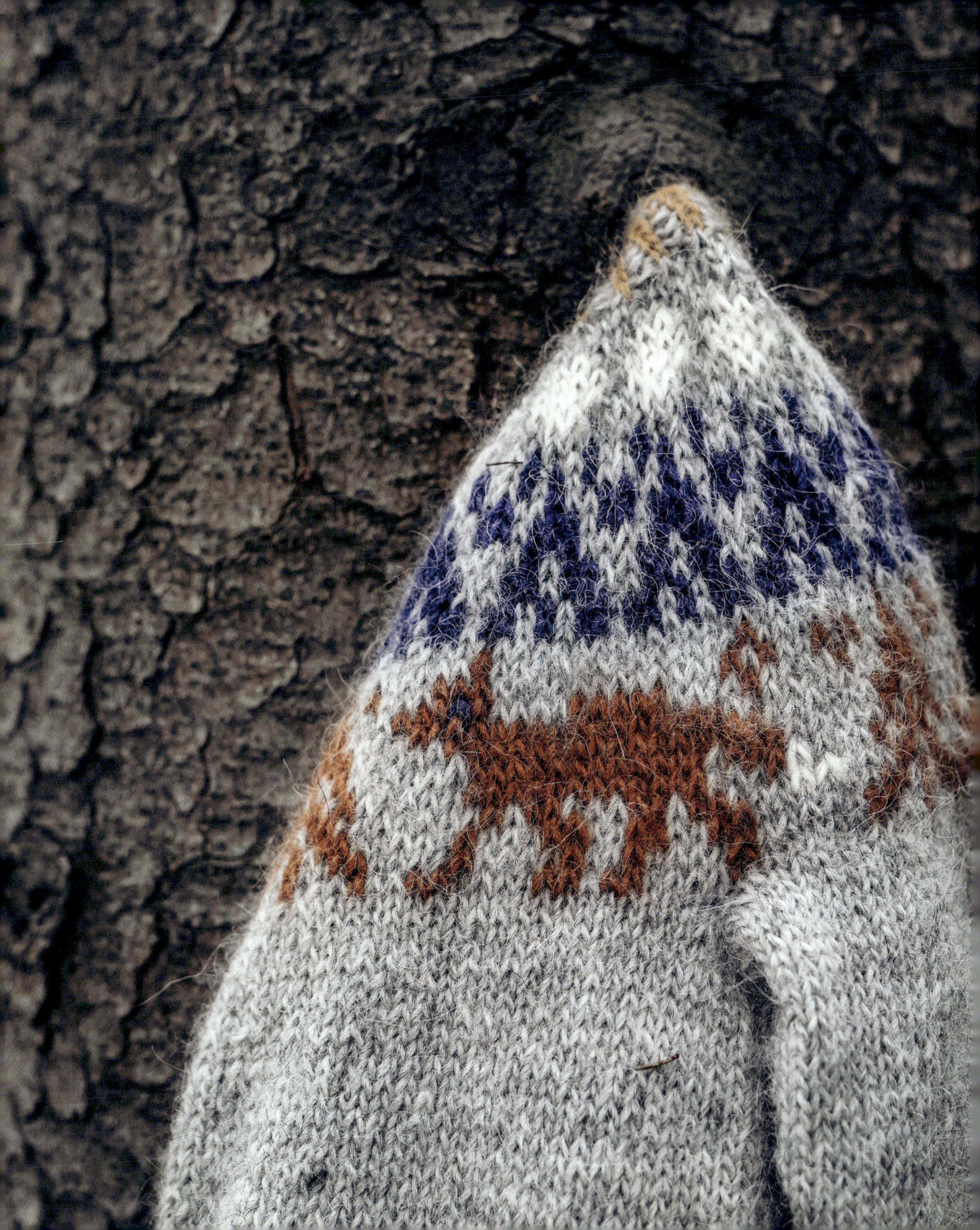

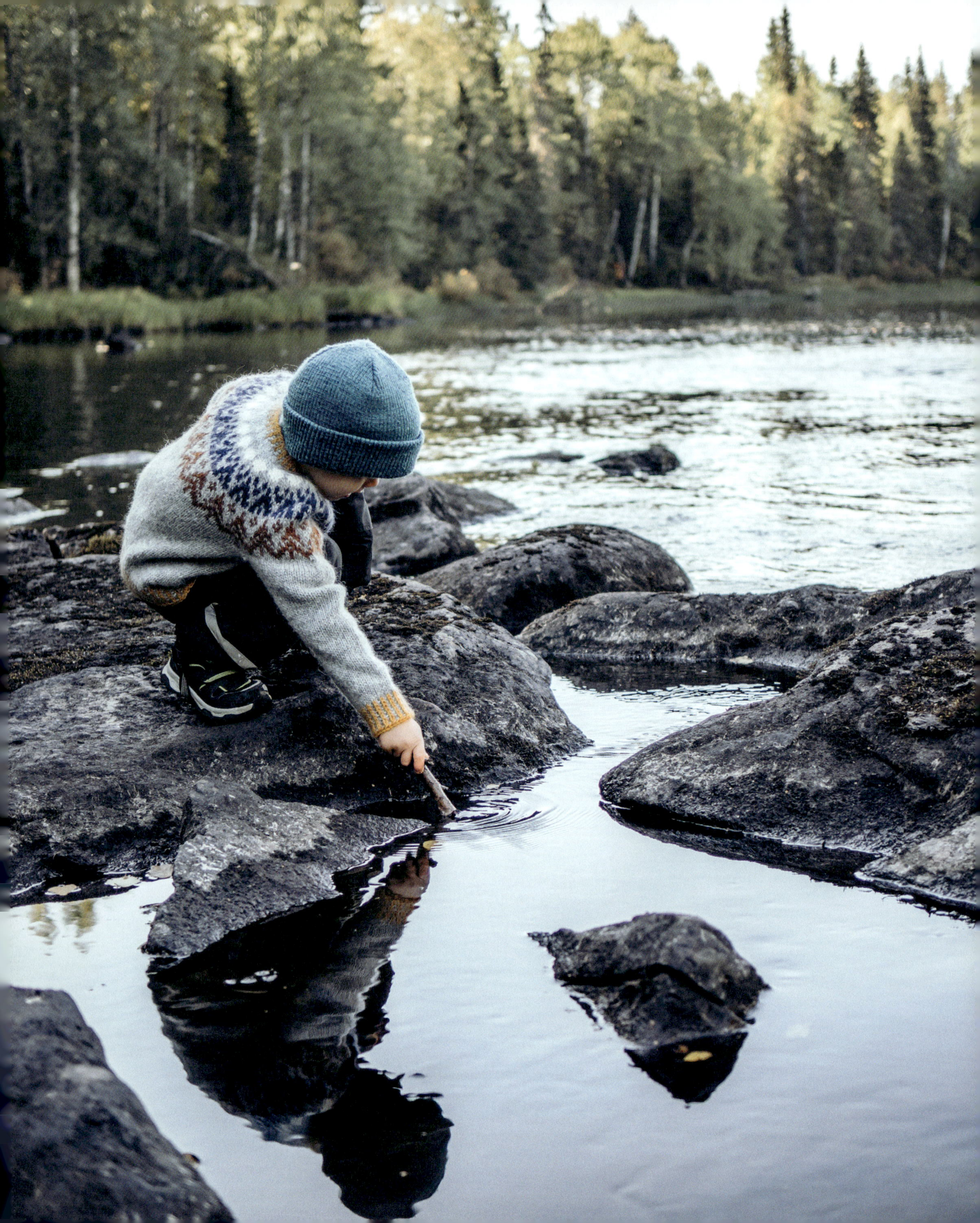

Fuchswald heißt dieses Modell. Auf der Passe gibt es einen Fuchs zwischen vielen Tannen. Die Platzierung des Fuchses bleibt Ihnen überlassen – vorne, hinten, mittig, seitlich. Vorder- und Rückenteil sind identisch. Wer mag, kann den Nacken durch verkürzte Reihen erhöhen. Der Pullover wird von oben nach unten gestrickt, sodass Rumpf und Ärmel einfach verlängert werden können, wenn die Kinder wachsen.

Kettumetsä

DESIGNERIN: MINTTU WIKBERG

Kettumetsä / KINDER

UNSER MODEL TRÄGT GRÖSSE 100 CM.

Größen: 100 (120, 140, 160) cm
Empfohlene Bequemlichkeitszugabe: ca. 12 cm

Maße der fertigen Arbeit:
Brustumfang: 69 (75,5, 84,5, 93,5) cm
Rumpflänge (Achsel bis Bündchen):
24,5 (28,5, 32,5, 37,5) cm
Gesamtlänge (Schulter bis Bündchen):
39,5 (44,5, 50,5, 56,5) cm
Ärmelumfang Oberarm: 26,5 (28, 32, 34,5) cm
Umfang Ärmelbündchen: 18 (18, 20, 22) cm
Innere Ärmellänge (Achsel bis Bündchen)
29,5 (34,5, 41,5, 50,5) cm

Garn: Novita Icelandic Wool (100 % Wolle; 90 m / 50 g) oder ein anderes Garn mit entsprechender Lauflänge
GF: 045 Savi 4 (6, 7, 8) Knäuel oder 380 (540, 630, 720) m
MF1: 010 Luonnonvalkoinen (Naturweiß) 1 (1, 1, 1) Knäuel oder 15 (20, 30, 40) m
MF2: 164 Mustikka (Heidelbeere) 1 (1, 1, 1) Knäuel oder 20 (30, 40, 50) m
MF3: 663 Tatti (Steinpilz) 1 (1, 1, 1) Knäuel oder 40 (50, 70, 80) m
MF4: 638 Seitikki (Schleierling) 1 (1, 1, 2) Knäuel oder 50 (70, 90, 100) m

Nadeln: Rundstricknadeln Nr. 4 und 4,5, 80–100 cm lang
Nadelspiele Nr. 4 und 4,5

Sonstiges: Maschenmarkierer, Hilfsfaden oder Maschenhalter, Stopfnadel

Maschenprobe: 18 M x 25 Rd = 10 cm x 10 cm glatt rechts, leicht gespannt

Achtung! *Die Maschenprobe auch in Bezug auf das Muster überprüfen und falls notwendig die Nadelstärke wechseln.*

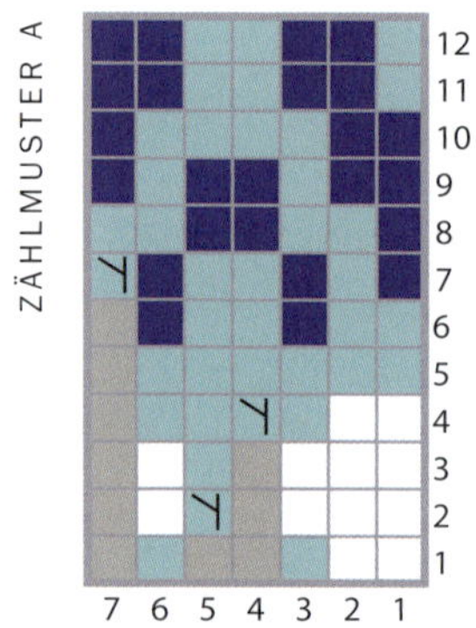

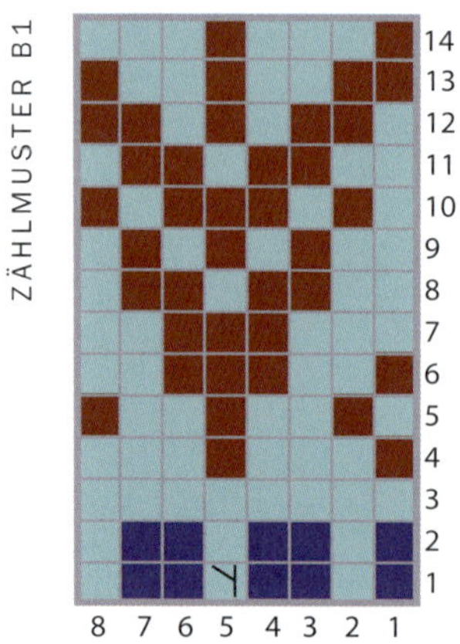

- GF
- MF1
- MF2
- MF3
- MF4
- keine Masche
- 1 M zun/li

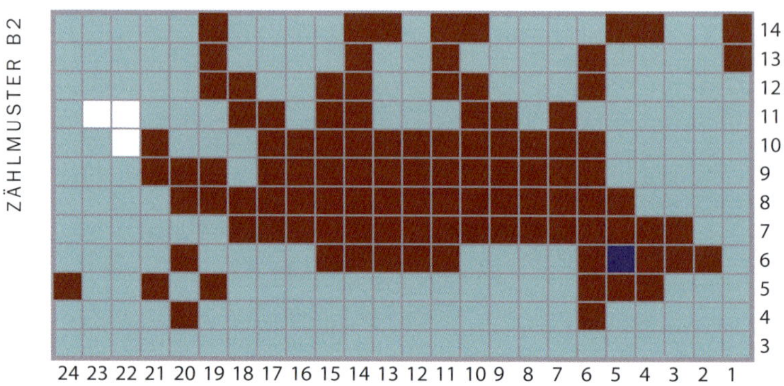

PASSE

Tipp! Damit die Spannfäden beim Musterstricken nicht zu lang werden, empfiehlt es sich, die Fäden über mehr als 5 M auf der Innenseite miteinander zu verdrehen. Die Fäden an unterschiedlichen Stellen miteinander verweben, damit sie in den folgenden Rd nicht übereinanderliegen.

Für das Halsbündchen 78 (84, 86, 90) M in der MF4 mit Nadeln Nr. 4 (Rundstricknadel oder Nadelspiel) anschlagen. MM am Rundenanfang setzen. 2,5 (2,5, 3, 3) cm im 1/1-Rippenmuster *1 re mit MF4, 1 li mit GF* arb.

Zu Nadel Nr. 4,5 wechseln. Mit GF weiterarb. Die Zun wie folgt arb:

Größe 100 cm: MM abh, 1 M re, *5 M re, 1 M zun/li, 6 M re, 1 M zun/li*, von * bis * wdh, bis zum Rundenanfang. *[14 M zugen = 92 M]*

Größe 120 cm: MM abh, *[5 M re, 1 M zun/li] x3, 6 M re, 1 M zun/li*, von * bis * wdh, bis zum Rundenanfang. *[16 M zugen = 100 M]*

Größe 140 cm: MM abh, 1 M re, 1 M zun/li, *3 M re, 1 M zun/li, 4 M re, 1 M zun/li*, von * bis * wdh, bis 1 M übrig ist: 1 M zun/li. *[26 M zugen = 112 M]*

Größe 160 cm: MM abh, 5 M re, 1 M zun/li, *3 M re, 1 M zun/li, 2 M re, 1 M zun/li*, von * bis * wdh, bis 5 M übrig sind: 5 M re, 1 M zun/li. *[34 M zugen = 124 M]*

Wenn ein erhöhter Nacken gewünscht wird, kann er wie folgt mit verkürzten Reihen gearb werden: Ab Rundenanfang 27 (30, 33, 37) M re str, Arbeit wenden. 1 DM, bis zum Rundenanfang li M str, Arbeit wenden. 1 DM. Ab Rundenanfang 42 (46, 50, 55) re M str (die DM als eine M abstr), Arbeit wenden, 1 DM, 57 (62, 67, 73) li M str, Arbeit wenden. 1 DM, 1 Rd re M bis Rundenanfang str.

Wenn keine verkürzten Reihen gearb werden, mit GF glatt re 1 (2, 3, 4) Rd str.

Zählmuster A arb. Der Rapport wiederholt sich pro Rd 23 (25, 28, 31)x. Alle 12 Rd des Zählmusters arb, dabei zun wie dort eingezeichnet. Nach Beenden des Zählmusters liegen 161 (175, 196, 217) M auf der Nd.

Gleich anschließend Zählmuster B1 arb, dabei in der 1. Rd zun wie dort eingezeichnet. Vor Rd 3 von Zählmuster B1 entscheiden, an welcher Stelle auf dem Pullover der Fuchs von Zählmuster B2 eingefügt werden soll. Vor und nach dem Fuchs weiter die Bäume von Zählmuster B1 arb. Um den Fuchs an einem bestimmten Ort zu platzieren, hier zur Orientierung noch einmal die Aufteilung der M: die ersten 54 (60, 66, 74) M = Rückenteil, 38 (40, 46, 50) M = rechter Ärmel, 54 (60, 66, 74) M = Vorderteil, die letzten 38 (40, 46, 50) M = linker Ärmel.

Hinweis: Da das Auge und das Schwanzende des Fuchses zum Schluss im Maschenstich auf die Arb aufgestickt werden, werden alle Fuchs-M in MF3 gestr.

Nach Beenden des Zählmusters alle MF trennen und mit GF glatt re über alle 184 (200, 224, 248) M arb, bis die Passe ab Anschlag des Bündchens mindestens 15 (16, 18, 19) cm misst.

In der folgenden Rd werden die Ärmel-M stillgelegt: 54 (60, 66, 74) M re str, für einen Ärmel 38 (40, 46, 50) M auf einem Hilfsfaden oder Maschenhalter stilllegen, 8 (8, 10, 10) M anschlagen (Ärmelloch unter der Achsel), 54 (60, 66, 74) M re str, für den zweiten Ärmel 38 (40, 46, 50) M auf einem Hilfsfaden oder Maschenhalter stilllegen, 8 (8, 10, 10) M anschlagen.

RUMPF

124 (136, 152, 168) M mit GF glatt re in Rd str, bis die Arb ab Ärmelloch 20 (24, 28, 33) cm misst. Zu den dünneren Nd wechseln und 4,5 cm Bündchen *1 M re in MF4, 1 M li in GF* str. Mit MF4 die letzte Rd des Bündchens str. Dann mit MF4 abketten.

ÄRMEL

Die stillgelegten 38 (40, 46, 50) Ärmel-M auf Nadel Nr. 4,5 heben. 8 (8, 10, 10) M aus den neu angeschlagenen M zwischen Vorder- und Rückenteil herausstr plus je 1 M auf beiden Seiten, wo die Ärmel in die Passe übergehen, damit dort kein Loch entsteht = 48 (50, 58, 62) M. Zur Rd schließen und einen MM in der Mitte der Achsel setzen.
3 (1, 1, 3) cm glatt re in GF str. Mit den Abn auf beiden Seiten des MM beginnen: MM abh, re M str, bis 2 M vor dem MM: 2 M re verschränkt zus-str, MM abh, 2 M re zus-str, re M bis zum Rundenanfang. In jeder Abn-Rd werden 2 M abgen. Die Ärmel-Abn alle 3 (3,5, 3,5, 4) cm insgesamt 8 (9, 11, 11)x wdh = 32 (32, 36, 40) Ärmel-M.
Glatt re arb, bis der Ärmel 26 (30, 37, 46) cm misst. Zu den dünneren Nd wechseln und 3,5 (4,5, 4,5, 4,5) cm Bündchen *1 M re in MF4, 1 M li in GF* str. Mit MF4 die letzte Rd des Bündchens str. Dann mit MF4 abketten.

FERTIGSTELLUNG

Alle Fadenenden auf der Innenseite vernähen. Auge und Schwanzspitze des Fuchses im Maschenstich aufsticken. Die Arbeit befeuchten, in Form ziehen und liegend trocknen lassen.

Kettumetsä / ERWACHSENE

Größen: S (M, L, XL)
Empfohlene Bequemlichkeitszugabe: 12 cm

Maße der fertigen Arbeit:
Brustumfang: 101 (110, 116,5, 123,5) cm
Rumpflänge (Achsel bis Bündchen):
38,5 (39,5, 40,5, 41,5) cm
Gesamtlänge (Schulter bis Bündchen):
59,5 (62,5, 65,5, 67,5) cm
Ärmelumfang Oberarm: 36,5 (40, 42, 44,5) cm
Umfang Ärmelbündchen: 23,5 (24,5, 25,5, 26,5) cm
Innere Ärmellänge (Achsel bis Bündchen)
47,5 (49,5, 50,5, 50,5) cm

Garn: Novita Icelandic Wool (100 % Wolle; 90 m / 50 g) oder ein anderes Garn mit entsprechender Lauflänge
GF: 045 Savi (Ton) 8 (9, 10, 11) Knäuel oder 720 (810, 900, 990) m
MF1: 010 Luonnonvalkoinen (Naturweiß) 1 (1, 1, 1) Knäuel oder 50 (60, 70, 90) m
MF2: 164 Mustikka (Heidelbeere) 1 (1, 1, 2) Knäuel oder 60 (70, 90, 110) m
MF3: 663 Tatti (Steinpilz) 2 (2, 2, 2) Knäuel oder 120 (140, 160, 180) m
MF4: 638 Seitikki (Schleierling) 2 (2, 3, 3) Knäuel oder 160 (180, 210, 250) m

---

Nadeln: Rundstricknadeln Nr. 4 und 4,5, 80–100 cm lang
Nadelspiele Nr. 4 und 4,5

Sonstiges: Maschenmarkierer, Hilfsfaden oder Maschenhalter, Stopfnadel

---

Maschenprobe: 18 M x 25 Rd = 10 cm x 10 cm glatt rechts mit Nadeln Nr. 4,5, leicht gespannt

---

Achtung! *Die Maschenprobe auch in Bezug auf das Muster überprüfen und falls notwendig die Nadelstärke wechseln.*

PASSE

Tipp! Damit die Spannfäden beim Musterstricken nicht zu lang werden, empfiehlt es sich, die Fäden über mehr als 5 M auf der Innenseite miteinander zu verdrehen. Die Fäden an unterschiedlichen Stellen miteinander verweben, damit sie in den folgenden Rd nicht übereinanderliegen.

96 (100, 108, 116) M in MF4 mit Nadeln Nr. 4 auf der Rundstrick-Nd oder dem Nadelspiel anschlagen. 3 cm 1/1-Rippenmuster *1 M re mit MF4, 1 M li mit GF* arb. MM am Rundenanfang setzen.

Zu Nadel Nr. 4,5 wechseln und nur mit GF fortf.

Mit den Zun beginnen:

Größe S: MM abh, *8 M re, 1 M zun/li*, von * bis * bis zum Rundenanfang wdh. *[12 M zugen = 108 M]*

Größe M: MM abh, 4 M re, *6 M re, 1 M zun/li*, von * bis * bis zum Rundenanfang wdh. *[16 M zugen = 116 M]*

Größe L: MM abh, 2 M re, *6 M re, 1 M zun/li, 7 M re, 1 M zun/li*, von * bis * wdh, bis noch 2 M übrig sind: 2 M re. *[16 M zugen = 124 M]*

Größe XL: MM abh, 2 M re, *7 M re, 1 M zun/li*, von * bis * wdh, bis noch 2 M übrig sind: 2 M re. *[16 M zugen = 132 M]*

Wenn ein erhöhter Nacken gewünscht wird, wie folgt mit verkürzten Reihen arb:

Ab Rundenanfang 33 (35, 38, 40) M re str, Arbeit wenden. 1 DM, bis zum Rundenanfang li M str, Arbeit wenden. 1 DM, 50 (54, 58, 62) M re str (die DM als eine M abstr), Arb wenden. 1 DM, 67 (73, 78, 84) M li str, Arbeit wenden. 1 DM und 1 Rd re M bis zum Rundenanfang str. Jetzt gemäß Zählmuster A die Passe beginnen.

Falls keine verkürzten Reihen gearb werden, stattdessen in GF 3 (4, 5, 6) Rd glatt re str.

ZÄHLMUSTER A

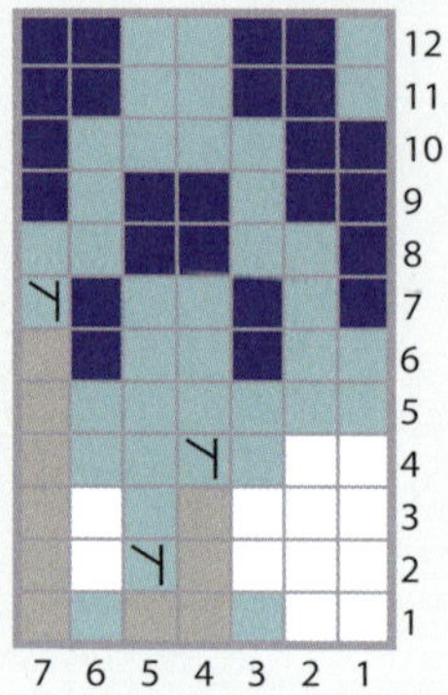

ZÄHLMUSTER B1

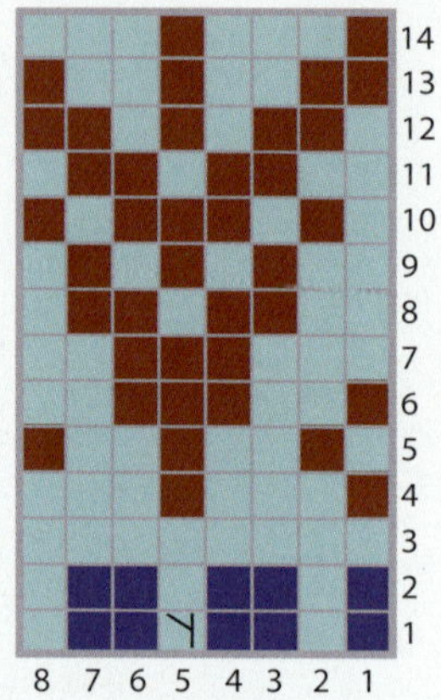

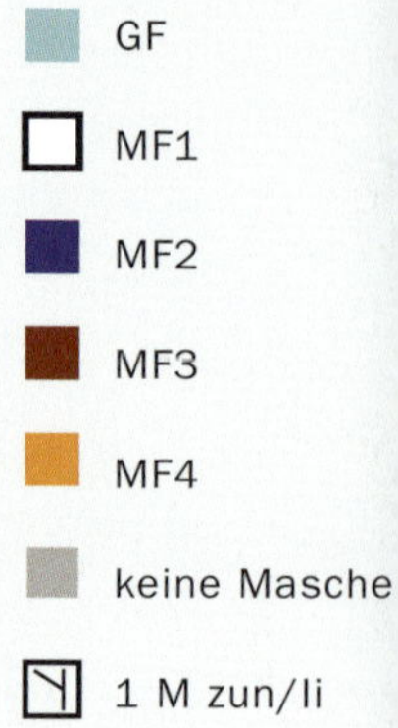

ZÄHLMUSTER B2

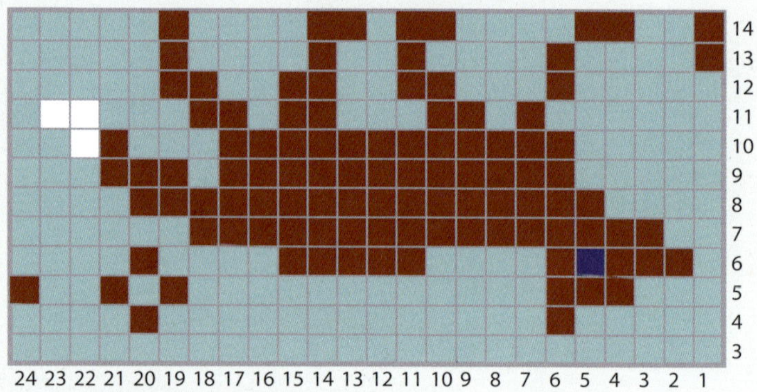

ZÄHLMUSTER C

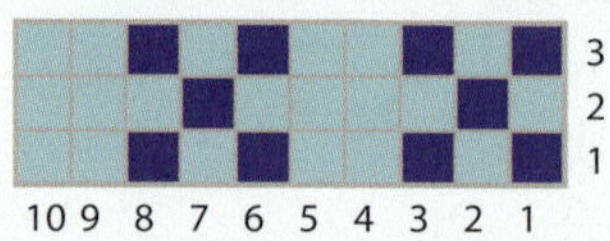

Zählmuster A str, das Muster wiederholt sich pro Runde 27 (29, 31, 33)x. Alle 12 Rd des Zählmusters arb, dabei zun wie dort eingezeichnet. Nach Beenden des Zählmusters liegen 189 (203, 217, 231) M auf der Nd.

Gleich anschließend die 1. und 2. Rd von Zählmuster B1 str, dabei zun wie dort eingezeichnet.

Auf der Nd liegen jetzt 216 (232, 248, 264) M.
Vor Rd 3 von Zählmuster B1 entscheiden, an welcher Stelle auf dem Pullover der Fuchs von Zählmuster B2 eingefügt werden soll. Vor und nach dem Fuchs weiter die Bäume von Zählmuster B1 arb. Um den Fuchs an einem bestimmten Ort zu platzieren, hier zur Orientierung noch einmal die Aufteilung der M: die ersten 66 (70, 76, 80) M = Rückenteil, 42 (46, 48, 52) M = rechter Ärmel, 66 (70, 76, 80) M = Vorderteil, die letzten 42 (46, 48, 52) M = linker Ärmel. Da das Auge und das Schwanzende des Fuchses zum Schluss im Maschenstich aufgestickt werden, werden alle Fuchs-M mit MF3 gearb.
Nach Zählmuster B(1+2) mit GF 1 Rd glatt re str.
Zun-Rd: *8 M re, 1 M zun/li*, von * bis * bis zum Rundenanfang wdh. *[27 (29, 31, 33) M zugen = 243 (261, 279, 297) M]*
Mit GF 1 Rd glatt re str.
Zun-Rd: *9 M re, 1 M zun/li*, von * bis * bis zum Rundenanfang wdh. *[27 (29, 31, 33) M zugen = 270 (290, 310, 330) M]*
Zählmuster C str, der Rapport von 10 M wiederholt sich pro Runde 27 (29, 31, 33)x.
Nach Zählmuster C alle MF trennen und mit GF glatt re über alle 270 (290, 310, 330) M str, bis die Passe ab Anschlag des Bündchens mindestens 21 (23, 25, 26) cm misst.
In der folgenden Rd ab Rundenanfang 81 (87, 93, 99) M re str, für den ersten Ärmel 54 (58, 62, 66) M auf einem Hilfsfaden oder M-Halter stilllegen, 10 (12, 12, 12) M anschlagen (Ärmelloch unter der Achsel), 81 (87, 93, 99) M re str, für den zweiten Ärmel 54 (58, 62, 66) M auf einem Hilfsfaden oder Maschenhalter stilllegen, 10 (12, 12, 12) M anschlagen.

RUMPF

Die 182 (198, 210, 222) Rumpf-M in GF glatt re in Rd str, bis die Arb ab Ärmelloch 33 (34, 35, 36) cm misst. Zu Nadel Nr. 4 wechseln und 5,5 cm im 1/1-Rippenmuster *1 M re in MF4, 1 li in GF* str. Die letzte Rd des Bündchens mit MF4 str. Dann mit MF4 abketten.

ÄRMEL

Die stillgelegten 54 (58, 62, 66) Ärmel-M auf Nadel Nr. 4,5 heben. 10 (12, 12, 12) M aus den zuvor angeschlagenen M zwischen Vorder- und Rückenteil herausstr, außerdem je 1 M auf beiden Seiten, wo der Ärmel in die Passe übergeht, damit dort kein Loch entsteht = 66 (72, 76, 80) M. Zur Rd schließen und einen MM in der Mitte der Achsel setzen.
Mit GF 2 cm glatt re str. Auf beiden Seiten des MM wie folgt abn: MM abh, re M str, bis 2 M vor dem MM übrig sind: 2 M re verschr zus-str, MM abh, 2 M re zus-str, re M bis zum Rundenanfang. In jeder Abn-Rd werden 2 M abgen. Die Abn-Rd alle 4 (3,5, 3,5, 3,5) cm insgesamt 12 (14, 15, 16)x wdh = 42 (44, 46, 48) M. Glatt re str, bis der Ärmel 42 (44, 45, 45) cm lang ist. Zu Nadeln Nr. 4 wechseln und 5,5 cm im 1/1-Rippenmuster *1 M re in MF4, 1 M li in GF* str. Die letzte Rd des Bündchens mit MF4 str, d Dann mit MF4 abketten.

FERTIGSTELLUNG

Alle Fadenenden auf der Innenseite vernähen. Auge und Schwanzspitze des Fuchses im Maschenstich aufsticken. Die Arbeit befeuchten, in Form ziehen und liegend trocknen lassen.

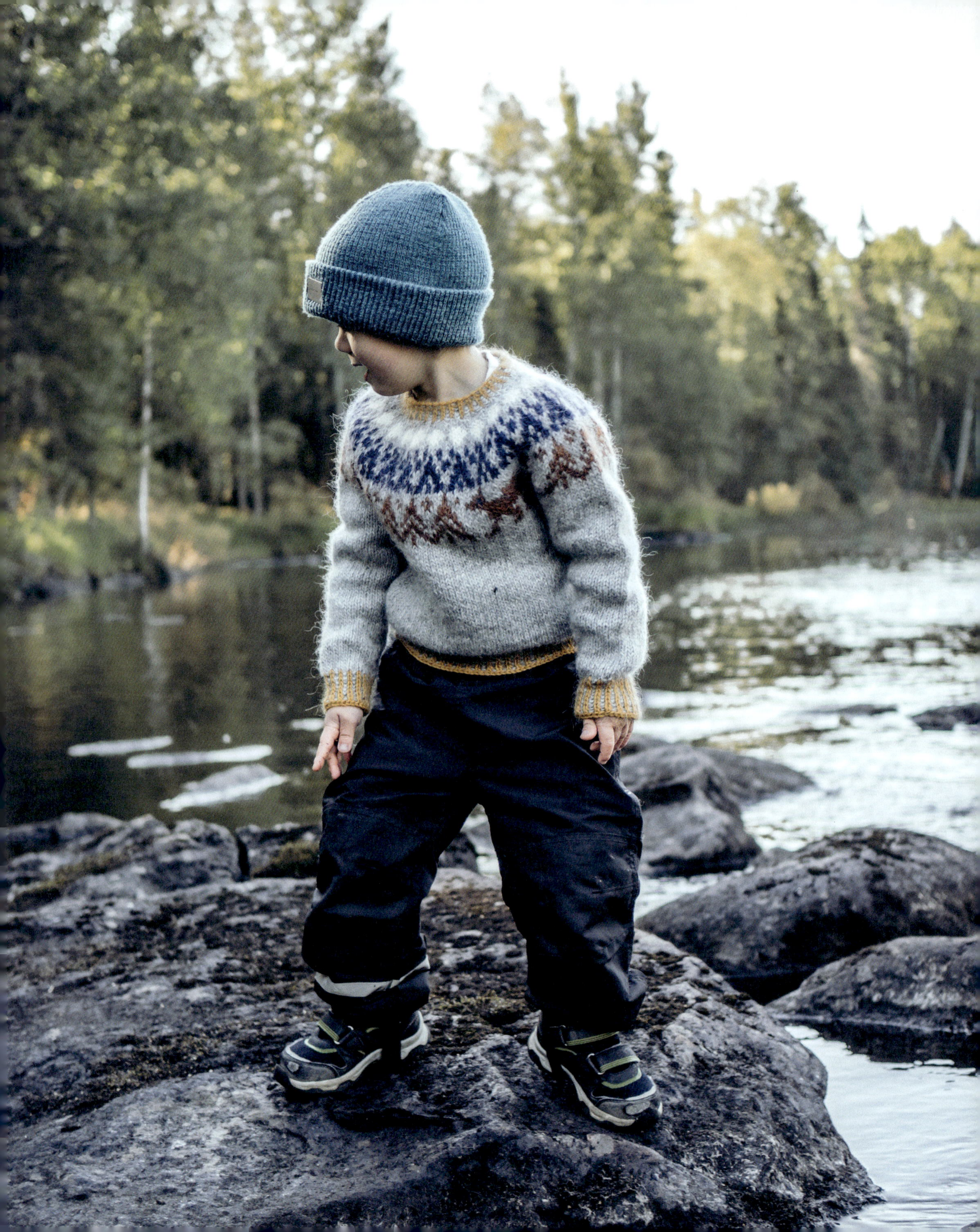

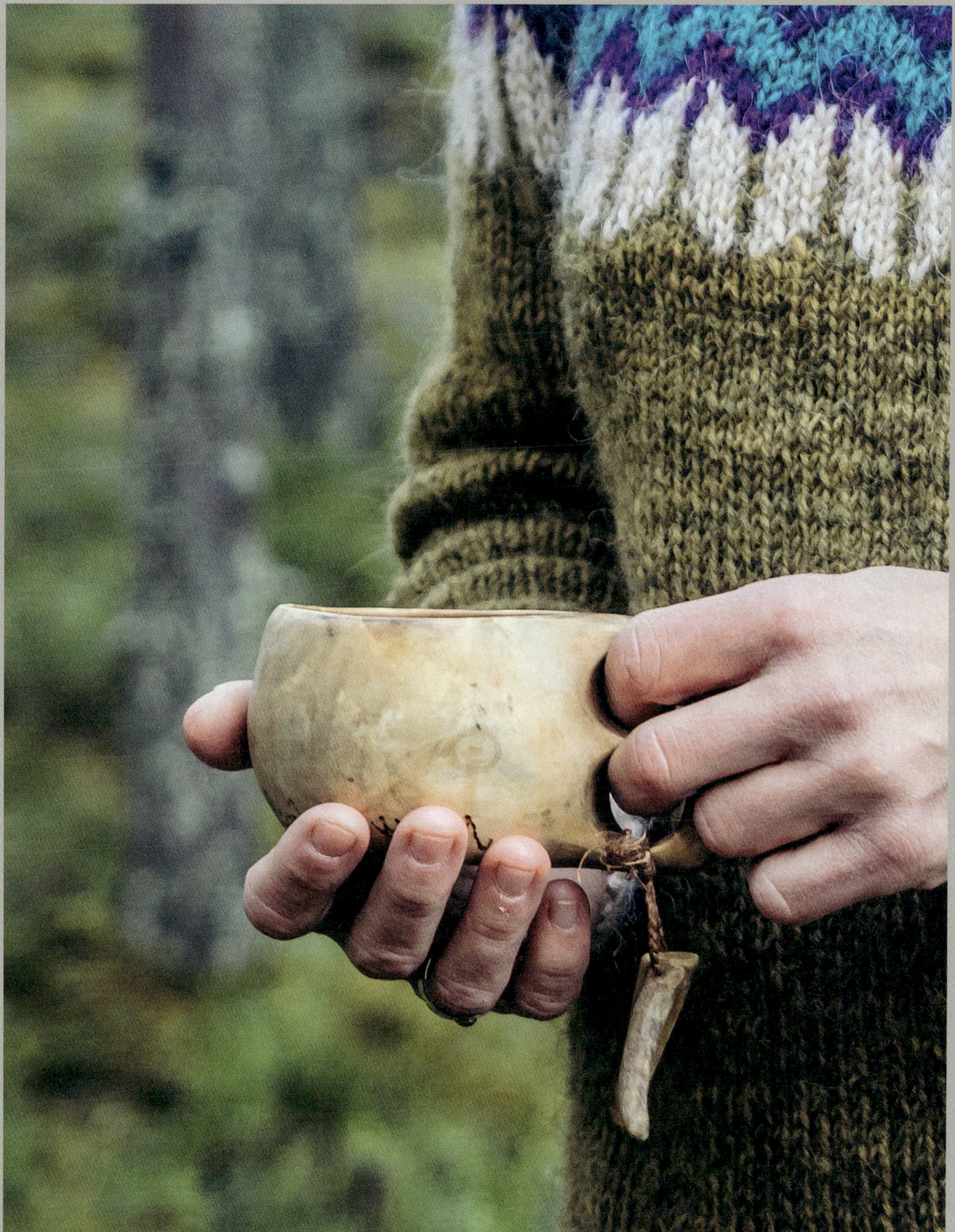

Terra

»

Die Farben dieses Pullovers erinnern an den Frühling, wenn die Schneemassen schmelzen und das Land mit all seinen wunderbaren Düften wieder freiliegt. Wie sehr ich den Geruch von taunasser Erde in der Zeit des langen Winters vermisse! In der Passe des Pullovers schimmert auch der intensiv türkisfarbene Frühlingshimmel hindurch, der ein Versprechen vom nahenden Frühling und Sommer mitbringt.

DESIGNERIN: ANNIKA KONTTANIEMI

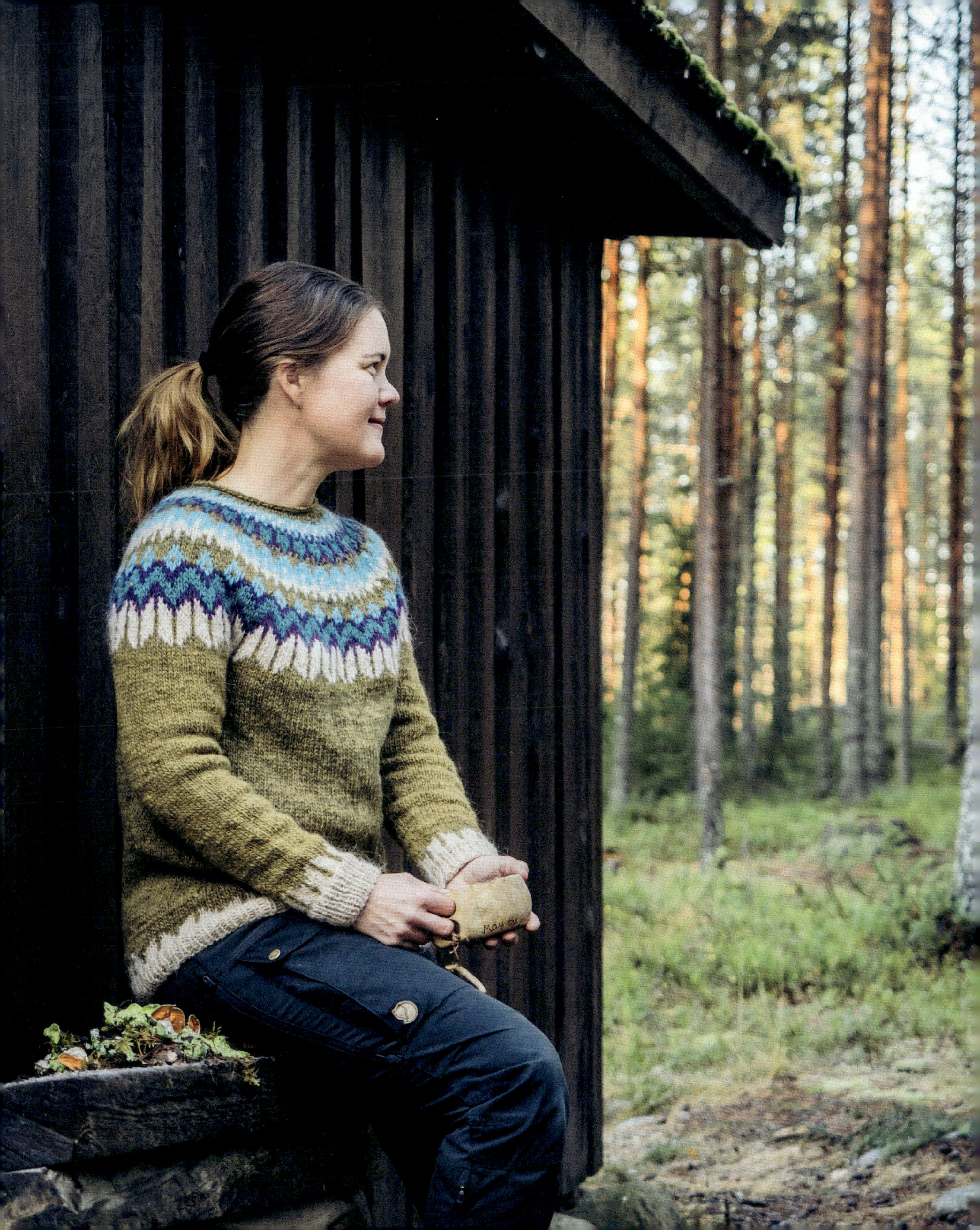

Terra

UNSER MODEL TRÄGT GRÖSSE S.

Größen: S (M, L, XL)
Empfohlene Bequemlichkeitszugabe: 5–10 cm

Maße der fertigen Arbeit:
Brustumfang: 106,5 (117,5, 128, 138,5) cm
Rumpflänge (Achsel bis Bündchen):
42 (43, 44, 45) cm
Gesamtlänge (Schulter bis Bündchen):
66 (67, 69, 70,5) cm
Ärmelumfang Oberarm: 40 (41,5, 42,5, 45,5) cm
Umfang Ärmelbündchen: 26,5 (26,5, 32, 32) cm
Innere Ärmellänge (Achsel bis Bündchen):
46 (46, 46, 46) cm

Garn: Ístex Léttlopi (100 % Wolle; 100 m / 50 g) oder ein anderes Garn mit entsprechender Lauflänge
GF: 9426 Golden Heather (Gelbgrün), 6 (7, 7, 9) Knäuel oder 600 (700, 700, 900) m
MF1: 1418 Straw (Stroh), 2 (2, 2, 2) Knäuel oder 200 (200, 200, 200) m
MF2: 1414 Violet Heather (Lila), 1 (1, 1, 1) Knäuel oder 100 (100, 100, 100) m
MF3: 9423 Lagoon Heather (Blaugrün), 1 (1, 1, 1) Knäuel oder 100 (100, 100, 100) m
MF4: 1404 Glacier Blue Heather (Arktisblau), 1 (1, 1, 1) Knäuel oder 100 (100, 100, 100) m

Nadeln: Rundstricknadeln Nr. 3,5 und 4,5, 80–100 cm lang
Nadelspiele Nr. 3,5 und 4,5

Sonstiges: Maschenmarkierer, Hilfsfaden oder Maschenhalter, Stopfnadel

Maschenprobe: 15 M x 21 Rd = 10 cm x 10 cm glatt rechts, leicht gespannt

Achtung! *Die Maschenprobe auch in Bezug auf das Muster überprüfen und falls notwendig die Nadelstärke wechseln.*

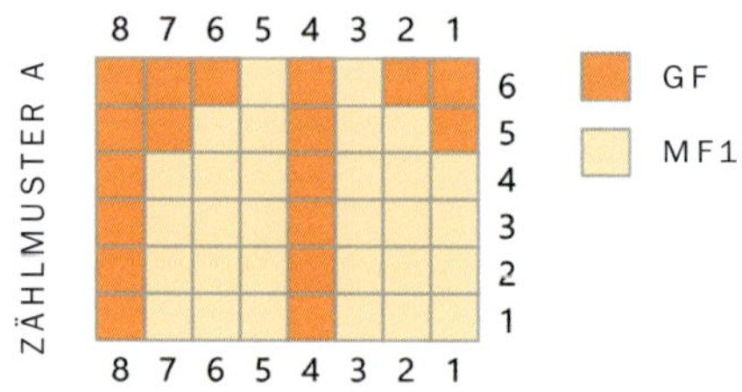

RUMPF

160 (176, 192, 208) M in der GF mit Nadel Nr. 3,5 anschlagen und zur Rd schließen, dabei darauf achten, dass die M nicht verdreht sind. Die 1. R im 1/1-Rippenmuster (1 M re, 1 M li im Wechsel) str. MM für den Rundenanfang setzen (= rechte »Seitennaht«). 6 cm im 1/1-Rippenmuster (1 M re, 1 M li im Wechsel) str.
Zu Nadel Nr. 4,5 wechseln und 1 Rd re M str. Zählmuster A str. Der Rapport wiederholt sich pro Rd 20 (22, 24, 26)x. MF1 trennen und mit GF fortfahren. *Verkürzte Reihen arb, um das untere Rückenteil zu verlängern:*
1. R (Hin-R): 102 (112, 122, 132) M re, w&w.
2. R (Rück-R): li M bis zum MM str, MM abh, 22 (24, 26, 28) M li, w&w.
3. R: re M bis zum MM str, MM abh, 94 (104, 114, 124) M re, w&w.
4. R: li M bis zum MM str, MM abh, 14 (16, 18, 20) M li, w&w.
5. R: re M bis zum MM str, MM abh, 86 (96, 106, 116) M re, w&w.
6. R: li M bis zum MM str, MM abh, 6 (8, 10, 12) M li, w&w.
7. R: re M bis zum MM str, MM abh, 80 (88, 96, 104) M re, w&w.
8. R: li M bis zum MM str, MM abh, w&w.
9. R: MM abh, die Rd bis zum Rundenanfang str, dabei jeweils die Wende-M mit Umwicklung zus-str.
Mit GF glatt re weiterarb, bis das Rumpf-Teil vorn in der Mitte gemessen 42 (43, 44, 45) cm lang ist.
MM entfernen, die nächsten 5 (5, 6, 7) M für das re Ärmelloch auf einen Hilfsfaden legen, 70 (77, 84, 90) M re str, 10 (11, 12, 14) M für das li Ärmelloch auf einen Hilfsfaden legen, 70 (77, 84, 90) M re str und zum Schluss weitere 5 (5, 6, 7) M auf den ersten Hilfsfaden legen. Die Arb zur Seite legen.

ÄRMEL

40 (40, 44, 48) M in der MF1 mit Nadelspiel Nr. 3,5 anschlagen, die M zur Runde schließen und MM setzen. 6 cm im 1/1-Rippenmuster (1 M re, 1 M li im Wechsel) str.
Zu Nadelspiel Nr. 4,5 wechseln, mit MF1 1 Rd re M str, dabei gleichmäßig verteilt 0 (0, 4, 0) M zunehmen (nur für Größe L).
Es liegen jetzt 40 (40, 48, 48) M auf der Nd. Zählmuster A str, dann MF1 trennen und mit GF fortf.
4 Rd glatt re str. Mit den Zun beginnen: 1 M re, 1 M zun, re M str, bis noch 1 M übrig ist: 1 M zun, 1 M re. [= 2 M zugen]
Die Zun-Rd in jeder 7. (6., 9., 7.) Rd noch 9 (10, 7, 9)x wdh. Nach den Zun liegen 60 (62, 64, 68) M auf der Nd. Weiter glatt re str, bis der Ärmel 46 (46, 46, 46) cm lang ist.
In der folgenden Rd die M für das Ärmelloch auf einem Hilfsfaden stilllegen: 5 (5, 6, 7) M stilllegen, re M str, bis noch 5 (6, 6, 7) M übrig sind, diese ebenfalls stilllegen. Es sind 50 (51, 52, 54) M auf der Nd.
Den zweiten Ärmel ebenso arb.

PASSE

Jetzt werden Ärmel und Rumpf auf einer Nd vereint: In der GF mit Nadel Nr. 4,5 weiterarbeiten. Für das Rückenteil 70 (77, 84, 90) M re str, die 50 (51, 52, 54) M des ersten Ärmels str. Für das Vorderteil 70 (77, 84, 90) M re str, dann die 50 (51, 52, 54) M des zweiten Ärmels str, MM setzen (der MM befindet sich da, wo Rückenteil und re Ärmel aufeinandertreffen). Wenn gewünscht, können schon in dieser Rd die Ärmellöcher geschlossen werden; das Abketten mit drei Nd bietet sich an. Auf der Nd liegen jetzt 240 (256, 272, 288) M.

Zählmuster B arb, der Rapport wiederholt sich 30 (32, 34, 36)x pro Rd. Die 1.-49. R des Zählmusters arb. Alle MF trennen. Auf der Nadel liegen jetzt 60 (64, 68, 72) M. Mit der GF 0 (0, 2, 4) Rd glatt re str. Die Passe misst jetzt ab dem Ärmelloch 24 (24, 25, 25,5) cm.

HALSABSCHLUSS

Verkürzte Reihen str, um den Nacken zu erhöhen:

1. R (Hin-R): 38 (40, 42, 45) M re, w&w.

2. R (Rück-R): li M bis zum MM str, MM abh, 8 (8, 8, 9) M li, w&w.

3. R: re M bis zum MM str, MM abh, 32 (34, 36, 38) M re, w&w.

4. R: li M bis zum MM str, MM abh, 2 (2, 2, 2) M li, w&w.

5. R: re M bis zum MM str.

Weitere 5 Rd glatt re für ein Rollbündchen str. Alle M locker abketten.

FERTIGSTELLUNG

Ärmellöcher im Maschenstich schließen, falls nicht schon geschehen, oder mit drei Nd abketten. Alle Fadenenden vernähen und den Pullover befeuchten oder dämpfen, in Form ziehen und liegend trocknen lassen.

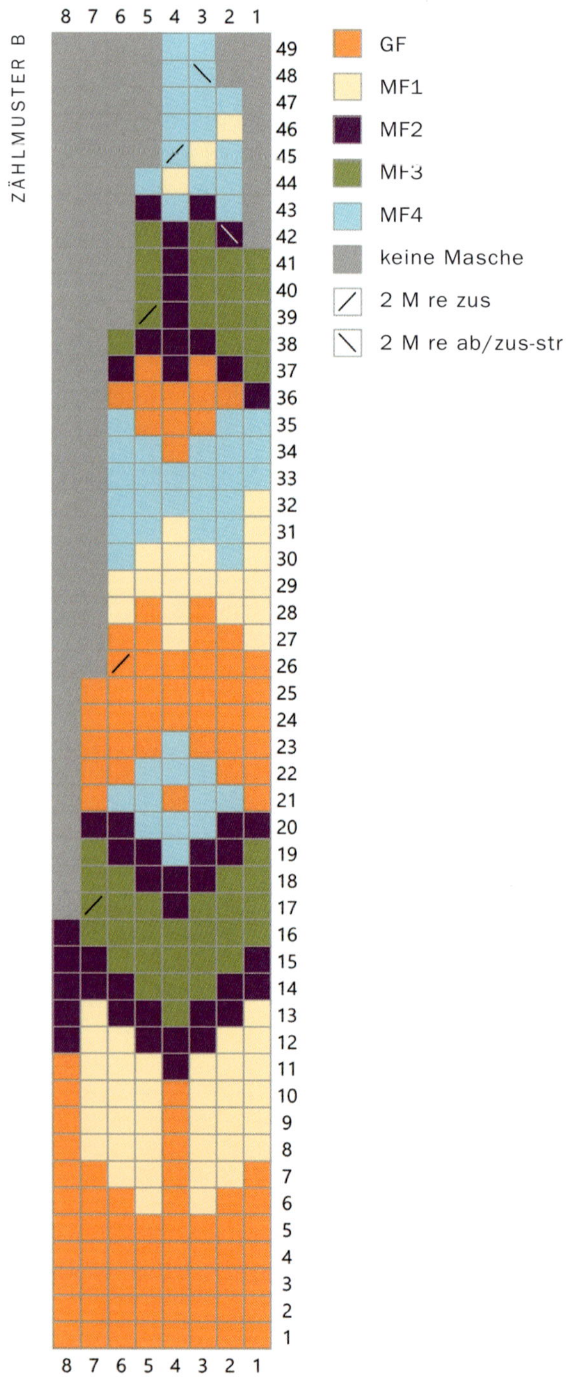

»

Bei diesem Pullover werden verkürzte Reihen verwendet, um den Nacken zu erhöhen und das Rückenteil zu verlängern. Da er hinten etwas länger ist, schützt er den unteren Rücken gut vor Kälte.

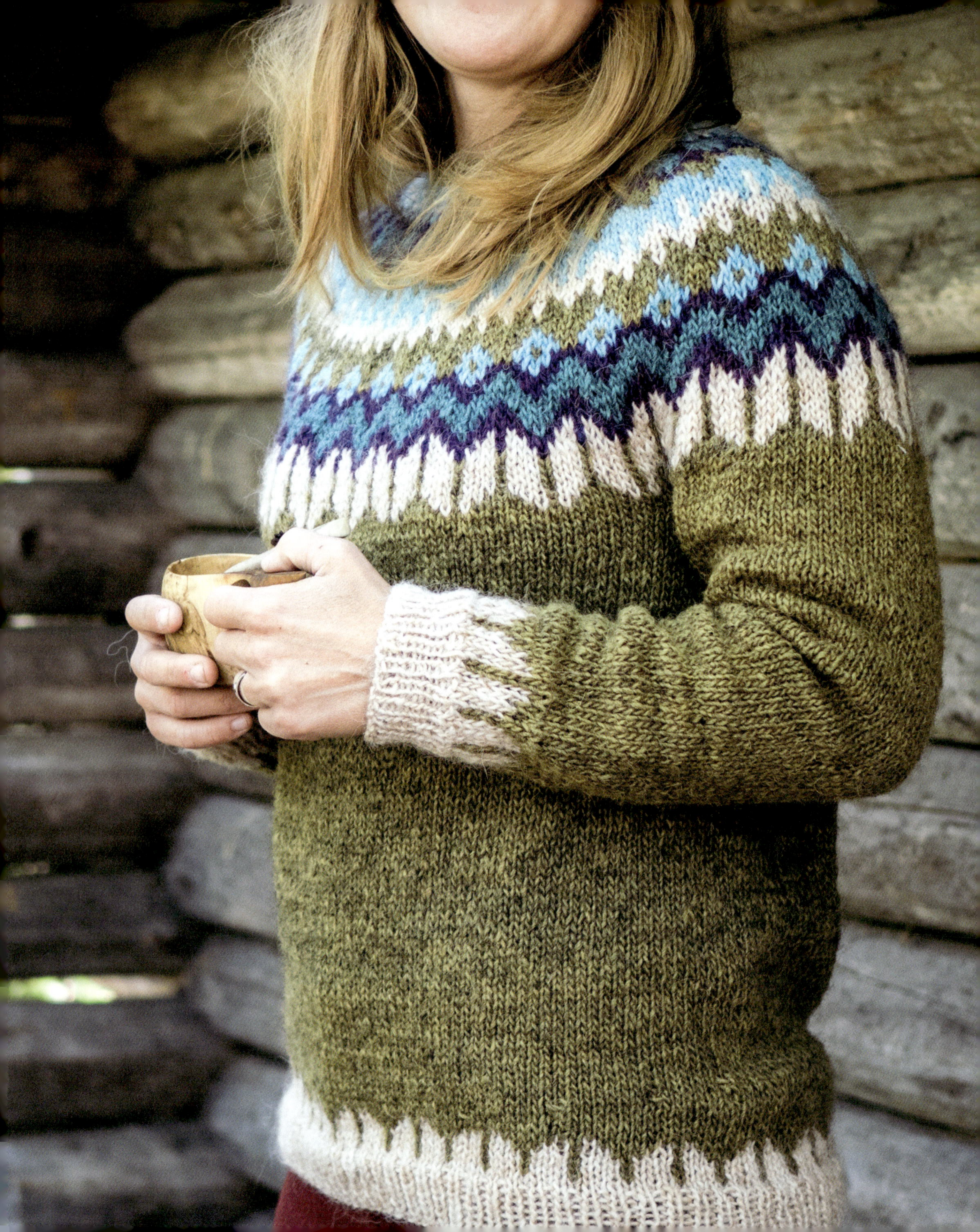

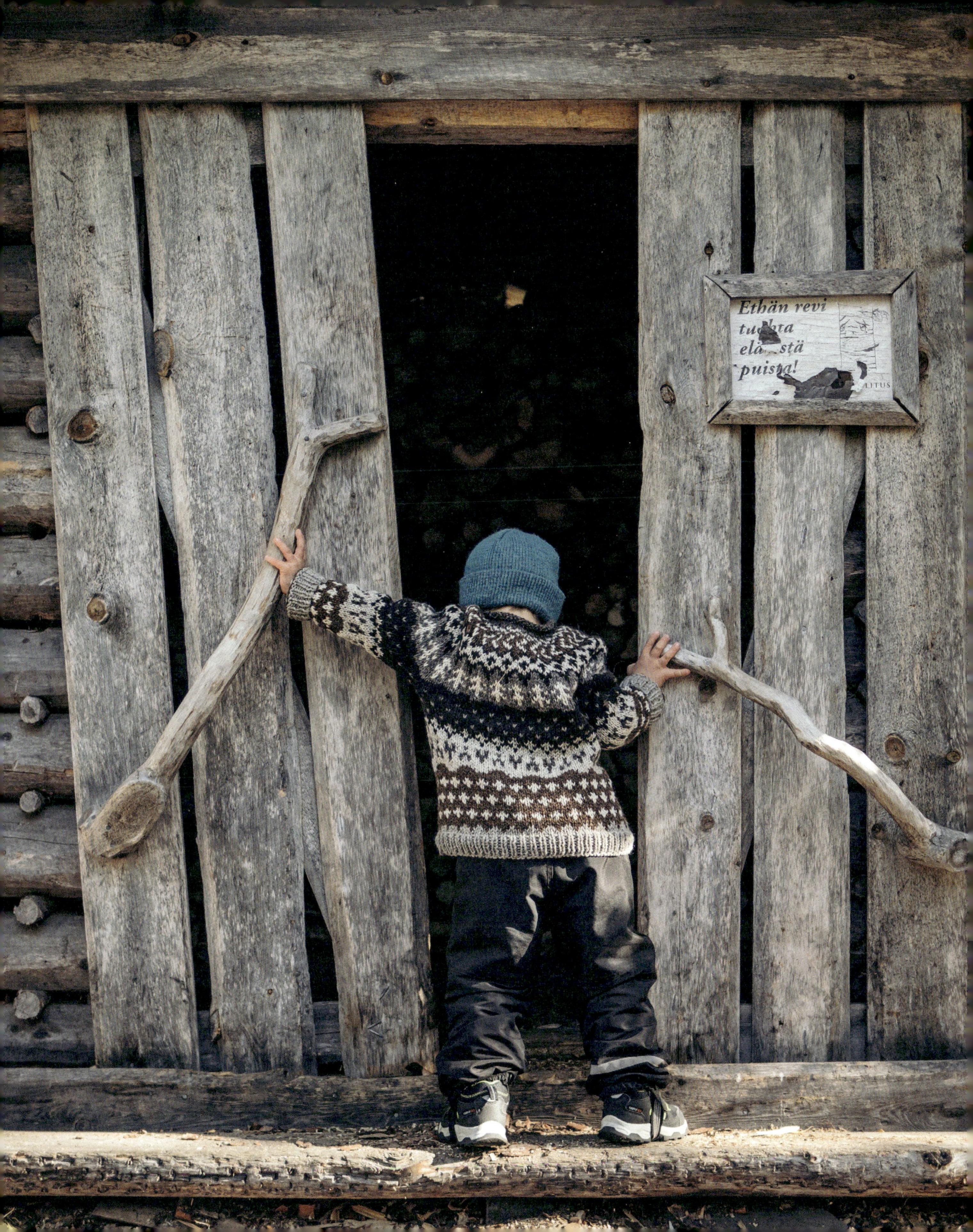
Ethän revi
puista!

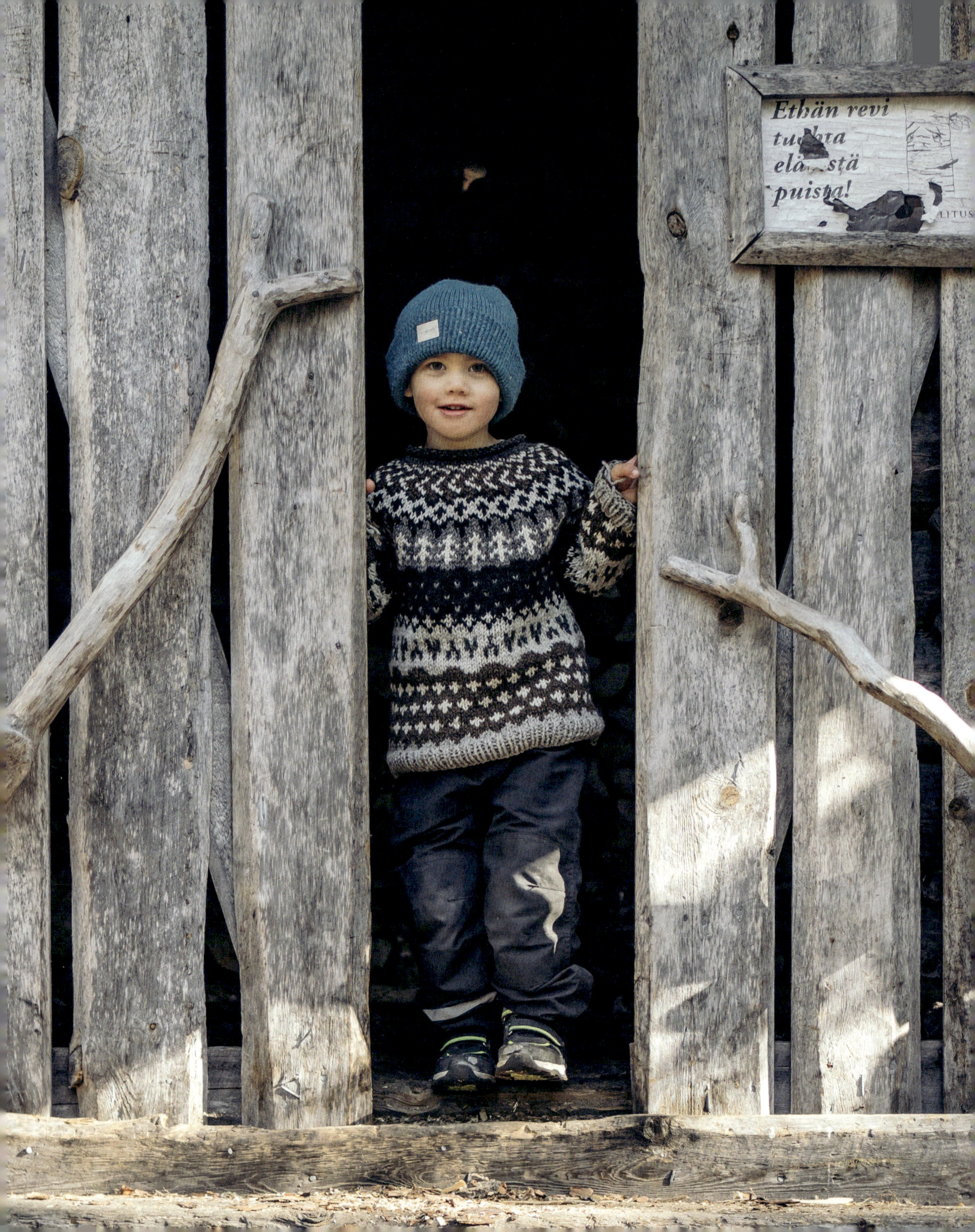
Ethän revi
puista!

Lampurin läppi

«

Lampurin läppi bedeutet »Kind des Schafhirten«, und in diesem Kinderpullover zeigt sich die ganze natürliche Farbskala der nordischen Schafe. Das im Garn enthaltene natürliche Lanolin macht es zu einem sehr wetterfesten Kleidungsstück für Kinder, die viel und gern draußen sind. Wenn der Pullover nass-schmutzig wird, ist es sinnvoll, ihn zuerst trocknen zu lassen und dann den gröbsten Schmutz auszubürsten. Da der Pullover komplett durchgemustert ist, ist er sehr dick und warm, fast wie eine Jacke.
Er wird von unten nach oben gestrickt.

DESIGNERIN: ANNIKA KONTTANIEMI

Lampurin läppi

UNSER MODEL TRÄGT GRÖSSE 110 CM.

Größen: 90 (110, 130, 150) cm

Maße der fertigen Arbeit:
Brustumfang: 60 (70, 80, 90) cm
Rumpflänge (Achsel bis Bündchen): 32,5 (32,5, 32,5, 32,5) cm
Gesamtlänge (Schulter bis Bündchen): 49,5 (49,5, 53, 53) cm
Ärmelumfang Oberarm: 20 (24, 27,5, 30) cm
Umfang Ärmelbündchen: 15 (20, 20, 20) cm
Innere Ärmellänge (Achsel bis Bündchen): 29 (29, 32,5, 32,5) cm

Garn: 3-fädige Wolle von Vanhalan lammastila (100% Wolle vom Finn-Schaf; 230 m / 100 g) oder ein anderes Garn dieser Lauflänge
GF: Vaaleanruskea (Hellbraun) 1 (1, 1, 1) Strang oder 230 (230, 230, 230) m
MF1: Keskiruskea (Mittelbraun) 1 (1, 1, 1) Strang oder 230 (230, 230, 230) m
MF2: Luonnonvalkoinen (Naturweiß) 1 (1, 1, 1) Strang oder 230 (230, 230, 230) m
MF3: Vaaleanharmaa (Hellgrau) 1 (1, 1, 1) Strang oder 230 (230, 230, 230) m
MF4: Luonnonmusta (Naturschwarz) 1 (1, 1, 1) Strang oder 230 (230, 230, 230) m
MF5: Tummanharmaa (Dunkelgrau) 1 (1, 1, 1) Strang oder 230 (230, 230, 230) m

Nadeln: Rundstricknadeln Nr. 4,5 und 5, 80–100 cm lang, Nadelspiele Nr. 4,5 und 5

Sonstiges: Maschenmarkierer, Hilfsfaden oder Maschenhalter, Stopfnadel

Maschenprobe: 16 M x 19 Rd = 10 cm x 10 cm im Muster, leicht gespannt

Achtung! *Die Maschenprobe auch in Bezug auf das Muster überprüfen und falls notwendig die Nadelstärke wechseln.*

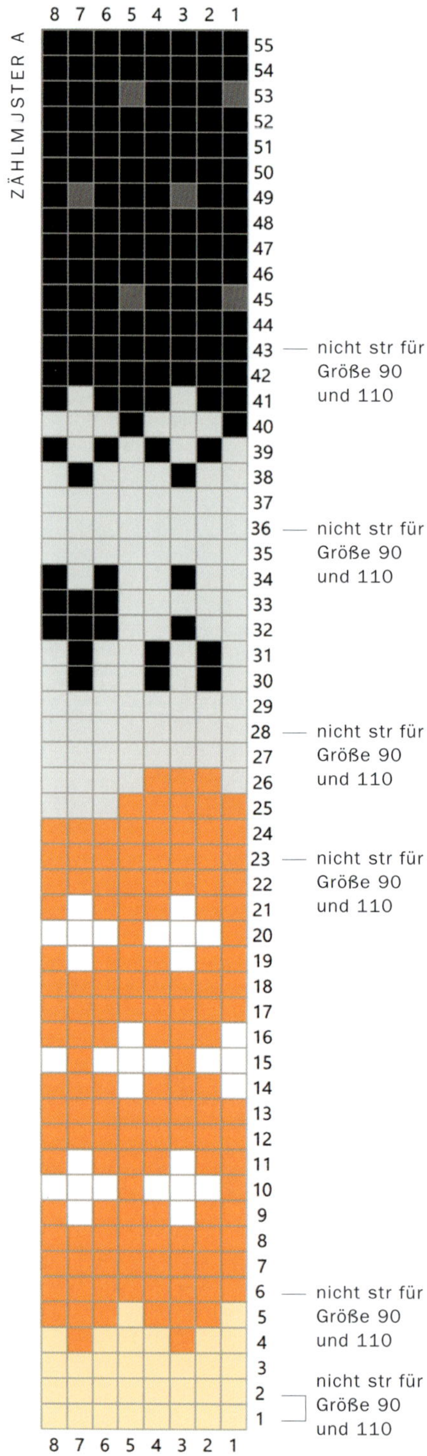

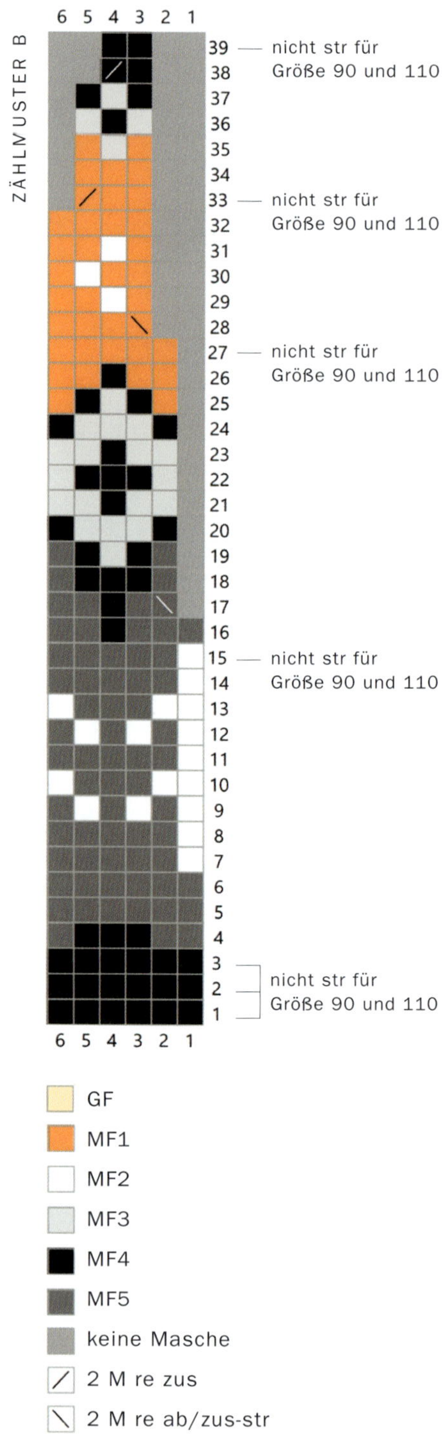

RUMPF

96 (112, 128, 144) M in der GF mit Rundstricknadel Nr. 4,5 anschlagen. Zur Rd schließen und MM für den Rundenanfang setzen. 7 Rd im 1/1-Rippenmuster (1 M re, 1 M li im Wechsel) arb. Zu Nadeln Nr. 5 wechseln und Zählmuster A arb. *Achtung! Größen 90 und 110: Rd 1, 2, 6, 23, 28, 36 und 42 im Zählmuster überspringen!* Der Rapport wiederholt sich pro Rd 12 (14, 16, 18)x.
In der letzten Rd des Musters werden die M für das Ärmelloch auf einem Hilfsfaden oder M-Halter stillgelegt: Die letzten 2 (2, 3, 3) gestr M auf den Hilfsfaden heben, MM entfernen, weitere 2 (3, 3, 3) M mustergemäß str und anschließend auf den gleichen Hilfsfaden oder M-Halter legen. Mustergemäß 48 (56, 64, 72) M str und die letzten 4 (5, 6, 6) gestr M auf einem Hilfsfaden oder M-Halter stilllegen. Mustergemäß bis zum Rundenanfang str. [= je 44 (51, 58, 66) M für das Vorder- und Rückenteil]
Den Rumpf zur Seite legen und zunächst die Ärmel str.

ÄRMEL

24 (32, 32, 32) M in der GF mit Nadelspiel Nr. 4,5 anschlagen. Zur Rd schließen und MM für den Rundenanfang setzen. 7 Rd im 1/1-Rippenmuster (1 M re, 1 M li im Wechsel) arb. Zu Nadeln Nr. 5 wechseln und Zählmuster A arb. Der Rapport wiederholt sich in der 1. Rd 3 (4, 4, 4)x. *Achtung! Größen 90 und 110: Rd 1, 2, 6, 23, 28, 36 und 42 im Zählmuster überspringen!*
Gleichzeitig wird folgendermaßen zugenommen: Zun-Rd: 1 M re, 1 M zun/li, mustergemäß weiterstr, bis noch 1 M übrig ist: 1 M zun/re, 1 M re. *Achtung! Der Rapport geht aufgrund der Zunahmen nicht in jeder Ärmel-Rd auf.*
Die Zun-Rd in jeder 12. (16., 9., 6.) Rd insgesamt 3 (2, 5, 7)x wdh. Auf der Nadel liegen jetzt 32 (38, 44, 48) M.
Garn trennen und die M für das Ärmelloch wie folgt stilllegen: 2 (2, 3, 3) M auf einen Hilfsfaden legen, MM entfernen, die folgenden 2 (3, 3, 3) M auf den gleichen Hilfsfaden legen. Es bleiben 28 (33, 38, 42) M auf der Nadel.
Den zweiten Ärmel ebenso arb.

PASSE

Mit Nadeln Nr. 5 Zählmuster B beginnen: 44 (51, 58, 66) M vom Rückenteil str, 28 (33, 38, 42) M vom ersten Ärmel, 44 (51, 58, 66) M vom Vorderteil und 28 (33, 38, 42) M vom zweiten Ärmel str. MM setzen. Auf Wunsch können in dieser Rd schon die Ärmellöcher geschlossen werden; das Abketten mit 3 Nd bietet sich an. Auf der Rundstricknadel liegen jetzt 144 (168, 192, 216) M.
Zählmuster B arb. *Achtung! Für die Größen 90 und 110 werden die Runden 1–3, 15, 27, 33 und 39 nicht gestrickt!*
Auf der Nadel liegen am Ende von Zählmuster B 48 (56, 64, 72) M.
Zu Nadel Nr. 4,5 wechseln und mit MF4 10 Rd glatt re für einen Rollrand str. Alle M abketten.

FERTIGSTELLUNG

Alle Fadenenden vernähen. Den Pullover befeuchten oder dämpfen, in Form ziehen und liegend trocknen lassen.

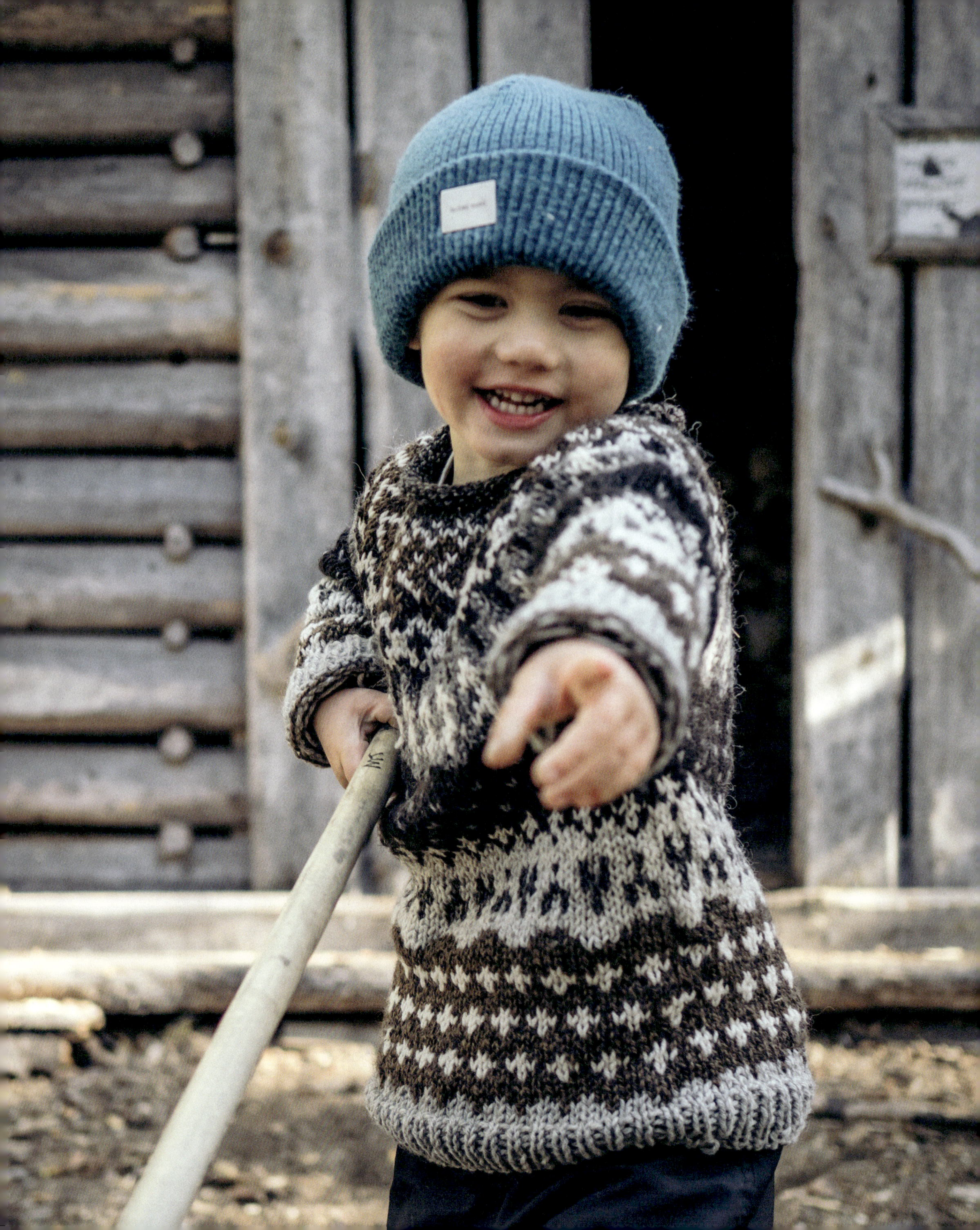

«

Dieses Projekt ist gut dazu geeignet, um allerlei Wollreste aufzubrauchen – man kann so viele Farben benutzen, wie man will. Die in der Anleitung angegebene Maschenprobe sollte auch für den Musterbereich stimmen, damit der Pullover nicht zu klein wird. Alle Pullover und Jacken in diesem Buch kann man natürlich auch nur in einer einzigen Farbe stricken.

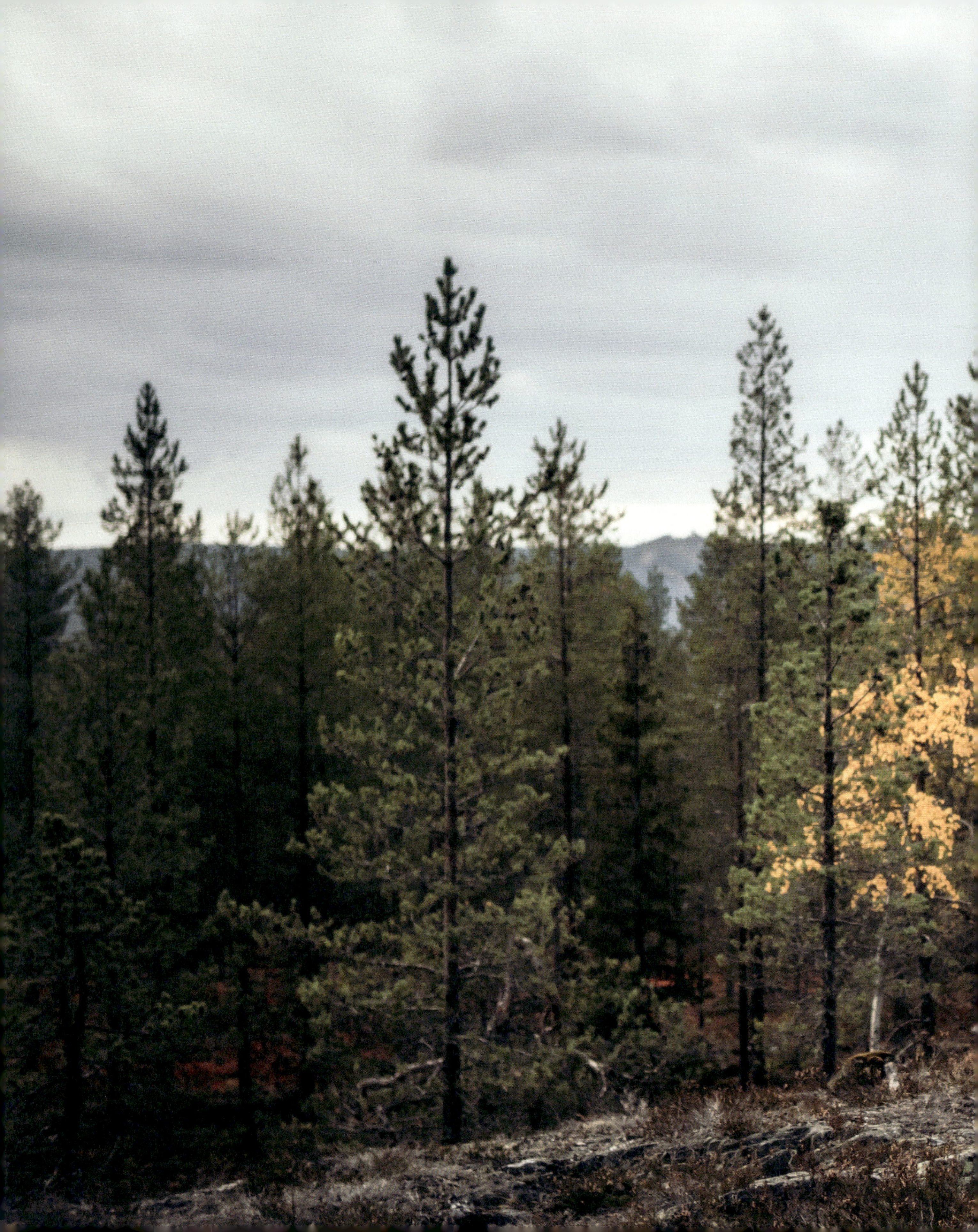

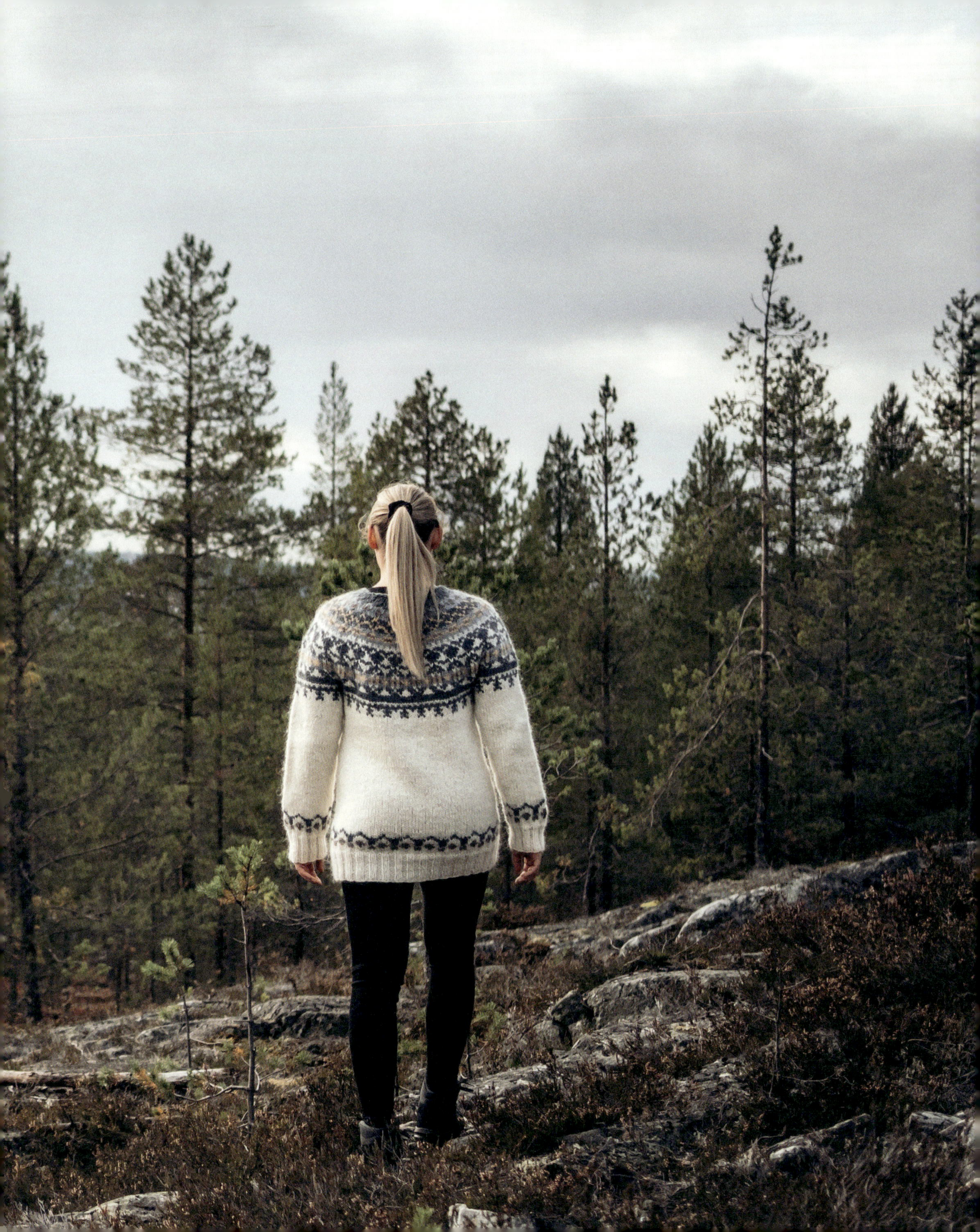

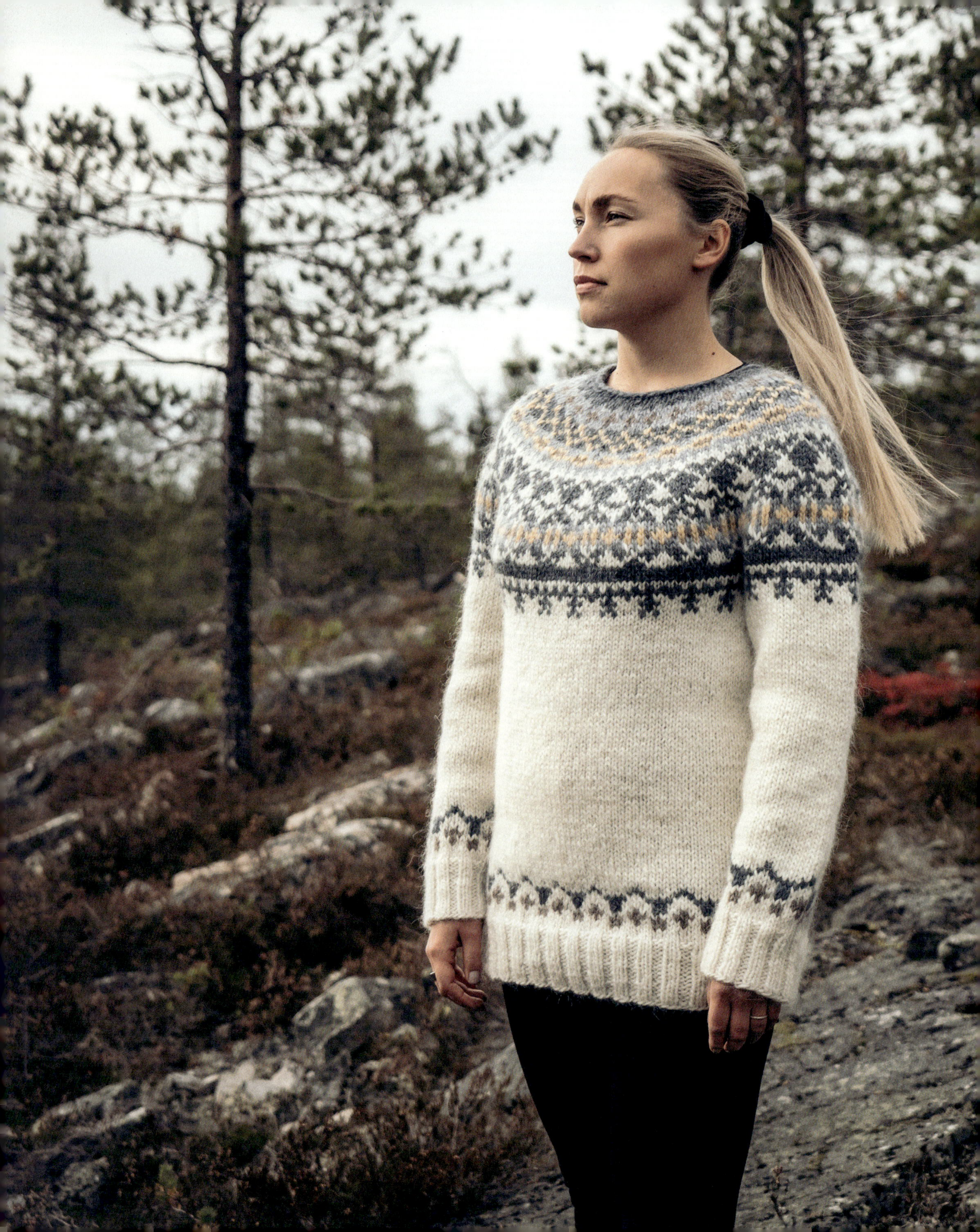

«

Der Name spielt auf ein Lagerfeuer in der Wildnis an. Dieser Pullover ist äußerst warm, denn er wird mit Álafosslopi gestrickt. Das Strickstück wird wegen der dicken Nadeln schnell fertig, außerdem wird die Passe nur in einer Runde mit drei Farben gleichzeitig gestrickt.

Rakovalkealla

DESIGNERIN: MERJA OJANPERÄ

Rakovalkealla

UNSER MODEL TRÄGT GRÖSSE M.

Größen: S (M, L)
Empfohlene Bequemlichkeitszugabe: 5 cm

Maße der fertigen Arbeit:
Brustumfang: 90 (98,5, 111,5) cm
Rumpflänge (Achsel bis Bündchen): 47 (47, 47) cm
Gesamtlänge (Schulter bis Bündchen): 69 (71,5, 73) cm
Ärmelumfang Oberarm: 38,5 (43, 51,5) cm
Umfang Ärmelbündchen: 28,5 (28,5, 31,5) cm
Innere Ärmellänge (Achsel bis Bündchen): 46 (48, 50) cm

Garn: Ístex Álafosslopi (100 % isländische Wolle; 100 m / 100 g) oder ein anderes Garn mit entsprechender Lauflänge
GF: 0051 White (Weiß), 5 (5, 6) Knäuel oder 500 (500, 600) m
MF1: 0085 Oatmeal Heather (Dunkelbeige), 1 (1, 1) Knäuel oder 20 (20, 40) m
MF2: 9958 Light Indigo (Denim hell), 2 (2, 2) Knäuel oder 120 (140, 180) m
MF3: 0008 Light Denim (Eisblau) 1 (1, 1) Knäuel oder 30 (40, 60) m
MF4: 1235 Ray of Light (Gelb melange), 1 (1, 1) Knäuel oder 20 (30, 40) m

Nadeln: Rundstricknadeln Nr. 6, 40 und 80 cm lang
Nadelspiel Nr. 6

Sonstiges: Maschenmarkierer, Hilfsfaden oder Maschenhalter, Stopfnadel

Maschenprobe: 14 M x 19 Rd = 10 cm x 10 cm glatt rechts, leicht gespannt

Achtung! *Die Maschenprobe auch in Bezug auf das Muster überprüfen und falls notwendig die Nadelstärke wechseln.*

GF
MF1
MF2
MF3
MF4
keine Masche
2 M re zus-str

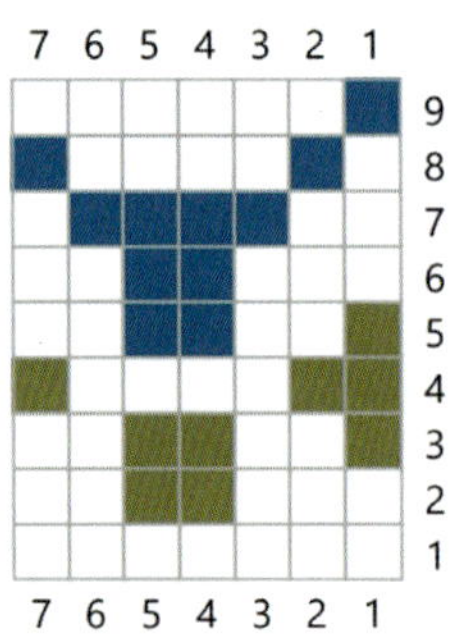

ZÄHLMUSTER A

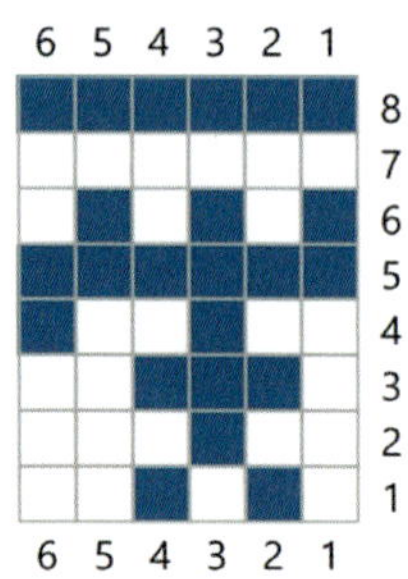

ZÄHLMUSTER B

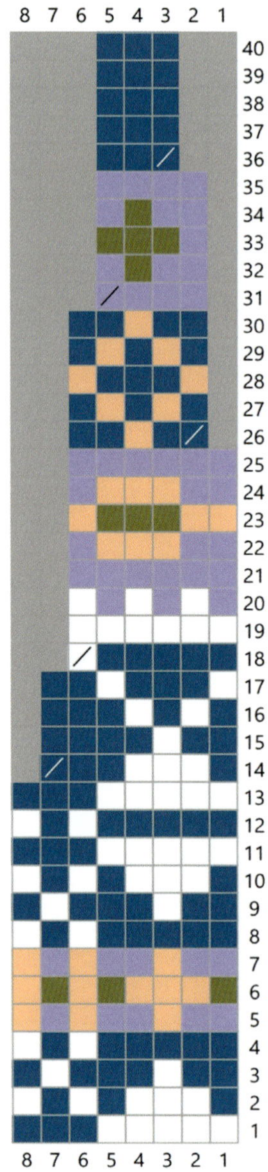

ZÄHLMUSTER C

ÄRMEL

40 (40, 44) M in der GF mit dem Nadelspiel Nr. 6 anschlagen. Zur Rd schließen, dabei darauf achten, dass sich die M nicht verdrehen. Den Rundenanfang mit einem MM markieren. 15 Rd im 2/2-Rippenmuster (2 M re, 2 M li im Wechsel) str. In der letzten Rd des Bündchens in regelmäßigen Abständen 2 (9, 12) M zun = 42 (49, 56) M. Zählmuster A arb. Danach alle MF trennen und mit GF fortf.

Mit den Zun beginnen: *MM abh, 1 M zun/li, re M str, bis noch 1 M übrig ist: 1 M zun/re, 1 M re. 7 (7, 6) Rd re M str.* Von * bis * noch 5 (5, 7)x wdh = 54 (61, 72) M.

Glatt re str, bis der Ärmel 42 (44, 46) cm lang ist, oder 4 cm kürzer, als die gewünschte Länge vom Anschlag bis Achsel. Für Größe M vor Beginn von Zählmuster B 1 M abn = 54 (60, 72) M. Zählmuster B arb. Mit MF2 die nächste Rd bis 5 (5, 6) M vor dem MM str. Die folgenden 10 (10, 12) M auf einem Hilfsfaden oder Maschenhalter stilllegen [also 5 (5, 6) M auf beiden Seiten des MM], MM entfernen. 44 (50, 60) Ärmel-M stilllegen. Den zweiten Ärmel ebenso arb.

RUMPF

124 (140, 160) M in der GF mit Nadel Nr. 6 anschlagen. Zur Rd schließen, dabei darauf achten, dass sich die M nicht verdrehen. MM am Rundenanfang setzen. 15 Rd im 2/2-Rippenmuster (2 M re, 2 M li im Wechsel) arb. In der letzten Rd gleichmäßig verteilt 2 (0, 1) M zun = 126 (140, 161) M. Einen zweiten MM nach 63 (70, 81) M setzen (= »Seitennähte«).

Zählmuster A arb. Alle MF trennen und mit GF fortf. In der 1. Rd nach dem Zählmuster 0 (2, 5) M gleichmäßig verteilt abn. Auf der Nadel liegen jetzt 126 (138, 156) M. Glatt re str, bis der Rumpf 42 (44, 46) cm hoch ist, oder 4 cm kürzer, als die gewünschte Länge vom Bündchen bis unter die Achsel.

Alle Rd gemäß Zählmuster B arb.

PASSE

Jetzt werden Ärmel und Rumpf auf einer Nd vereint: Mit MF2 die folgende Rd re str bis 5 (5, 6) M vor den Seiten-MM. Die nächsten 10 (10, 12) M auf einem Hilfsfaden oder Maschenhalter stilllegen, dabei den Seiten-MM entfernen. MM setzen (= neuer Rundenanfang), 44 (50, 60) M vom ersten Ärmel str. Die folgenden Rumpf-M re str bis 5 (5, 6) M vor dem nächsten MM. Die nächsten 10 (10, 12) M auf einem Hilfsfaden oder Maschenhalter stilllegen, MM dabei entfernen, 44 (50, 60) M des zweiten Ärmels str, re M bis zum Rundenanfang str. Auf der Nadel liegen jetzt 194 (218, 252) M.

Mit MF2 1 Rd re M str und gleichmäßig verteilt 2 (2, 4) M abn. Auf der Nd liegen jetzt 192 (216, 248) M. Der Rundenanfang liegt zwischen dem Rückenteil und dem linken Ärmel.

Achtung! Wenn eine höhere Passe gewünscht wird, können jetzt mit MF2 einige Rd zugefügt werden, bevor mit Zählmuster C begonnen wird.

Zählmuster C arb, dabei abn wie dort eingezeichnet = 72 (81, 93) M.

Nur mit MF2 verkürzte Reihen arb. Mit einem MM die Rückenmitte markieren. Dann re M bis zu diesem MM str und wie folgt arb:

1. R (Hin-R): 12 (16, 18) M re, Arbeit wenden.

2. R (Rück-R): 1 M abh, 23 (31, 35) M li, Arbeit wenden.

3. R: 1 M abh, 33 (41, 45) M re, Arbeit wenden.
4. R: 1 M abh, 43 (51, 55) M li, Arbeit wenden.

HALSABSCHLUSS
Mit MF2 2 Rd re M str und locker abketten.

FERTIGSTELLUNG
Alle Fadenenden auf der Innenseite vernähen. Die Ärmellöcher im Maschenstich schließen. Den Pullover befeuchten oder dämpfen, in Form ziehen und liegend trocknen lassen.

Weiß gilt allgemein als anfällig für Flecken. Falls der Pullover verschmutzt, den Fleck trocknen lassen und die Verunreinigungen abkratzen. Lüften ist auch eine gute Grundreinigung. Wenn das auch nicht hilft, kann man den Pullover in kaltem Wasser von Hand oder im Wollwaschgang/Handwaschprogramm in der Maschine waschen.

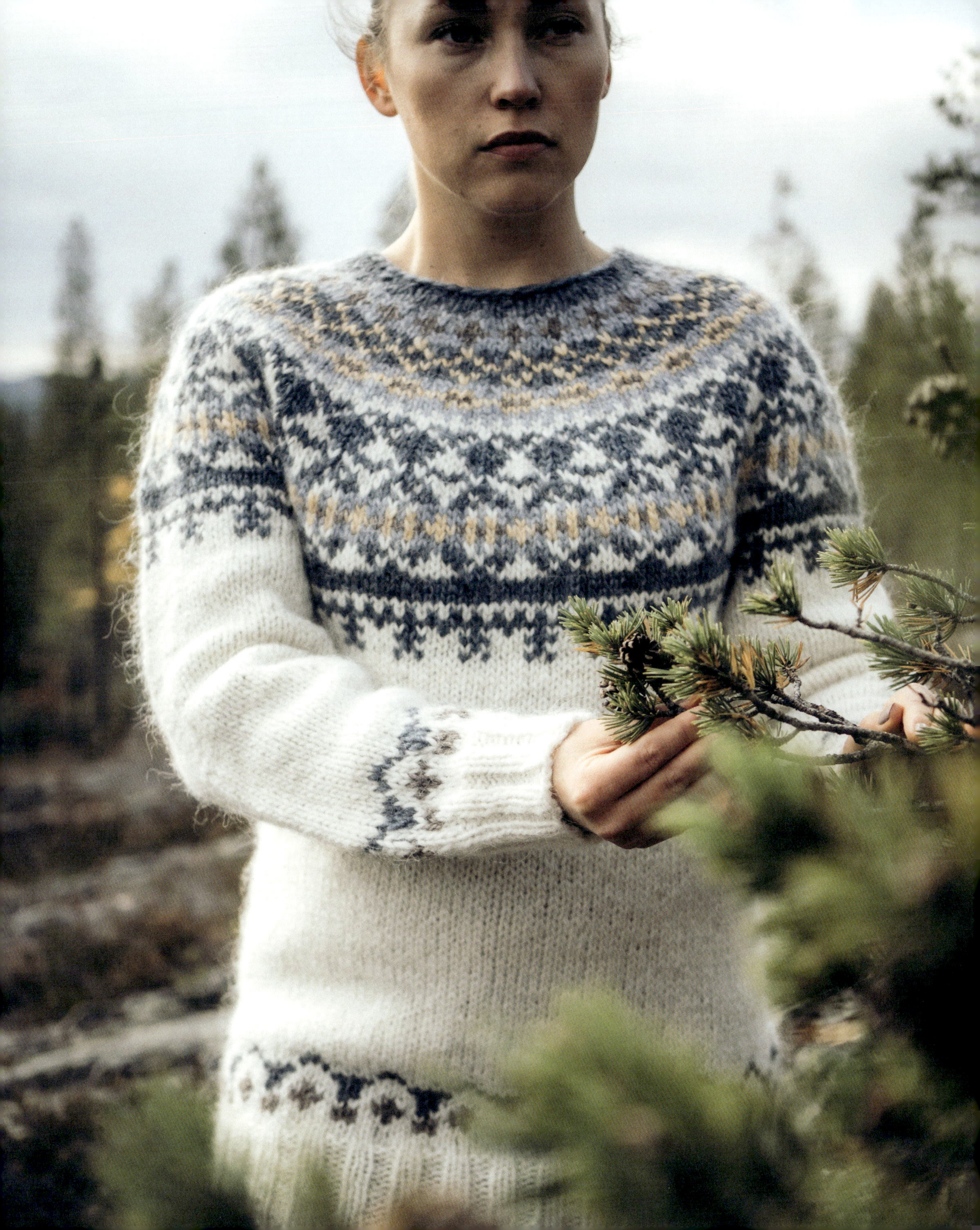

Sammalpolku

«

Sammalpolku bedeutet Moospfad, darum wurden für diesen Pullover die dunklen Farbtöne des Waldes und die Farbe von weichem Moos gewählt. Der Pullover wird von unten nach oben gearbeitet und es gibt nur wenige Runden, in denen lange Spannfäden entstehen. Wenn in der Arbeit mehr als vier Maschen der gleichen Farbe nebeneinanderliegen, empfiehlt es sich, die Fäden hinter der Arbeit zu verweben, um beim Anziehen nicht in den Schlaufen hängenzubleiben.

DESIGNERIN: PIRJO IIVONEN

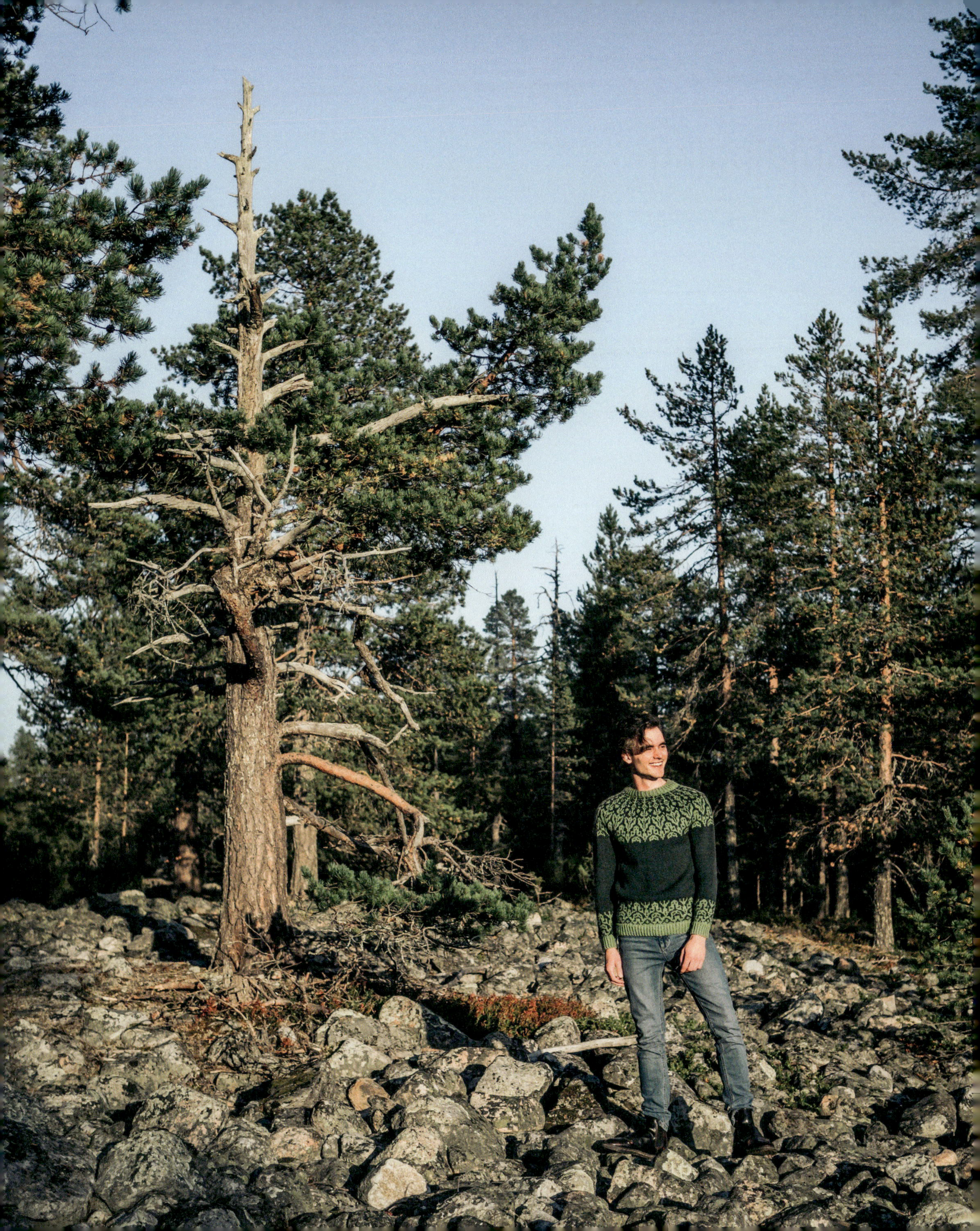

Sammalpolku

UNSER MODEL TRÄGT GRÖSSE M.

Größen: S (M, L, XL)
Empfohlene Bequemlichkeitszugabe: 4 cm

Maße der fertigen Arbeit:
Brustumfang: 85,5 (93,5, 101, 109) cm
Rumpflänge (Achsel bis Bündchen):
40 (42, 45, 48) cm
Gesamtlänge (Schulter bis Bündchen):
61,5 (64,5, 68,5, 73) cm
Ärmelumfang Oberarm: 35,5 (38, 40, 42) cm
Umfang Ärmelbündchen:
22 (24,5, 26,5, 26,5) cm
Innere Ärmellänge (Achsel bis Bündchen):
45 (48, 51, 53) cm.

Garn: Wetterhoff Wanja (100 % Wolle; 100 m / 50 g) oder ein anderes Garn mit entsprechender Lauflänge
GF: 1142 Tummanharmaa (Dunkelgrau)
7 (8, 10, 12) Knäuel oder 700 (800, 1000, 1200) m
MF: 1187 Vaaleanvihreä (Hellgrün)
4 (5, 6, 7) Knäuel oder 400 (500, 600, 700) m

Nadeln: Rundstricknadeln Nr. 3,5 und 4, 80–100 cm lang
Nadelspiele Nr. 3,5 und 4

Sonstiges: Maschenmarkierer, Hilfsfaden oder Maschenhalter, Stopfnadel

Maschenprobe: 18 M x 23 Rd = 10 cm x 10 cm glatt rechts, leicht gespannt

Achtung! *Die Maschenprobe auch in Bezug auf das Muster überprüfen und falls notwendig die Nadelstärke wechseln.*

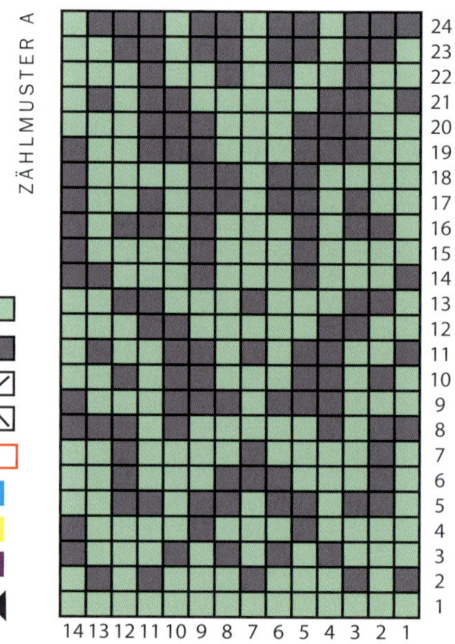

GF
MF
2 M re zus-str
2 M re ab/zus-str
Rapport
Für Ärmel Größe S
Für Ärmel Größe M
Für Ärmel Größe L und XL
Zun-Rd für den Ärmel

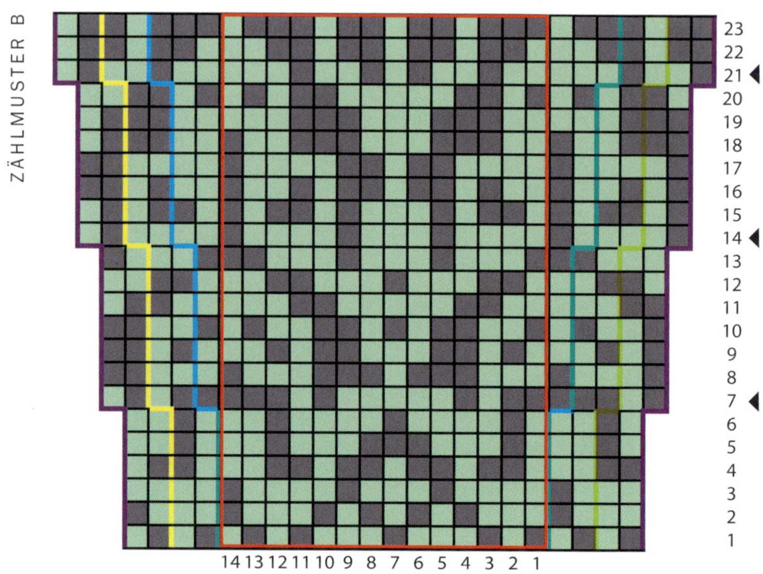

RUMPF

154 (168, 182, 196) M in der MF mit Nadel Nr. 3,5 anschlagen. Zur Rd schließen, dabei darauf achten, dass sich die M nicht verdrehen. Den Rundenanfang mit einem MM markieren (= Rückenmitte). 5 cm im 1/1-Rippenmuster (1 M re, 1 M li im Wechsel) arb. Zu Nadeln Nr. 4 wechseln. Zählmuster A arb. Es ist einfacher, dem Rapport zu folgen, wenn man nach jeder 14. M einen MM setzt. Der Rapport wiederholt sich pro Rd 11 (12, 13, 14)x. Nach Zählmuster A MF trennen und alle MM bis auf den am Rundenanfang entfernen. Mit Nadel Nr. 3,5 in der GF glatt re weiterstr, bis der Rumpf ab Bündchen 40 (42, 45, 48) cm misst. Die letzte Rd am MM beenden. Die Arbeit zur Seite legen und zunächst die Ärmel str.

ÄRMEL

40 (44, 48, 48) M in der MF mit Nadelspiel Nr. 3,5 anschlagen. Zur Rd schließen, dabei darauf achten, dass sich die M nicht verdrehen. Den Rundenanfang mit einem MM markieren (= Unterseite des Ärmels). 5 cm im 1/1-Rippenmuster (1 M re, 1 M li im Wechsel) arb. Zu Nadelspiel Nr. 4 wechseln und in der nächsten Rd für alle Größen 2 M zun: 1 M re, 1 M zun/re, re M str, bis noch 1 M übrig ist: 1 M zun/li, 1 M re.
Auf der Nadel liegen jetzt 42 (46, 50, 50) M.
Zählmuster B arb. Die Zun in Rd 7, 14 und 21 wie folgt arb: Die 1. M in der Farbe str, die im Zählmuster angegeben ist, darauf folgt die rechtsgeneigte Zun (1 M zun/re) in der Farbe, die im nächsten Feld eingetragen ist. Mustergemäß str, bis in der Rd noch 1 M übrig ist: 1 M zun/li in der Farbe arb, die im Zählmuster als vorletzte markiert ist, dann die letzte M mit der im Muster vermerkten Farbe str. Achtung: Größe S ist blau, Größe M gelb, die Größen L und XL sind violett umrandet. Der Rapport ist rot umrandet. Wenn alle 24 Rd des Zählmusters gestrickt wurden, MF trennen. Mit Nadelspiel Nr. 3,5 in der GF glatt re fortf. 4 Rd re M str, dann mit den Zun beginnen.
Zun-Rd: 1 M re, 1 M zun/li, re M str, bis noch 1 M übrig ist, 1 M zun/re, 1 M re. *[2 M zugen]*
Die Zun-Rd im Abstand von 3 (3, 2,5, 2,5) cm insgesamt 12 (12, 12, 14)x arb – dabei die neuen M ins Muster integrieren. Auf der Nadel liegen nach den Zun 64 (68, 72, 76) M. Glatt re fortf, bis der Ärmel 45 (48, 51, 53) cm lang ist. Am Anfang der nächsten Rd 4 (5, 6, 7) M und am Ende der Rd weitere 3 (4, 5, 6) M auf einem Hilfsfaden stilllegen (= 7 (9, 11, 13)) M für das Ärmelloch.
Den zweiten Ärmel ebenso arb.

PASSE

Jetzt werden Ärmel und Rumpf auf einer Nd vereint: In der GF mit Nadeln Nr. 4 fortf. 35 (37, 40, 42) vom Rückenteil ab MM re str, die nächsten 7 (9, 11, 13) M auf einen Hilfsfaden legen, die 57 (59, 61, 63) M des ersten Ärmels str, 70 (76, 80, 86) M vom Vorderteil str, die nächsten 7 (9, 11, 13) M auf einen Hilfsfaden legen, die 57 (59, 61, 63) M des zweiten Ärmels str. Bis zum Rundenanfang 35 (37, 40, 42) M str.
Auf der Nadel liegen jetzt 254 (268, 282, 296) M.
In der nächsten Rd 2 M abn: Re M str, bis vom linken Ärmel noch 1 M übrig ist: 2 M re zus-str; re M str, bis vom rechten Ärmel noch 1 M übrig ist: 2 M re zus-str, re M bis zum Rundenanfang str.
Auf der Nadel liegen jetzt 252 (266, 280, 294) M.
Mit GF weitere 0 (2, 4, 8) Rd str.

Tipp: Die Höhe der Passe kann individuell angepasst werden, indem mehr oder weniger Rd gestr werden, bevor das Muster beginnt.
Mit Zählmuster C fortfahren. Der Rapport wiederholt sich 18 (19, 20, 21)x pro Rd. Es ist einfacher, dem Muster zu folgen, wenn man nach jedem Rapport einen MM setzt. Nach Zählmuster C GF trennen.
Auf der Nadel liegen jetzt 90 (95, 100, 105) M und die Höhe der Passe beträgt 21,5 (22,5, 23,5, 25) cm.

HALSAUSSCHNITT

Mit Nadel Nr. 3,5 und MF fortf. Alle MM bis auf den Markierer am Rundenanfang entfernen.
Um den Nacken etwas zu erhöhen, werden verkürzte Reihen gearbeitet:
1. R (Hin-R): 10 (10, 10, 10) M re str, Arbeit wenden.
2. R (Rück-R): 1 DM, li M bis zum MM str, MM abheben, 10 (10, 10, 10) M li, Arbeit wenden.
3. R: 1 DM, re M bis zum MM str, MM abheben, re M bis zur DM str, DM re zus abstr, 5 (5, 5, 5) M re, Arbeit wenden.
4. R: 1 DM, li M bis zum MM str, MM abheben, li M bis zur DM str, DM li zus abstr, 5 (5, 5, 5) M li, Arbeit wenden.
5. R: 1 DM, re M bis zum MM str, MM abheben, re M bis zur DM str, DM re zus abstr, 5 (5, 5, 5) M re, Arbeit wenden.
6. R: 1 DM, li M bis zum MM str, MM abheben, li M bis zur DM str, DM li zus abstr, 5 (5, 5, 5) M li, Arbeit wenden.
7. R: 1 DM, re M bis zum MM str, MM abheben, re M bis zur DM str, DM re zus abstr, 5 (5, 5, 5) M re, Arbeit wenden.
8. R: 1 DM, li M bis zum MM str, MM abheben, li M bis zur DM str, DM li zus abstr, 5 (5, 5, 5) M li, Arbeit wenden.
9. R: 1 DM, re M bis zum MM str, MM abheben, 1 Rd re M str, dabei DM re zus abstr.
Abn-Rd wie folgt str:
Größe S: 4 M re, [2 M re zus-str, 7 M re] 9x, 2 M re zus-str, 3 M re. *[10 M abgen = 80 M]*
Größe M: 3 M re, [2 M re zus-str, 4 re] 5x, [2 M re zus-str, 5 re] 4x, [2 M re zus-str, 4 re] 5x, 2 M re zus-str, 2 M re. *[15 M abgen = 80 M]*
Größe L: 3 M re, [2 M re zus-str, 4 re] 6x, [2 M re zus-str, 5 re] 3x, [2 M re zus-str, 4 re] 6x, 2 M re zus-str, 2 M re. *[16 M abgen = 84 M]*
Größe XL: 2 M re, [2 M re zus-str, 3 M re] 20x, 2 M re zus-str, 1 M re. *[21 M abgen = 84 M]*
2 cm im 1/1-Rippenmuster (1 M re verschr, 1 M li im Wechsel) str oder bis das Bündchen die gewünschte Länge erreicht hat.
Elastisch abketten (dabei den U immer vor einer li M arb): 1 M re, U, 1 M li, AÜ (Abketten durch Überziehen: die li M abketten, indem die re M mit dem U zusammen über die li M gezogen wird).
1 M re, AÜ, U, 1 li, AÜ, von * bis * wdh, bis alle M abgekettet sind.

FERTIGSTELLUNG

Die Ärmellöcher im Maschenstich schließen und alle Fäden auf der Innenseite der Arbeit vernähen. Den Pullover in lauwarmem Wasser waschen, das überschüssige Wasser erst mit den Händen, dann in einem Frotteehandtuch ausdrücken, die Arbeit in Form ziehen und liegend trocknen lassen.

ZÄHLMUSTER C

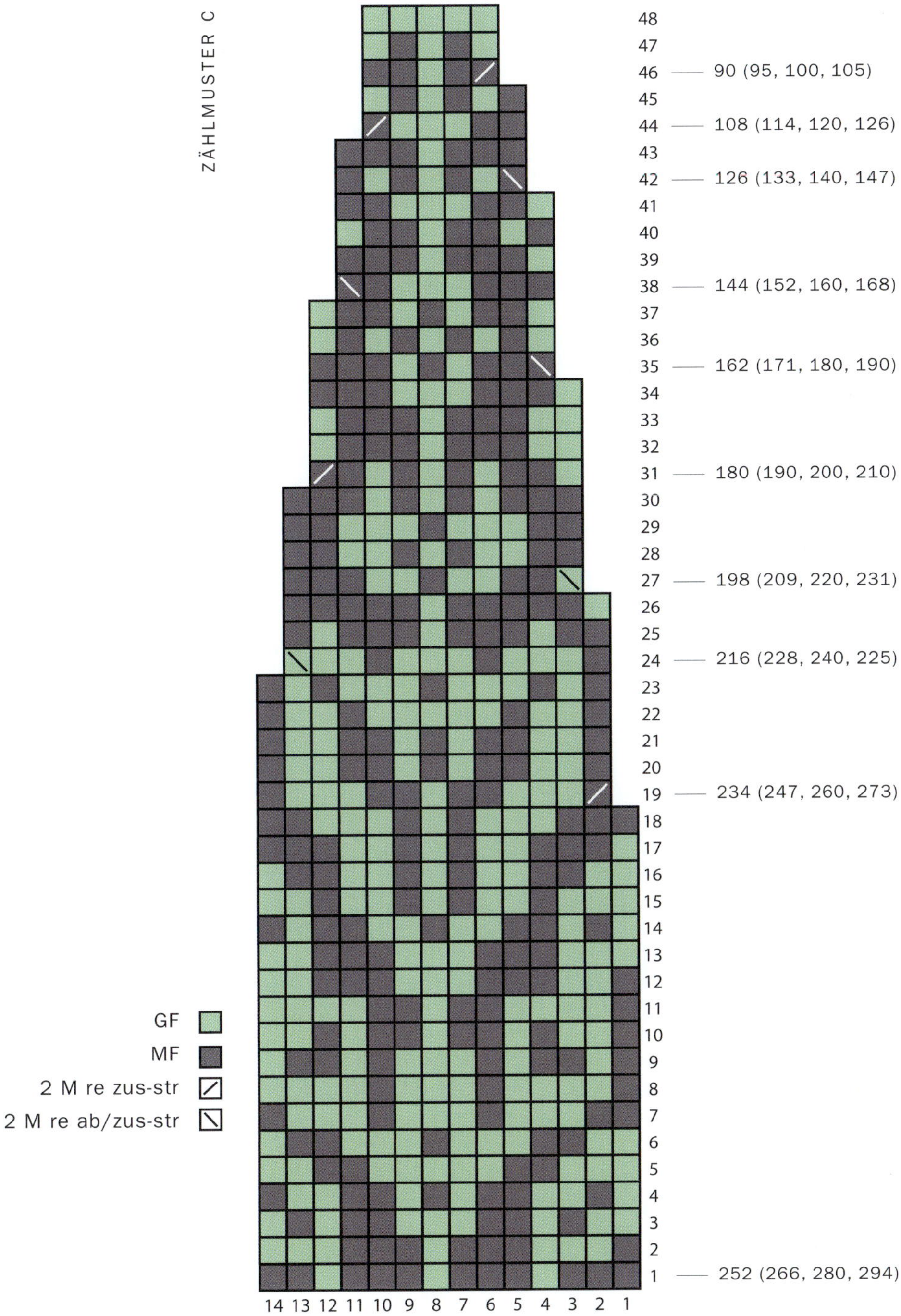

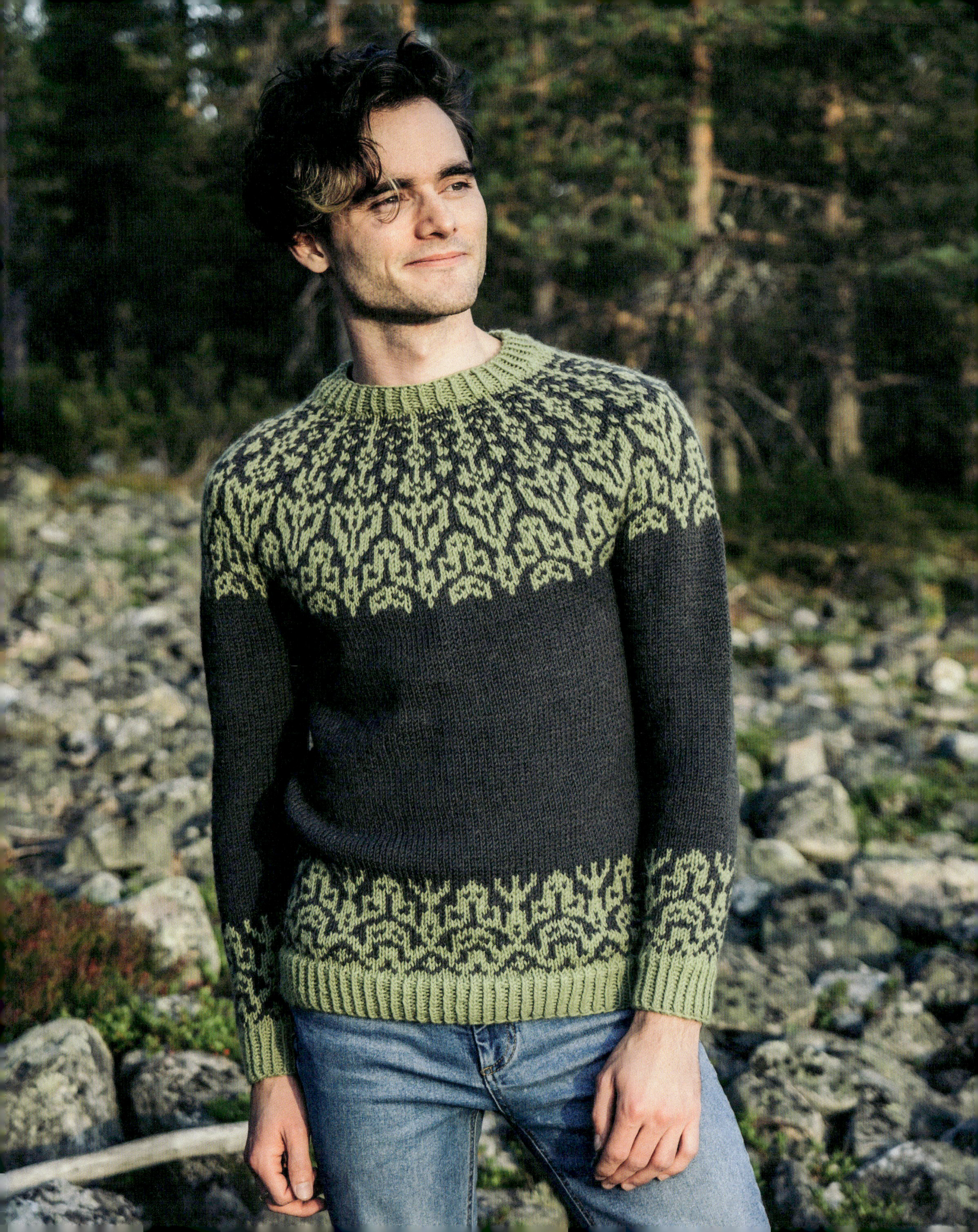

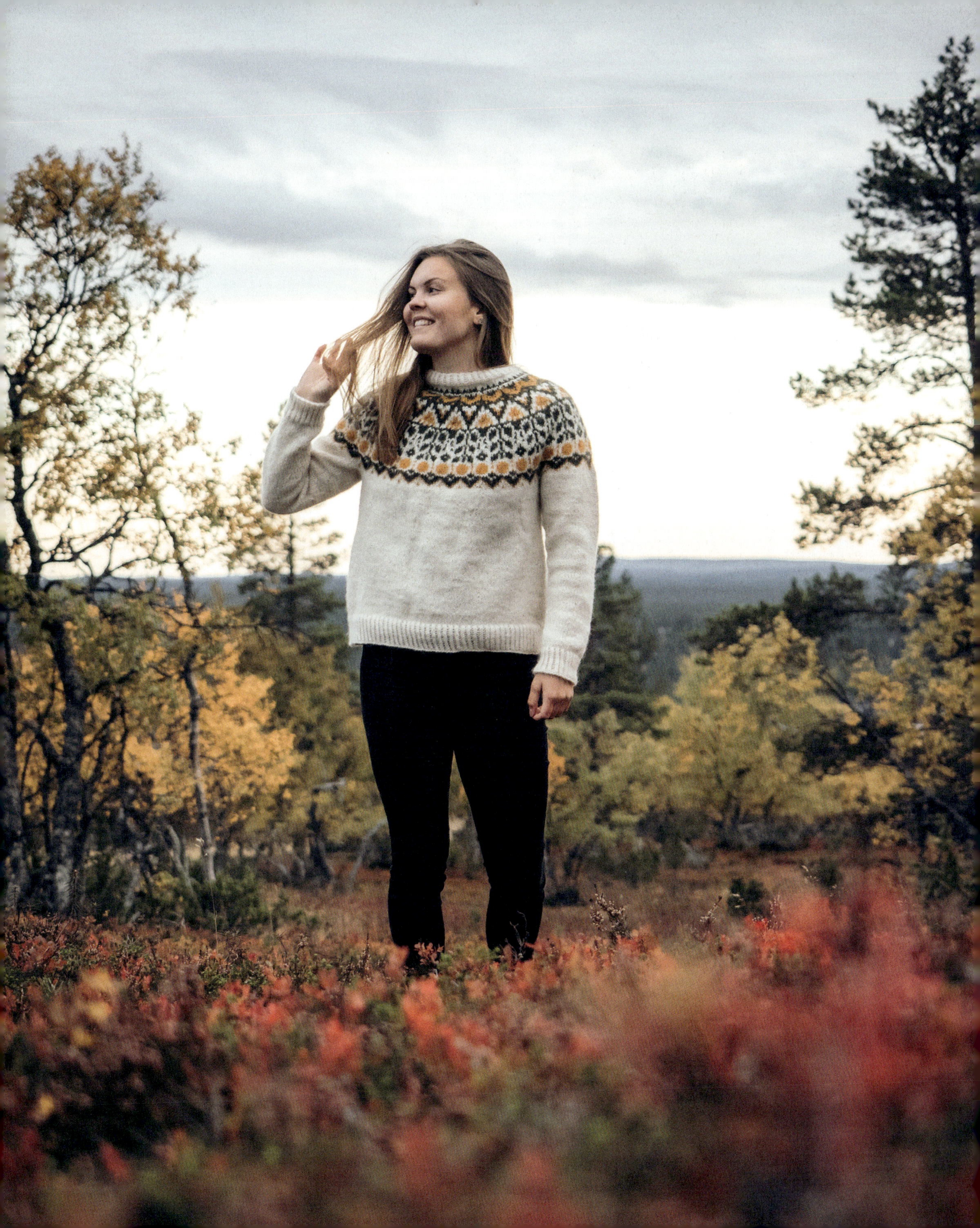

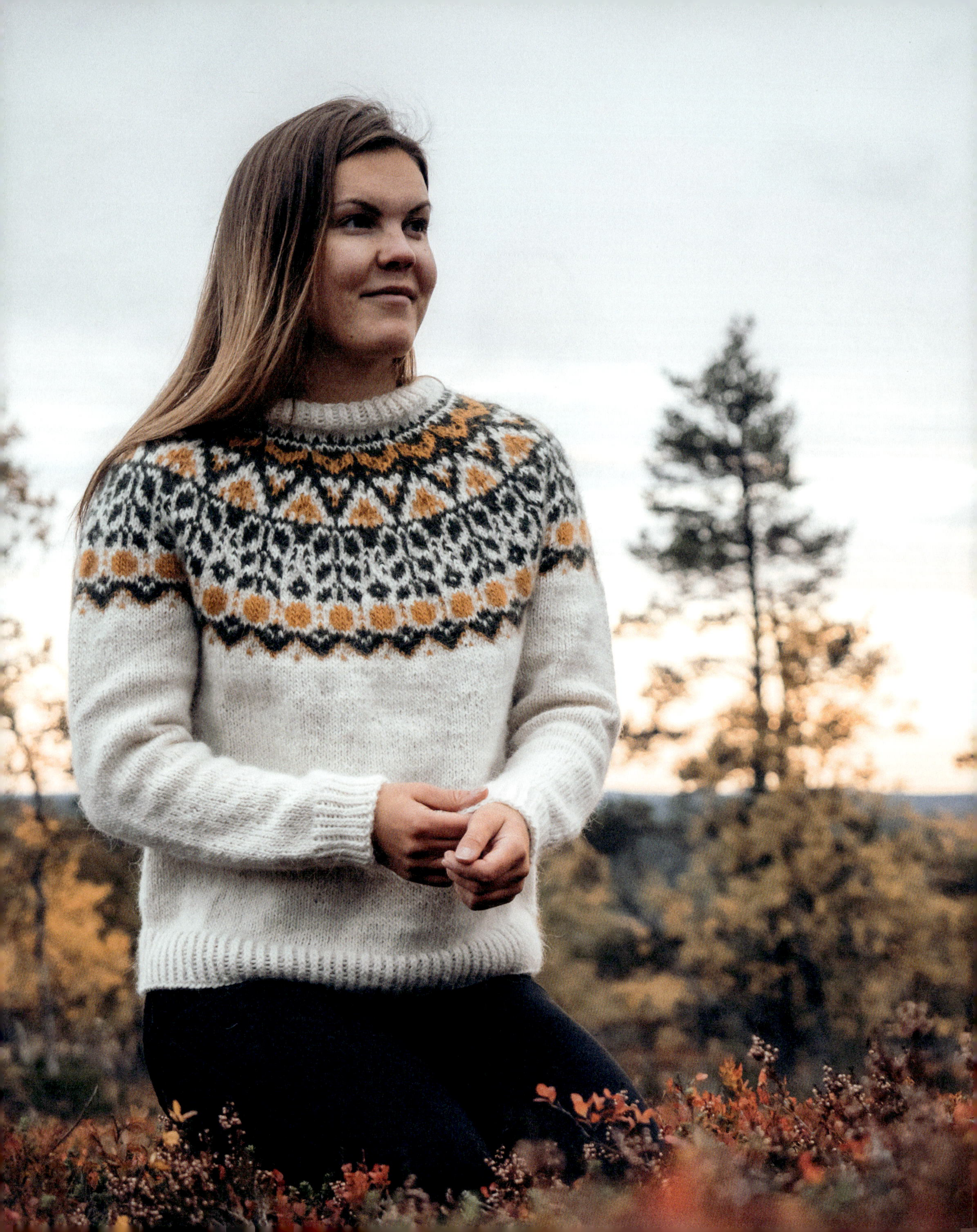

«

Dieser Pullover mit dem Namen »Schatten« verströmt bildlich den Duft von Moosen, liefert den Geschmack von Beeren im Herbst und ist inspiriert vom Zauber der Schatten im Wald. Im Passenmuster findet man neben den »spähenden Füchsen« weitere traditionelle Muster. Der Pullover wird nahtlos von oben nach unten gestrickt.

Siimes

DESIGNERIN: NIINA LAITINEN

Siimes

UNSER MODEL TRÄGT GRÖSSE M.

Größen: S (M, L, XL)

Maße der fertigen Arbeit:
Brustumfang: 95,5 (104,5, 112, 120) cm
Rumpflänge (Achsel bis Bündchen):
39 (39, 40, 41) cm
Gesamtlänge (Schulter bis Bündchen):
63 (63,5, 64,5, 66) cm
Ärmelumfang Oberarm:
34,5 (35,5, 38, 40) cm
Umfang Ärmelbündchen:
23,5 (23,5, 24,5, 25,5) cm
Innere Ärmellänge (Achsel bis Bündchen):
48 (49, 50, 50) cm

Garn: Novita Icelandic Wool (100 % Wolle; 90 m / 50 g) oder ein anderes Garn mit entsprechender Lauflänge
GF: 010 Luonnonvalkoinen (Naturweiß) 8 (9, 10, 11) Knäuel oder 720 (810, 900, 990) m
MF1: 384 Mänty (Kiefer) 3 (3, 4, 4) Knäuel oder 270 (270, 360, 360) m
MF2: 638 Seitikki (Schleierling) 2 (2, 3, 3) Knäuel oder 180 (180, 270, 270) m

Nadeln: Rundstricknadeln Nr. 4 und 4,5, 40 und 80 cm lang
Für die Ärmel Nadelspiele Nr. 4 und 4,5

Sonstiges: Maschenmarkierer, Hilfsfaden oder Maschenhalter, Stopfnadel

Maschenprobe: 18 M x 24 Rd = 10 cm x 10 cm glatt rechts, leicht gespannt

Achtung! *Die Maschenprobe auch in Bezug auf das Muster überprüfen und falls notwendig die Nadelstärke wechseln.*

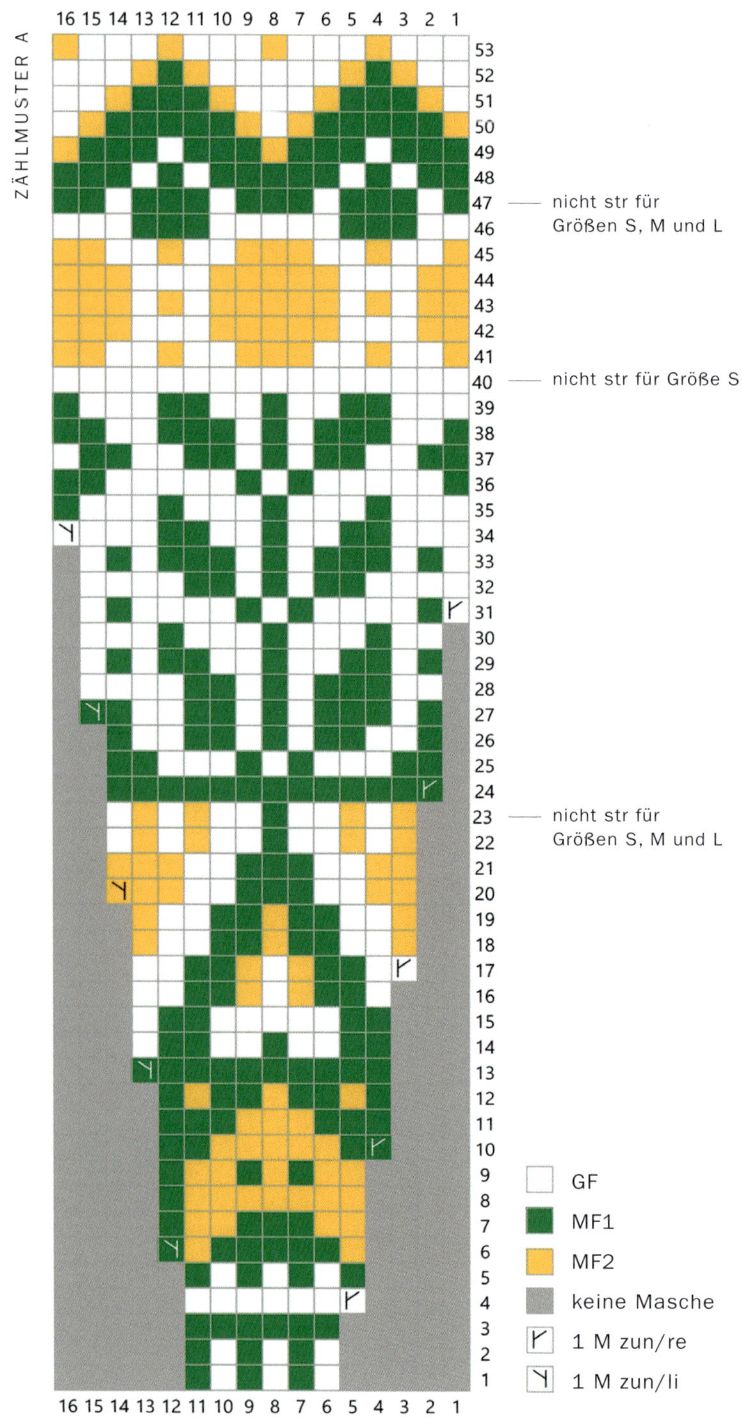

PASSE

82 (84, 86, 88) M in der GF mit der kürzeren Rundstricknadel Nr. 4 anschlagen. Zur Rd schließen und MM für den Rundenanfang setzen.
Tipp! Im Laufe der Zun zur längeren Rundstricknadel wechseln, sobald die kürzere nicht mehr ausreicht.
Für das Halsbündchen 3 cm im 1/1-Rippenmuster (1 M re verschr, 1 M li im Wechsel) arb. Zu den dickeren Nd wechseln und 3 Rd re M str. In der 3. Rd gleichmäßig verteilt 14 (18, 22, 26) M zun = 96 (102, 108, 114) M.
Zählmuster A arb, allerdings für Größe S und M die 1. Rd nicht str. Der Rapport wiederholt sich 16 (17, 18, 19)x pro Rd. Gemäß Zählmuster str, dabei zun wie dort eingezeichnet. Auf der Nadel liegen nach Zählmuster A 256 (272, 288, 304) M.
Achtung! Die Hinweise im Zählmuster beachten: Für Größe S die Rd 23, 40 und 47 nicht str, für Größe M und L die Rd 23 und 47 nicht str.
Nach der Passe nur mit GF glatt re fortf und in der 2. Rd 0 (0, 2, 4) M zun. Auf der Nadel liegen jetzt 256 (272, 290, 308) M. Falls erforderlich, weiter glatt re str, bis die Passe ab Anschlag 21 (21,5, 21,5, 22) cm misst.
Die M in vier Bereiche aufteilen: Für das Rückenteil 76 (83, 89, 95) M re str, 52 (53, 56, 59) Ärmel-M auf einem Hilfsfaden stilllegen, für das Ärmelloch 10 (11, 12, 13) M anschlagen, 76 (83, 89, 95) M für das Vorderteil str, 52 (53, 56, 59) Ärmel-M stilllegen und weitere 10 (11, 12, 13) M für das zweite Ärmelloch anschlagen. Auf der Nd liegen jetzt 172 (188, 202, 216) Rumpf-M.

RUMPF

Mit der GF glatt re fortf, bis der Rumpf ab Achsel 33 (33, 34, 35) cm misst.
Zur dünneren Rundstricknadel wechseln und 6 cm im 1/1-Rippenmuster (1 M re verschr, 1 M li im Wechsel) arb. Die M elastisch abketten, wie sie erscheinen.

ÄRMEL

Die Ärmel glatt re in Rd str, dafür das Nadelspiel verwenden oder die langen Rundstrickadeln, falls mit Magic Loop gearb wird. Die stillgelegten 52 (53, 56, 59) Ärmel-M zurück auf die Nd heben und re str. Aus den angeschlagenen M für das Ärmelloch 10 (11, 12, 13) M herausstr. Auf der Nadel liegen jetzt 62 (64, 68, 72) M. Weiter glatt re arb, der Rundenanfang liegt in der Mitte der herausgestrickten M. Dort einen MM setzen.
2 cm glatt re str, dann mit den Abn beginnen: 2 M re, 2 M re zus-str, re M bis 4 M vor Rundenanfang str: 2 M re abh/zus-str, 2 M re. Die Abn im Abstand von 3,5 (3,5, 3, 2,5) cm insgesamt 10 (11, 12, 13)x wdh, bis noch 42 (42, 44, 46) M auf der Nd liegen. Glatt re fortf, bis der Ärmel ab Achsel 42 (43, 44, 44) cm lang ist. Zum dünneren Nadelspiel wechseln und 6 cm im 1/1-Rippenmuster (1 M re verschr, 1 M li im Wechsel) arb. Die M elastisch abketten, wie sie erscheinen.
Den zweiten Ärmel ebenso arb.

FERTIGSTELLUNG

Alle Fadenenden vernähen. Den Pullover mit der Innenseite nach außen leicht dämpfen und liegend trocknen lassen.

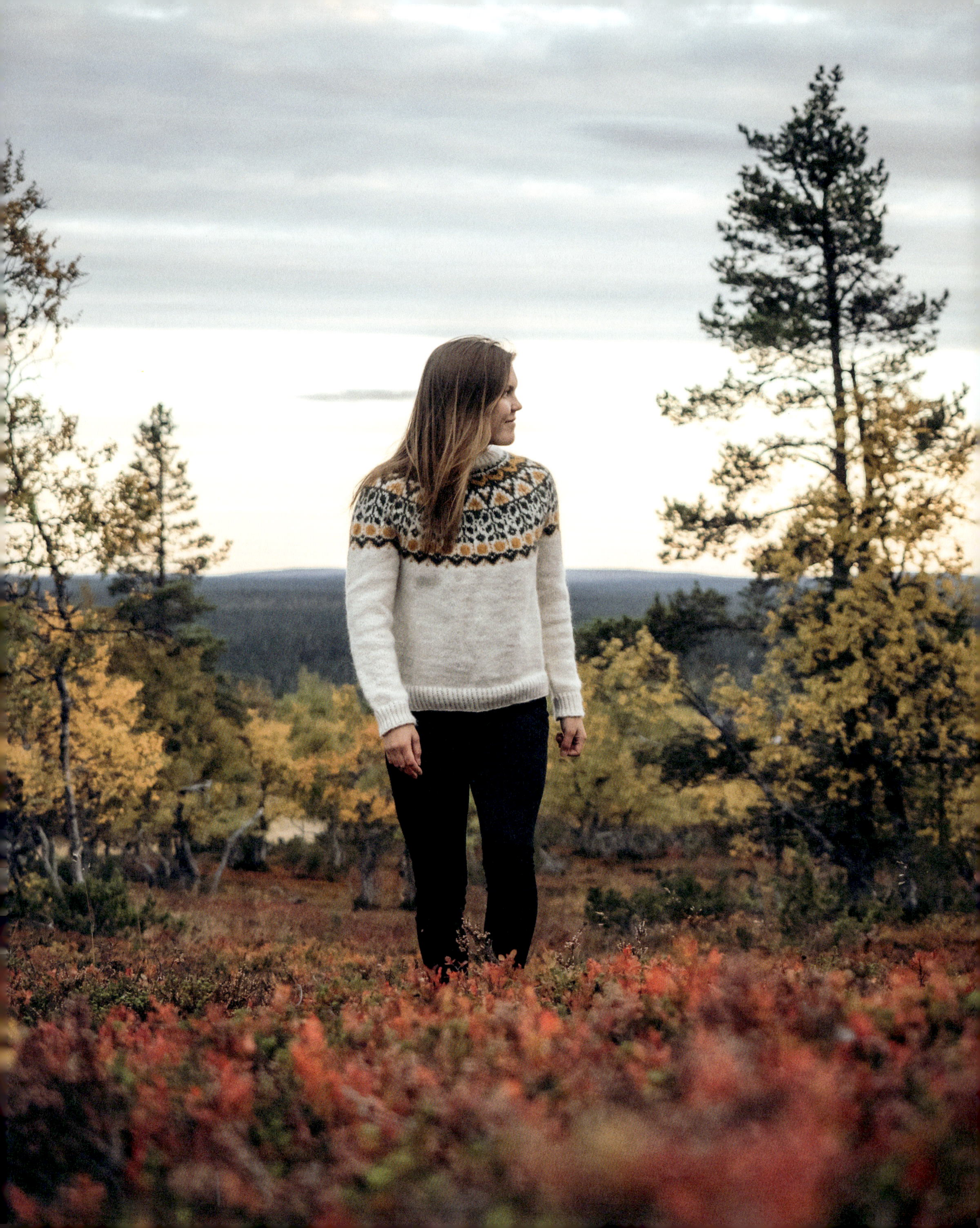

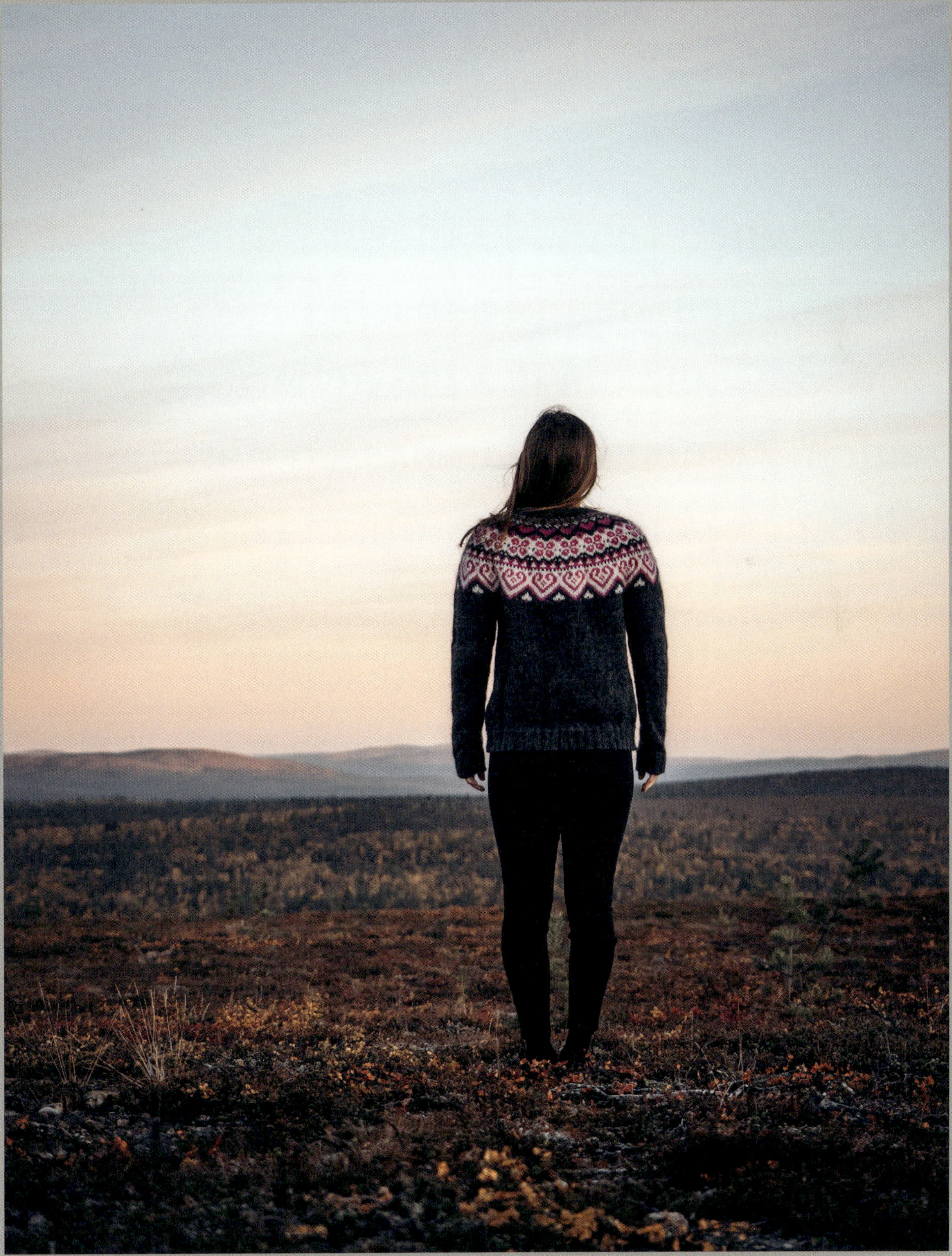

Sydänmaa

«

Seinen Namen verdankt dieser Pullover zwei Musterreihen aus hübschen Herzen, die ganz um die Passe herum verlaufen. Zu den Herzen passen die rosa Blumen perfekt. Sydänmaa ist schnell fertiggestellt, denn die Muster merkt man sich intuitiv, und sobald die Passe beendet ist, strickt sich der Pullover fast von alleine fertig.
Er wird nahtlos von oben nach unten gestrickt.

DESIGNERIN: NIINA LAITINEN

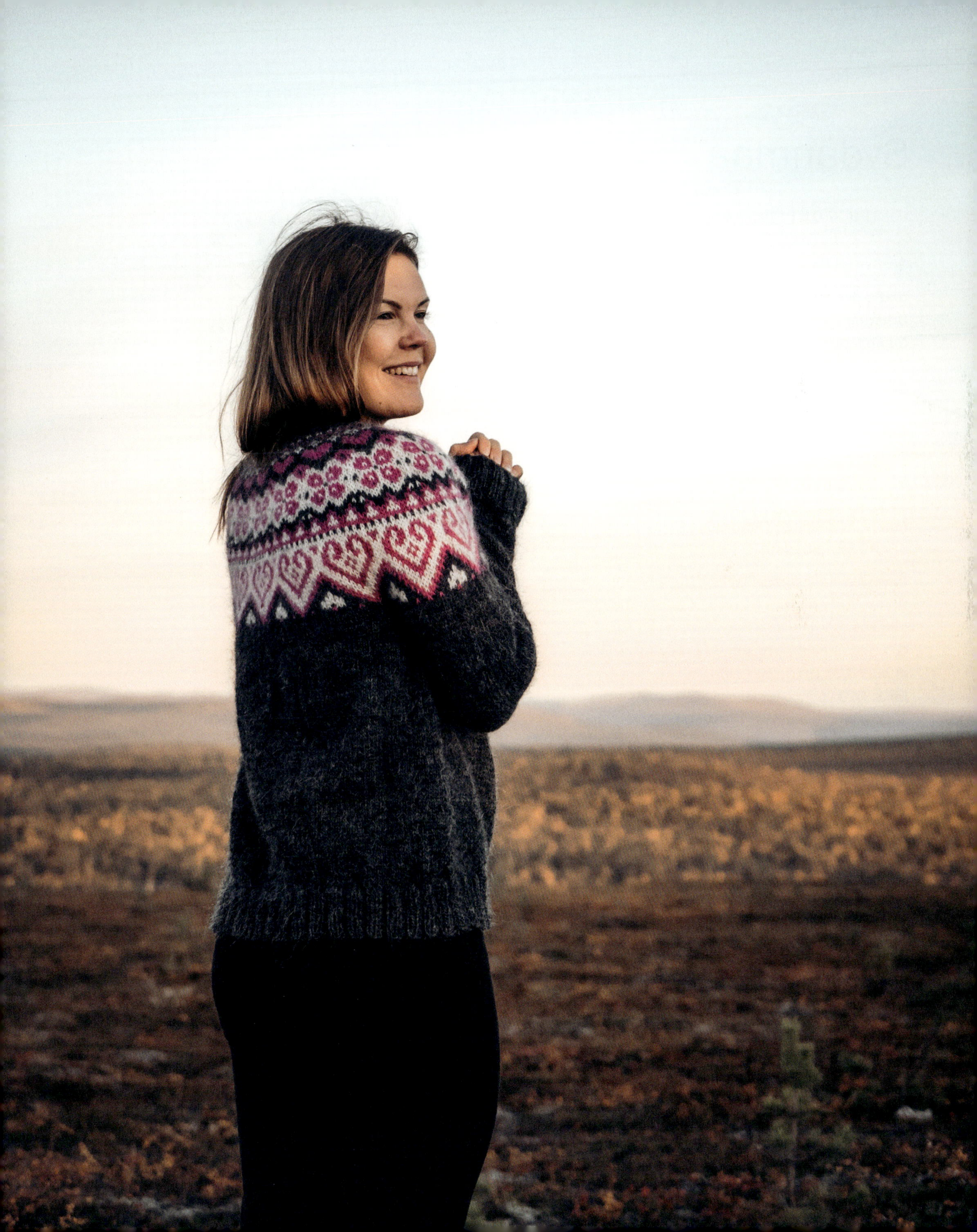

Sydänmaa

UNSER MODEL TRÄGT GRÖSSE M.

Größen: S (M, L, XL)

Maße der fertigen Arbeit:
Brustumfang: 95,5 (104,5, 112, 120) cm
Rumpflänge (Achsel bis Bündchen):
39 (39, 40, 41) cm
Gesamtlänge (Schulter bis Bündchen):
63 (63,5, 64,5, 66) cm
Ärmelumfang Oberarm:
34,5 (35,5, 38, 40) cm
Umfang Ärmelbündchen:
22 (22, 24,5, 26,5) cm
Innere Ärmellänge (Achsel bis Bündchen):
48 (49, 50, 50) cm

Garn: Novita Icelandic Wool (100 % Wolle; 90 m / 50 g) oder ein anderes Garn mit entsprechender Lauflänge
GF: 044 Grafiitti (Graphit) 8 (9, 10, 11) Knäuel oder 720 (810, 900, 990) m
MF1: 010 Luonnonvalkoinen (Naturweiß) 3 (3, 4, 4) Knäuel oder 270 (270, 360, 360) m
MF2: 550 Pioni (Pfingstrose) 2 (2, 3, 3) Knäuel oder 180 (180, 270, 270) m

Nadeln: Rundstricknadeln Nr. 4 und 4,5, 40 und 80 cm lang
Nadelspiele Nr. 4 und 4,5

Sonstiges: Maschenmarkierer, Hilfsfaden oder Maschenhalter, Stopfnadel

Maschenprobe: 18 M x 24 Rd = 10 cm x 10 cm glatt rechts, leicht gespannt

Achtung! *Die Maschenprobe auch in Bezug auf das Muster überprüfen und falls notwendig die Nadelstärke wechseln.*

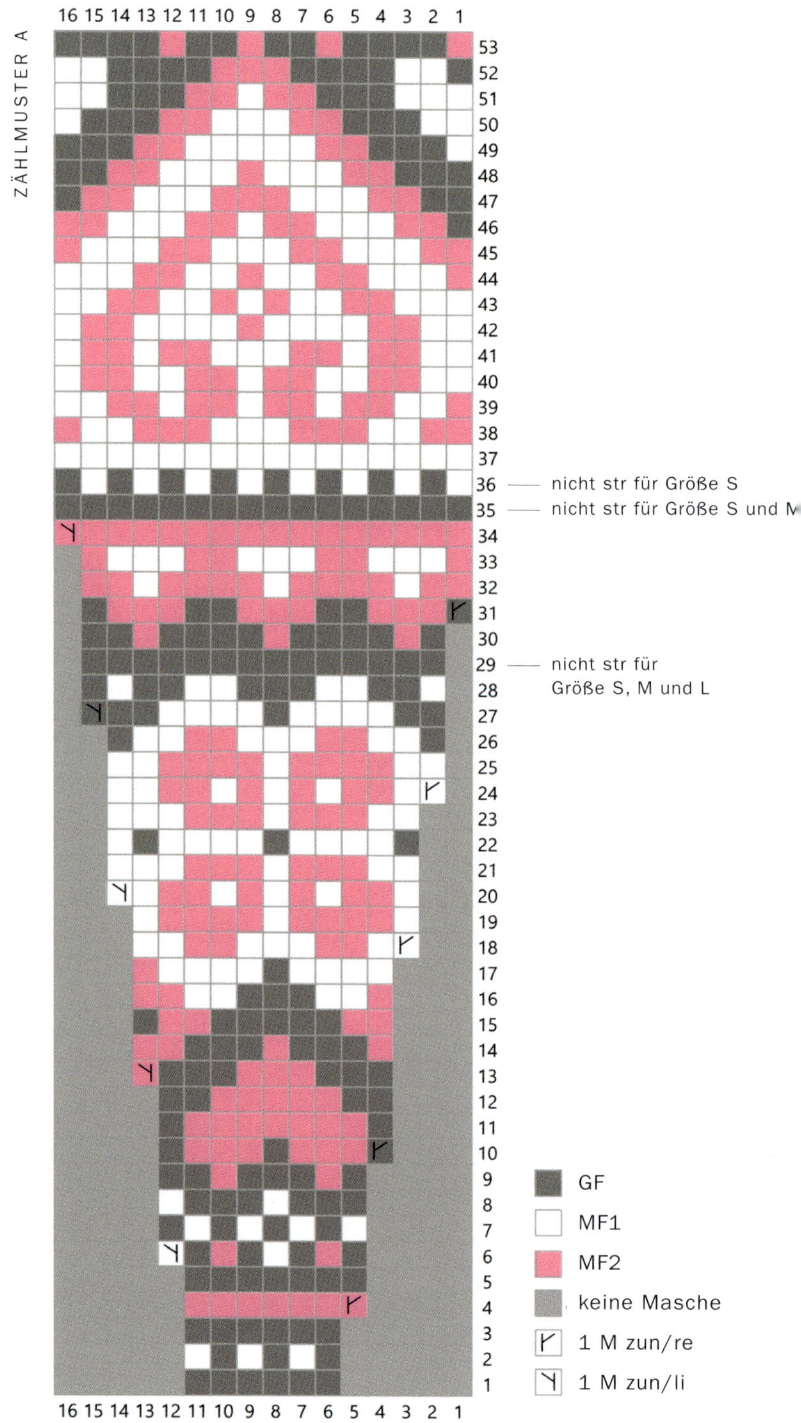

PASSE

80 (84, 88, 88) M in der GF mit der kürzeren Rundstricknadel Nr. 4 anschlagen. Zur Rd schließen und MM für den Rundenanfang setzen.
Tipp! Im Laufe der Zun zur längeren Rundstricknadel wechseln, sobald die kürzere nicht mehr ausreicht.
Für das Bündchen 3 cm im 2/2-Rippenmuster (2 M re, 2 M li im Wechsel) arb. Zu den dickeren Nd wechseln und 3 Rd re M str. In der 3. Rd gleichmäßig verteilt 16 (18, 20, 26) M zun = 96 (102, 108, 114) M.
Zählmuster A arb, allerdings für Größe S und M die 1. Rd nicht str. Der Rapport wiederholt sich 16 (17, 18, 19)x pro Rd. Alle Rd des Zählmusters arb, dabei zun wie dort eingezeichnet. Auf der Nadel liegen nach Zählmuster A 256 (272, 288, 304) M.
Achtung, die Hinweise im Zählmuster beachten: Für Größe S die Rd 29, 35 und 36 nicht str, für Größe M Rd 29 und 35 und für Größe L Rd 29 nicht str.
Die MF trennen und mit GF glatt re in Rd fortf. In der 2. Rd 0 (0, 2, 4) M zunehmen. Auf der Nd liegen jetzt 256 (272, 290, 308) M. Falls erforderlich, weiter glatt re arb, bis die Passe ab Anschlag 21 (21,5, 21,5, 22) cm misst. Die M in vier Bereiche aufteilen: Für das Rückenteil 76 (83, 89, 95) M str, 52 (53, 56, 59) Ärmel-M auf einem Hilfsfaden oder Maschenhalter stilllegen, für das Ärmelloch 10 (11, 12, 13) M anschlagen, 76 (83, 89, 95) M für das Vorderteil str, 52 (53, 56, 59) Ärmel-M stilllegen und weitere 10 (11, 12, 13) M für das andere Ärmelloch anschlagen. Auf der Nadel liegen jetzt 172 (188, 202, 216) M.

RUMPF

Mit GF glatt re fortf, bis der Rumpf ab Achsel 33 (33, 34, 35) cm misst. Für Größe L: 1 Rd re M str und dabei gleichmäßig verteilt 2 M abn = 200 M. Zur dünneren Rundstricknadel wechseln und 6 cm im 2/2-Rippenmuster (2 M re, 2 M li im Wechsel) str. Die M elastisch abketten, wie sie erscheinen.

ÄRMEL

Die Ärmel mit GF glatt re in Rd str, dafür das Nadelspiel verwenden oder die lange Rundstricknadel, falls mit Magic Loop gearb wird. Die stillgelegten 52 (53, 56, 59) Ärmel-M auf die Nd heben und re str, dann aus den angeschlagenen M für das Ärmelloch 10 (11, 12, 13) re M herausstr.
Auf der Nadel liegen jetzt 62 (64, 68, 72) M. Der Rundenanfang liegt in der Mitte der herausgestrickten M. Dort einen MM setzen.
2 cm glatt re str, dann mit den Abn beginnen:
2 M re, 2 M re zus-str, re M str bis 4 M vor den MM: 2 M re abh/zus-str, 2 M re. Die Abn im Abstand von 3 (3, 3, 3) cm insgesamt 11 (12, 12, 12)x arb = 40 (40, 44, 48) M. Glatt re fortf, bis der Ärmel ab Achsel 42 (43, 44, 44) cm lang ist. Zum dünneren Nadelspiel oder der dünneren Rundstricknadel (für Magic Loop) wechseln und 6 cm im 2/2-Rippenmuster (2 M re, 2 M li im Wechsel) str. Die M elastisch abketten, wie sie erscheinen.
Den zweiten Ärmel ebenso arb.

FERTIGSTELLUNG

Alle Fadenenden vernähen. Den Pullover mit der Innenseite nach außen leicht dämpfen und liegend trocknen lassen.

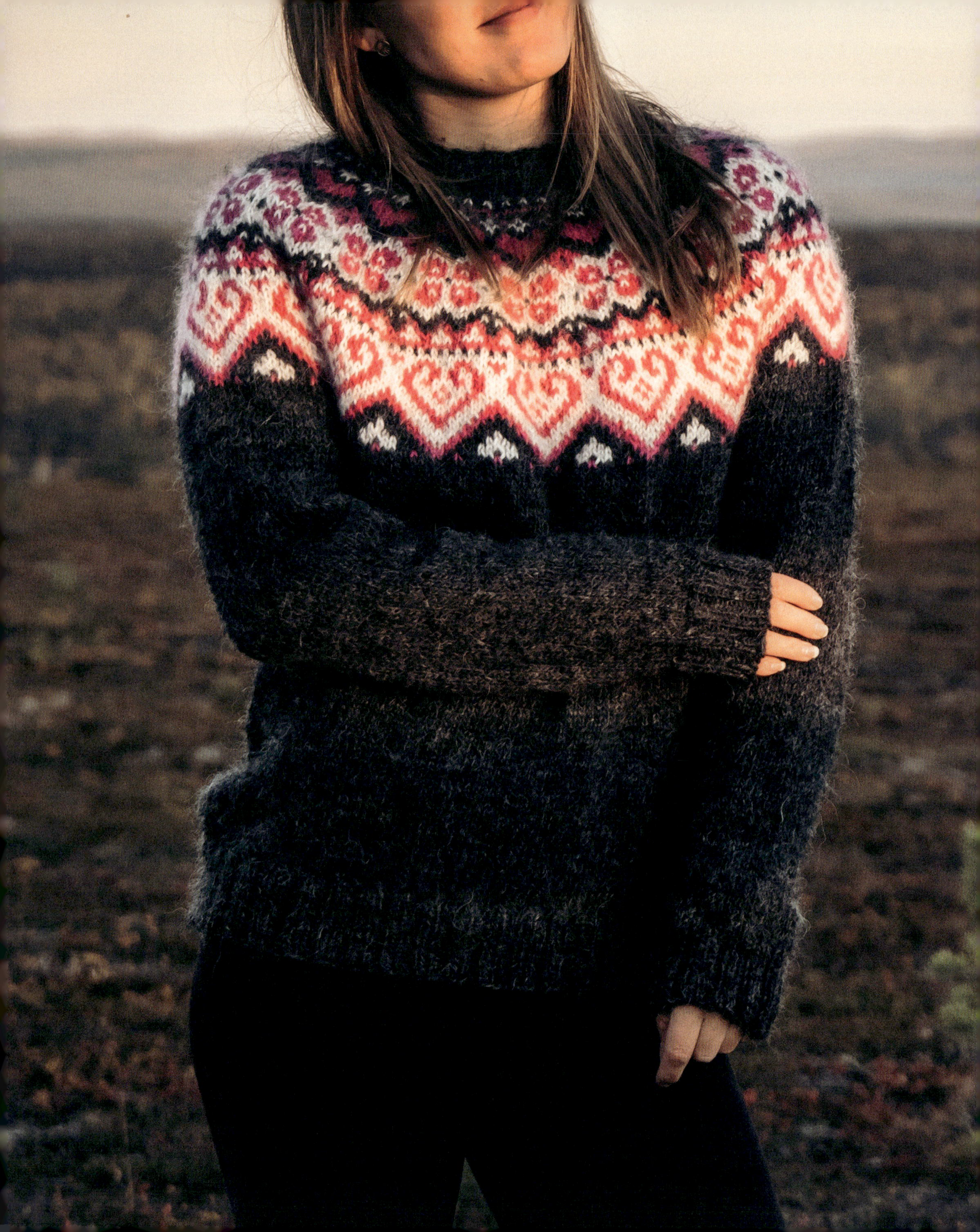

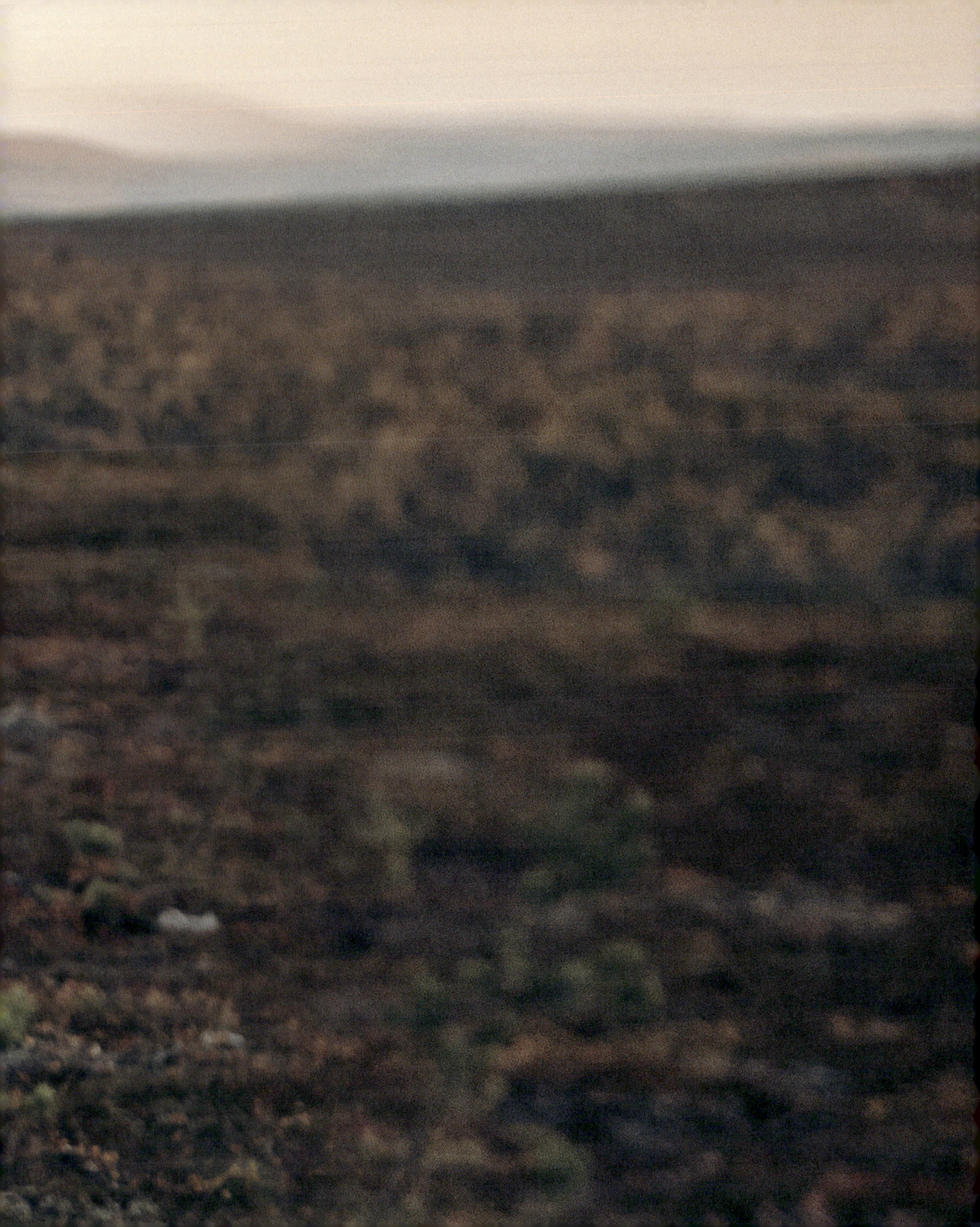

Designerinnen

PIRJO IIVONEN

Unelmien silmukat – haaveista sukiksi (2015)
Unelmien huivit (2017)
Suuri suomalainen toivesukkakirja – miesten sukat (2018)
Unelmien neuleasusteet (2018)
Jämälankasukat – Neulo keränloput ihaniksi sukiksi! (2019)
Suuri suomalainen toivesukkakirja – lasten sukat (2019)
Suuri suomalainen toivesukkakirja – pitkät sukat (2020)
Unelmien talvineuleet (2021)
Suuri suomalainen toivesukkakirja – sukat kaikilla mausteilla (2021)
UNELMIEN SILMUKAT
UNELMIENSILMUKAT
RAVELRY SINIUSVAN

TIINA KAARELA

Puikkomaisterin sukkakirja (2015)
Puikkomaisterin lapaskirja (2016)
Puikkomaisterin pipokirja (2017)
Puikkomaisterin sukkasirkus (2018)
Suuri suomalainen toivesukkakirja – miesten sukat (2018)
Suuri suomalainen toivesukkakirja – lasten sukat (2019)
Suuri suomalainen toivesukkakirja – pitkät sukat (2020)
Suuri suomalainen toivesukkakirja – sukat kaikilla mausteilla (2021)
PUIKKOMAISTERI
PUIKKOMAISTERI

ANNIKA KONTTANIEMI

ANNIKA_KONTTANIEMI
RAVELRY AKONTTANIEMI

NIINA LAITINEN

Villasukkien vuosi (2018)
Suuri suomalainen toivesukkakirja – miesten sukat (2018)
Kaikkien aikojen villasukat – 90-vuotiaan Novitan juhlakirja (2018)
Satumaiset silmukat (2019)
Suuri suomalainen toivesukkakirja – lasten sukat (2019)
Finnische Socken stricken für jede Jahreszeit. (2020)
Scandi Socken stricken.
20 kreative Muster für Fortgeschrittene – sukat kaikilla mausteilla (2021)
Finnische Socken stricken.
Eine Liebesgeschichte (2022)
WWW.NIINALAITINENDESIGNS.COM
NIINA LAITINEN DESIGNS
-GRUPPE TAIMITARHA
NIINALAITINENDESIGNS

MERJA OJANPERÄ

Bezaubernde Wollsocken (2017)
Näyttävimmät villasukat (2017)
Sydämellinen sukkakirja (2018)
Suuri suomalainen toivesukkakirja – miesten sukat (2018)
Kauneimmat neuleet (2019)
Suuri suomalainen toivesukkakirja – lasten sukat (2019)
Neuleita vauvalle (2019)
Rakkaudesta villasukkiin (2020)
Pitsisukkien taikaa (2021)

WWW.MERJADESIGN.COM

HYVATSILMUKAT

MERJAOJANPERA

SOILE PYHÄNNISKA

S.PYHANNISKA

ANNA-KAROLIINA TETRI

Luonnonvärjäys (2008)
Huovutus (2011)
Sienivärjäys (2013)
Huovutetut lapaset (2013)
Perinteiset lapaset (2014)
Perinteiset villasukat (2015)
Tekstiilivärjäys (2016)
Suuri suomalainen toivesukkakirja – miesten sukat (2018)
Perinteiset neule- ja virkkuutyät (2018)
Suuri suomalainen toivesukkakirja – lasten sukat (2019)
Perinteiset villasukat 2 – Suurmiesten, -naisten ja kansalaisten sukkia (2019)
Suuri suomalainen toivesukkakirja – pitkät sukat (2020)
Värjää ja neulo (2021)
Suuri suomalainen toivesukkakirja – sukat kaikilla mausteilla (2021)

WWW.TETRIDESIGN.COM

TETRIDESIGN

ANNAKAROLIINATETRI

MINTTU WIKBERG

Suuri suomalainen toivesukkakirja – sukat kaikilla mausteilla (2021)

WWW.PAWLYMADE.COM

PAWLYMADE

RAVELRY PAWLYMADE

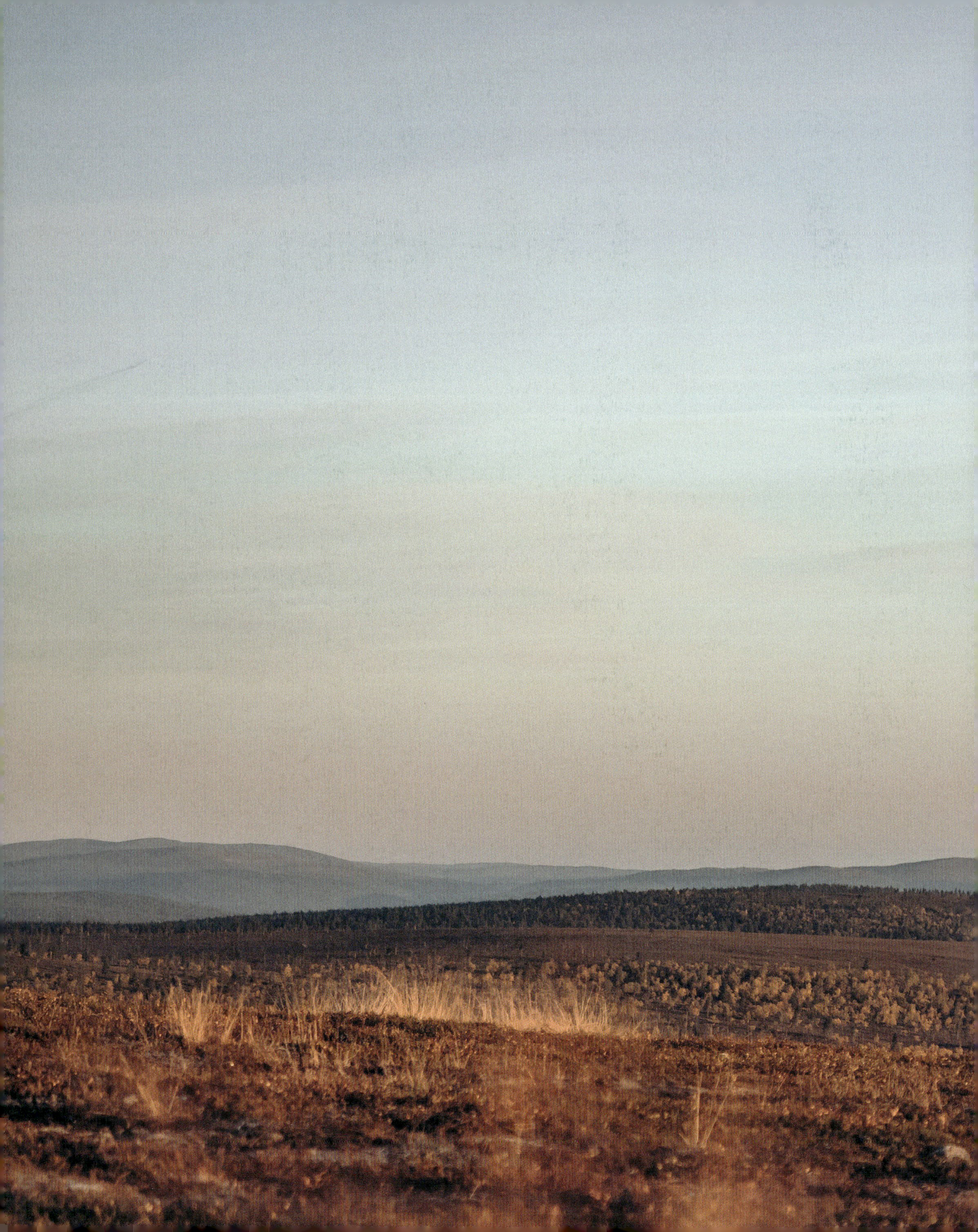